1989年创作《村姑小姐》时留影

大学毕业

与妻子合影

全家与恩师王季思在一起

与曹禺在岳阳

《桃花扇》(北昆版)改编者郭启宏与杨毓珉

郭启宏题字

郭启宏在阿拉斯加

中国文学艺术基金会资助项目
中国文联文艺出版精品工程项目

中国艺术家评传
CRITICAL BIOGRAPHY OF CHINESE ARTISTS

郭启宏 评传

戏曲卷

钟 鸣 著

主编 谢柏梁

中国文联出版社
http://www.clapnet.cn

图书在版编目（CIP）数据

郭启宏评传 / 钟鸣著. -- 北京：中国文联出版社，2016.9
（中国艺术家评传 / 谢柏梁主编. 戏曲卷）
ISBN 978-7-5190-1658-6

Ⅰ．①郭… Ⅱ．①钟… Ⅲ．①郭启宏－评传 Ⅳ．①K825.78

中国版本图书馆 CIP 数据核字(2016)第 221261 号

郭启宏评传

作　　者：钟　鸣	
出 版 人：朱　庆	
终 审 人：姚莲瑞	复 审 人：蒋爱民
责任编辑：卞正兰　潘世静　李成伟	责任校对：叶立钊
封面设计：马庆晓	责任印制：陈　晨

出版发行：中国文联出版社
地　　址：北京市朝阳区农展馆南里 10 号，100125
电　　话：010-85923015（咨询）010-8592300（编务）010-85923020（邮购）
传　　真：010-85923000（总编室），010-85923020（发行部）
网　　址：http://www.clapnet.cn　　　　http://www.claplus.cn
E - mail：clap@clapnet.cn　　　　panshijing@clapnet.cn

印　　刷：北京一二零一印刷厂	
装　　订：北京一二零一印刷厂	
法律顾问：北京天驰君泰律师事务所徐波律师	
本书如有破损、缺页、装订错误，请与本社联系调换	
开　　本：710×1000	1/16
字　　数：211 千字	印　张：16.25
版　　次：2016 年 9 月第 1 版	印　次：2016 年 9 月第 1 次印刷
书　　号：ISBN 978-7-5190-1658-6	
定　　价：50.00 元	

版权所有　　翻印必究

戏曲卷·总序

谢柏梁

一

在宇宙的浩瀚星空中，我们人类所居住的地球，无疑是最有灵性的星球之一。

人类作为地球的主人，其源远流长的创造与发展变化的历史，主要由各行各业的杰出人物所代表，由各色各样的奋斗历程所体现。

在美丽地球的东方世界，在古老而又年轻的中国，历朝历代的历史大家们，一向以对各式各类人物事迹的记述与描摹作为己任。我国的人物传记体裁丰富多样，大致可以分为纪传（皇家大事记）、文传（文学化传记）、史传（历史家所写人物传记）、志传（各地方志中所记载的本地人物传记）这四大类别。四类传记彼此发明，互为补充，构成了中国传记文化的多元谱系。

从左史记言、右史记事的专业化分工，到《左传》《国语》《战国策》式的整体氛围感的描述，最后由司马迁振臂一呼，以人物传记体为中心的《史记》横空出世。《史记》记载了地球东方的上自传说中的黄帝时代、下至汉武帝元狩元年（前122年）共3000多年的华夏历史。概述历代帝王本末的十二本纪，记录诸侯国和汉代诸侯兴废的三十世家，描摹重大历史人物的七十列传，使之成为号称"史家之绝唱，无韵之离骚"的中国历史上第一部纪传体通史。

在《史记·孔子世家》所记载的夹谷会盟中，孔夫子面对"优倡侏儒为戏而前"的表演场面，在非常严肃而力图放松的外交场合下，做出了特别粗暴野蛮的极端化处理。这也成为历代梨园界对于孔子不够恭敬的源头。此后历代史书方志，都不同程度地涉及优伶们的言行事迹。

魏晋以降，文史两家由混成到分野，自一体而两适。文者重藻饰心曲，史家倡材料事实，各臻其至，泾渭分明。隋唐而后，碑铭行传，五花八门，高手操觚，佳作如云。韩愈《祭十二郎文》情深委婉，柳宗元为慧能所作碑文机趣横生。

北宋乐史作《太平寰宇记》，分地区而织入姓氏人物，因人物又详及诗词、官职，"后来方志必列人物艺文者，其体皆始于史"（《四库全书总目提要》）。

太平世界，因人物而繁盛；梨园天地，赖优伶而生存。

美妙绝伦的中华戏曲艺术从唐代的梨园开始，至少存在了漫长的10个世纪。千百年以来，戏曲艺术一直在蓬勃兴旺地发展，成为中国人民雅俗共赏的朵朵奇葩、民族文化中不可忽视的重要部类、戏剧天地内中华文化的闪亮名片、国际社会审美天地中的东方奇观。

较早对优伶进行分类撰述的史书，是宋代大文学家欧阳修的《新五代史》。该书包含了分类列传四十五卷，这种分类传的体例较有特色，其中就包括了《伶官传》。

一向被人们所津津乐道，甚至还被收入到中学教科书的《五代史伶官传序》云："《书》曰：'满招损，谦受益。'忧劳可以兴国，逸豫可以亡身，自然之理也。故方其盛也，举天下之豪杰，莫能与之争；及其衰也，数十伶人困之，而身死国灭，为天下笑。夫祸患常积于忽微，而智勇多困于所溺，岂独伶人也哉！"尽管欧阳修的本意是说祸患之起乃多方面的原因所累积爆发而成，但还是对表演艺术家们带来了较大的负面影响。

与东土中国的情形完全不同，西方世界对于戏剧艺术家的看法与评价完全不一样。对于以三大悲剧家和一大喜剧家作为代表的古希腊戏剧家，对于以莎士比亚、歌德、席勒等的西方戏剧界的灿烂星座，西方人给予了无限崇敬和由衷热爱。

晚清以来最早睁开眼睛看世界的中国人，是那些在西方世界出使、考察或者读书的官员士子。当他们瞻仰到西洋剧院的建筑艺术之华美绝伦、内部装饰之金碧辉煌后,不由地发出由衷的赞美,感叹西洋剧院其"规模壮阔逾于王宫",特别是舞台上的机关布景之生动逼真,变幻无穷,"令观者若身历其境,疑非人间";至于西方的戏剧艺术家地位之高贵,更是令国人叹为观止:所谓"英俗演剧者为艺士,非如中国优伶之贱","优伶声价之重,直与王公争衡"!

人类的艺术天地原本皆是可以共同分享的,何以东西方对于戏剧艺术家的认同度与景仰度,相差之大犹若天壤之别呢?泱泱中华,文明古国,难道就没有有识之士站出来振臂一呼,为戏剧艺术家们说几句公道话吗?

二

江山代有才人出,是非终有识者论。

我国历史上,首度给予戏曲艺术家们全方位高度评价的文人,是元代的钟嗣成(约1279~约1360)。这位祖籍大梁(今河南开封)的人士,长期生活在素有天堂之称的杭州城。他先在杭州官学读书,师从于邓文原、曹鉴、刘濩等名家宿儒,又与对戏曲有着共同爱好的赵良弼、屈恭之、刘宣子、李齐贤等人同窗攻书,其乐融融。有记载说,钟嗣成曾一度在江浙行省任掾史。他自己写过《寄情韩翃章台柳》《讥货赂鲁褒钱神论》《宴瑶池王母蟠桃会》《孝谏郑庄公》《韩信泜水斩陈余》《汉高祖诈游云梦》《冯驩烧券》等7种杂剧,但不知为何皆已散佚。

真正使得钟嗣成开宗立派、名传青史的著作,还是其为中华民族有史以来第一代剧作家描容写心、传神存照、树碑立传的《录鬼簿》。

《录鬼簿》上卷分"前辈已死名公有乐府行于世者""方今名公""前辈已死名公才人有所编传奇行于世者"三类,这三类名公才人之情形,乃其友陆仲良从"克斋吴公"处辗转所得,故"未尽其详"。下卷分为"方今已亡名公才人余相知者为之作传,以【凌波曲】吊之""已死才人不相知者""方今才人相知者,纪其姓名行实并所编""方今才人闻名而不相知者"四类。这上下两卷书大体依据时代之先后加以排列，一共记述了152位元杂剧及散曲作家的基本情况，同时也记录了400余种剧目。

我很欣赏钟嗣成的"不死之鬼"说。在他看来，天地开辟，亘古及今，自有不死之鬼在。何则？圣贤之君臣，忠孝之士子，小善大功，著在方册者，日月炳焕，山川流峙，及乎千万劫无穷已，是则虽鬼而不鬼者也。

不死之鬼，是为不朽之神或曰永恒之圣。在钟氏的神圣谱系中，那些门第卑微、职位不振的剧作家，那些高才博识、俱有可录的梨园才人，都值得传其本末，叙其姓名，述其所作，吊以乐章，使之名传青史，彪炳千秋，泽及后世。

因此，写作《录鬼簿》更为重要而直接的意义，还在于对于后学的直接指导和充分激励。"冀乎初学之士，刻意词章，使冰寒于水，青胜于蓝，则亦幸矣。名之曰录鬼簿。"惟其如此，则杂剧戏文创作之道，才可能被一代代年轻的才人们所自觉自愿地衣钵相传，推陈出新，生生不已，得到更加健康的发展。

元杂剧作为中国戏剧史上第一个黄金时代，需要有人进行认真的归纳和总结。从此意义上言，钟嗣成在中国的地位，因为其成书于至顺元年(1330)的《录鬼簿》之横空出世，甚至可以与西方的大学问家亚里斯多德的《诗学》等书相提并论。

有明一代，在贾仲明所增补的天一阁蓝格钞本《录鬼簿》之后，又附有约成书于洪熙、宣德(1425～1435)年间的《录鬼簿续编》一卷。该书直接受到《录鬼簿》的影响，以相同的体例记述了元、明之间一些戏曲家、散曲家的大致事迹，接续前贤，踵事增华，令人欣慰。

自兹之后，从总体上对于当代戏曲作家进行专门记载和研究的著作，从明清两代至中华民国，皆未得见。中华人民共和国建国以来，安葵的《当代戏曲作家论》和本人的《中国当代戏曲文学史》等相应的专著，都属于《录鬼簿》的悠远传统在新时代的传承、示范和发展。

三

与《录鬼簿》蔚为双璧的元代重要戏曲典籍，是生于元延祐年间、卒于明初的华亭（今上海松江）人夏庭芝所撰的《青楼集》。前书论作家，后者集演员，正好勾勒出元代戏曲艺术家中两个最为重要部类的旖旎景观和绰约风采。

《青楼集》成书于元至正乙未十五年（1355），该书记述了从元大都到山东，从湖广武昌到金陵、维扬以及江浙其他地方的歌妓、艺人共110余人的简约事迹。这些女演员们各自身怀绝技，有的在杂剧、院本、诸宫调方面负有盛名，有的在嘌唱、乐器和舞蹈等项目上造诣颇深。有的演员如珠帘秀的弟子赛帘秀在双目失明之后，依然能在舞台上正常表演，"出门入户，步线行针，不差毫发"；脚步地位，规范犹在，这是多么高深的艺术造诣！

也正是因为她们的色艺双绝，声名鹊起，所以才引起了社会各界的热切关注和诸多应酬往还。书中除了记载与她们有过合作关系的20多位男伶之外，还记录了她们与诸多戏曲散曲作家等文人士子的交情。甚至有50多位达官贵人、名公士大夫，都与这些女演员们有着或多或少、或深或浅的广泛交往。一部《青楼集》，作为第一部比较简练而系统的表演艺术家史传，对研究元代演剧、表演艺术、演员行迹与时代风尚等多方面的话题，都具备非常重要的史料价值和文化意义。

明清以来，与关于戏曲剧作家的记录相对寂寥的研究局面不一样，类似明代潘之恒《鸾啸小品》之类关于演员与表演艺术的文献相对较多。表演艺术家们的优美声容及其较大的社会影响力，使他们得到了较多的关注和充盈的记载。

清代，戏曲艺术进入另一个鼎盛时期，演员记录极为丰富。《清代梨园燕都史料》中所收录的《燕兰小谱》《日下看花记》等几十种书，都对演员予以了主体性的关注。如小铁笛道人在《日下看花记》自序中论及其作传缘起云：

唐有雅乐部。宋时院本始标花旦之名，南北部恒参用之。

每部多不过四、三人而已。有明肇始昆腔，洋洋盈耳。而弋阳、梆子、琴、柳各腔，南北繁会，笙磬同音，歌咏升平，伶工荟萃，莫盛于京华。往者，六大班旗鼓相当，名优云集，一时称盛。嗣自川派擅场，蹈躅竞胜，坠髻争妍，如火如荼，目不暇给，风气一新。迩来徽部迭兴，踵事增华，人浮于剧，联络五方之音，合为一致，舞衣歌扇，风调又非卅年前矣……录成一稿，名之曰《日下看花记》。梨园月旦，花国董狐，盖其慎哉。余别有《杨柳春词》一册，备载芳名，以志网罗，无俾遗珠之叹。凡不登斯录者，毋怼予为寡情也。

这段序言，既有史识在，又有人情浓，令人为之莞尔首肯。

民国以来，由于出版业的发达与报刊传媒业的勃兴，又使得关于演员的记载、评选和评论蔚为大观。民国27年（1938）由徐慕云编著的《中国戏剧史》（上海世界书局出版）卷一专列《古今优伶戏曲史》，以编年体形式，研究家的眼光，纵述自先秦以来直到民国戏曲演员的大的历史线索与知名演员，颇具史家眼光。

近些年来，北京学者孙崇涛、徐宏图等人合著的《戏曲优伶史》（文化艺术出版社1990年）和上海学者谭帆的《优伶史》（上海文艺出版社1995年）先后问世，这都是关于中国历代演员事迹的研究著作。

四

中华人民共和国成立以来，戏剧艺术家的位置得到了前所未有的大提高。在全国政协委员和全国人大代表的席位中，戏剧家特别是戏曲表演艺术家都占有一定的比例。

与此同时，关于戏曲表演艺术家的各种传记资料愈来愈繁盛起来。最富盛名的自传性著作，是梅兰芳的《舞台生活四十年》。关于盖叫天的《粉墨春秋》，也激励过业内外的诸多读者。

20世纪末叶到21世纪初叶以来，戏曲艺术家的传记纷纷面世。诸如河北教育出版社、中国戏剧出版社、中国青年出版社、文化艺术出版社等多家单位，都出版过不少戏曲家传记。

有鉴于目前出版的一些戏曲家传记，还存在着收录偏少、体例不全的遗憾，随着新资料的发现、新人物的涌现，社会各界迫切需要一套相对系统、完整些的戏曲人物传记资料。这既是对于钟嗣成、夏庭芝等人开拓的曲家与伶人传记之风的现代传承，也是在国学与民族艺术学越来越受到全民重视的前提之下，从戏曲艺术家传记方面所做出的积极呼应。

在中国已经崛起为世界上第二大经济体的今天，在中国商品出口多、文化输出少的不对称情形下，在国际社会与世界戏剧界关于中国民族戏剧的热切关注下，一部系统的中国戏曲家传记丛书呼之欲出。

作为中国戏曲人才培养与学术研究的专业化最高学府，中国戏曲学院理所当然地应该担当起编纂中国戏曲艺术家传记丛书的重任。而且今天的戏曲艺术家丛书，既包括了演员与编剧在内，也同样不会遗漏著名的戏曲音乐家和舞美设计家等不同专业的代表人物。

中国戏曲学院的表、导、音、舞、美等不同系科，都对本专业的佼佼者了如指掌。在教师、研究生和本科生三结合的编纂模式下，在文献资料收集、当事人采访调查、专辑文本写作修改等较为漫长的过程中，学院都有着较为雄厚的人才基础。有道是铁打的校园水流的学生，也只有中国戏曲学院才能一直具备较为丰富而新鲜的专业化人力资源。

在文化部、中国文联、北京市教育委员会的慧眼关照下，在上海文化基金会的一度支持下，在中国戏曲学院领导与师生的有效指导与大力参与下，在社会各界贤达众人相帮、共襄盛举的积极姿态下，中国戏曲艺术家传记丛书终于正式立项。从2010年到2016年6年间，上海古籍出版社、商务印书馆、中国政协出版社、中国戏剧出版社和后来居上的中国文联出版社，已经出版了70种京昆人物传记。

国务院艺术学科评议组召集人仲呈祥、全国政协京昆室负责人赵景发、王春祥、文化部外联局舒晓书记、中国戏曲学会会长薛若琳、副会长龚和德、王安奎、北京戏剧家协会名誉主席郭启宏、中国艺术研究院话剧所前所长田本相研究员、中国戏曲学院院李世英教授等名家耆宿，都就这套严肃认真的戏曲人物传记,以蔚为大观序列鱼贯推出,给予了高度肯定,并寄予了无限期望。前文化部部长、全国政协副主席、中国文联主席孙家正先生,在该套丛书中的全国政协委员序列谭元寿、梅葆玖、李世济、叶少兰和蔡正仁等五位京昆大师的传记写作研讨会上说,这是传承京昆遗产、戏曲艺术和中华文化的重要举措。这套书的出版,与京剧的音配像工程一样,都会在戏曲文化的传承方面,做出重大的贡献。

美国加州大学洛杉矶分校吴琦幸教授、北美中国戏曲曲艺学会会长、美国佛萨大学都文伟教授、美国芝加哥大学陆大伟教授、台湾著名戏曲学者曾永义教授、洪惟助教授和王安祈教授,都多次盛赞这套丛书在中国戏曲发展史上个体阐扬、微观记录和叠加在一起的宏大叙事的贡献和意义。大家都认为,已经出版的近百种传记,行将逐年出版的三百多种传记,厥功甚伟,既有"青楼集",也有"录鬼簿",这将构成迄今为止第一套最为丰富的关于中国戏曲艺术家的传记丛书。

《中国戏剧》主编赓晓、《中国演员》主编陈牧、《中国京剧》《戏曲研究》《光明日报》《新民晚报》等多家报刊的相关主编与编辑,都对丛书的不断发展予以了关注和阐扬。上海古籍出版社田松青主任,张永和、翁思再、和宝堂、陈珂、陈培仲、田志平等院内外评传作者,不仅在已经召开的三次传记研讨会上分别就自己的撰写情况作了交流,有的传记作者还在为丛书撰写新的人物传记。

人有善念,天必从焉,众必扶焉。大家共同期待这套日新月异、逐年发展壮大的丛书能够成为中国戏曲学院和中国戏曲界的诸多学术与专业品牌之一,为弘扬京昆传统、继承国粹艺术、振兴地方戏曲、留住民族记忆,深化联合国教科文组织人类口头与非物质文化遗产代表作的研究与推广,发挥其应有的作用。

五

《中国艺术家评传》丛书,是由中国文联牵头、中国文联出版社主持、并与相关艺术专业类大学合作，以期全面系统地评析不同艺术门类、不同时期艺术家的从艺经历、经典作品和艺术思想等，全方位、多层次地揭示中国艺术的发展脉络、传统沿袭和其中历久弥新的艺术活力，构筑一部点面结合的中国艺术发展史。丛书以弘扬和传承中华优秀传统文化、汇聚和总结中华优秀艺术资源为指导思想，选择在各艺术门类发展过程中，举足轻重、影响深远、德艺双馨的艺术名家，为其撰著评传。同时抢救性地寻访高龄的艺术名家，记录其个人口述艺术史，传承其服务人民的文艺观、美学观和创作观。评传既写传主的知识储备、文化修养、艺术训练、艺术作品等；又写后人对传主的艺德艺品、学养涵养、艺术观和方法论的理解与评价；同时站在当今时代精神的高度，把握传主的艺术思想，研究和继承其艺术精华和底蕴。重点剖析艺术家们高尚的职业操守、良好的社会形象、文质兼美的经典作品，同时力求从艺术评述的角度，建构中国艺术发展史的理论体系，体现中华艺术精神。丛书以历史性、学术性、艺术性的广泛视角，写作不同的传主，评传结合，有评有传，且侧重于评，再现传主的艺术精神风貌，呈现中国艺术各门类的全景式发展图景。既展现传主的艺术形象，又凸显各流派的发展规律，以微见著，古为今用。

《中国艺术家评传丛书》，拟规划"戏曲卷""美术卷""书法卷""音乐卷""舞蹈卷""曲艺卷""民间艺术卷""电影卷"等分卷，既评述各时代传主的艺术成就，又呈现各艺术门类的发展历程。

作为《中国艺术家评传丛书》中的"戏曲卷"分类丛书，本套丛书书将推出中国戏曲艺术家中对剧种做出过重大贡献的那些不可遗忘的人物。我们打算用十年时间，持续推出京昆艺术家当中的重要人物传记，推出越剧、黄梅戏和豫剧、粤剧和全国各大地方剧种之领军人物的传记，持续推进。积之以时日，继之以心力，伴随着梨园界各方贤达和社会各界有识之士的支持，中国戏曲艺术家的三百余种系列评传，就一定能够在太平盛世当中积少成多，聚沙成塔，共同托举出中华文化中戏曲艺术家的辉煌群像。

昆曲，既是京剧之前最具备代表意义的"前国剧"，又是戏曲剧本文学性较强、表演艺术趋于典范精美的大剧种，还是2002年起首批被联合国教科文组织列入到"人类口头与非物质文化遗产"名录、具备较大国际影响的古典剧种。

从1917年开始,吴梅先生在北大开辟了戏曲教学的先例。在他的指导、启发和参与下,由上海的实业家穆藕初赞助,昆剧传习所在苏州正式开班,培养了承前启后的"传"字辈演员。设非如此,兰苑遗音,古典仙音,险些儿做广陵散,斯人去矣,芳踪难寻。至于北昆的韩世昌、白云生等人,也都是正式拜过吴梅先生的嫡传徒弟。这些人,这些事,不可不写,不可不传。

京剧,至今被公认为中国戏曲最具备代表性的剧种,海内外的不少人索性将其称之为"国剧",也被列入人类非物质文化遗产代表作,得到社会大众的认同。京剧表演艺术家,流派纷呈,各称其盛,具备非常广泛的群众基础,也在世界各国都具备较高的知名度。这些角儿,这些流派,不可不述,不可不歌。

因此,昆曲类传记中,首先推出的是近代戏曲学术大师吴梅、昆剧表演艺术大师俞振飞和素负盛名的昆剧"传"字辈老艺人;京剧类传记中,余叔岩、言菊朋与"四大名旦"等名宿传记也规划较早。

昆曲是昔日的雅部,京剧是今日的雅部。豫剧等星罗棋布的地方戏剧种,可以看成是今日的"花部"。地方戏剧种最接地气,最能够构成中国老百姓看戏的基本生态活动,他们之中的代表人物不可不写,不能不写。

细心的读者很快将会发现,在本套丛书中,大多数都是众所公认的戏曲界大师,但也还有部分正处在发展过程的中年名家。或许有人要问:既然曰传,树碑立传,盖棺才能论定,中年才俊尚还处于发展过程之中,缘何仓促为之写传?

此问有理,但又不全正确。须知任何一时代较有影响的人物,首先是被同时代的人们所热爱。举例说来,于魁智、李胜素和张火丁等人,豫剧的李树建等人,越剧的钱惠丽等人,都还处在发展前进的艺术路上,可是他们也确实拥有大量的观众群。那些忠实的粉丝们,迫切需要知道他们心中偶像的更多情形。那么,为同时代的人们的戏曲界偶像树碑立传,实属必要。再比方今天我们的诸多梅兰芳传记,实际上更多的是具备历史文献的意义，因为现存的大部分观众再也无缘得睹梅大师演出的现场风采了。

更有甚者，我们与《中国京剧》的朋友们总是在计划某月某日去采访某一位德高望重的艺术家。可是每当我们如期去实地采访时，常常会发现老人家年事已高，对于昔日的风采与精彩的艺术，已经很难清楚地加以表述了。英雄暮年，情何以堪？

至于有时候看到讣告上的名家，原本已经列入我们要拜访的日程表上，但是拜访者尚未成行，受访者却已经远行，远行到另外一个遥远而不可及的世界中去也！天壤永隔，沟通万难，那就更属于永远的遗憾了。

有鉴于此，我们提倡两次写传法或曰多次写传法。此次先写名家的壮年时期，未来再补足传主的晚年事迹，这样的传记，也许更加齐备可靠一些。若必要年老而可写，若必等盖棺而论定，却使后人对前辈艺术家知之甚少，叙之渺渺，称之信史，恐也非理想之传记。

评传的生命力在于讲述一个个真实的故事，演出一幕幕人生的大戏。但是如何讲好故事，怎样使得故事讲得精彩动人，令人读后余香满口，味道袭人，实属不易。《史通》说："夫史之称美者，以叙事为先，至若书功过，记善恶，文而不丽，质而非野，使人味其滋旨，怀其德音，三复忘疲，百遍无斁。"

戏曲艺术家们在舞台上创造了富于美感的各色人物形象，但在生活中却还是一位凡人，或者说往往是一位烦恼更多的凡人。如何使得生活中的凡人和舞台上各色才子佳人、贤士高官和其他或正或邪的人物形象有机地对接起来，更是亟需在传记写作过程中不断探索的难关。

评传包括家族身世、教育承传、艺术人生和舞台创造等部分，也酌选精彩而有历史价值的照片，以期图文并茂，赏心悦目。评传强调文献记载、口述历史与适度评述相结合。附录包括大事年表、源流谱系、研究资料索引等。每位传主的评传大约15万字，俱以单行本方式印行出版。

二百年来，风云变幻，梨园天地，名家辈出。区区一套丛书，尽管编者力图使之相对完整系统一些，但挂一漏万、沧海遗珠的现象，还是不能避免。即便收入本丛书中的名家大师，由于多侧面历史的诸多误会以及材料的相对匮乏，由于诸多热情有余、经验不足的年轻人的参与，错讹之处，在所难免。尚求方家不吝指正，遂使学问一道，有所长进；梨园群星，光芒璀璨。这也正好呼应了马克思的人物传记理想，那就是写人物应当从感情气势上具备"强烈色彩""栩栩如生"，力求达到恩格斯关于人物形象应当"光芒夺目"的审美理想。

尽管为梨园界的艺术家们作传，从理论上看厥功甚伟，但是实际工作却常常会举步维艰。甚至梨园界的一些同仁乃至某些传主的家属学生，也都会存在着一些不一致的想法。尽管前路漫漫，云雾遮蔽，甚至常常山重水复，坎坷难行，但是坚定的追求者和行路人还是会历经千辛万苦，抹去一路风尘，汇聚锦绣文章，迎来晨曦微明。

彼时彼刻，仰望戏曲艺术的长空，那一颗颗晶莹的晨星正在深情地闪烁着动人的光华。晨钟响起，无限芳馨远播，那正是全体传记写作人和得以分享传记的读书人，以及关心本套丛书的戏迷和社会各界朋友们的无量福音。

2016 年 5 月 28 日

谢柏梁，文学博士，中国戏曲学院学术委员会副主任、戏文系主任，北京市特聘教授、市教学名师，国务院政府特殊津贴专家，国家社会科学基金艺术学重大项目《戏曲艺术当代发展路径研究》首席专家，中国戏剧文学学会副会长、国际剧评协会中国分会副理事长。

序 言
吴门王门一大家

谢柏梁

  中国戏曲学院戏文系副主任钟鸣的新著《儒冠意气，史剧文心——郭启宏评传》历经寒暑，数易其稿，终于写成付梓，这正是一件可喜可贺的剧坛佳话。

  早在2012年，北京市文联与北京市剧协就为郭启宏的剧作开过专题研讨会。当时我在会议上说，这样的盛会，不仅应该是北京市主持召开，最好中国戏剧家协会也来牵头，我们中国戏曲学院也可以参与，几家一起做，效果可能会更好一些，影响也会更大一些。这是因为对于中国戏曲剧作家而言，好的作家实在太少，而像郭启宏这样的戏曲方家，更是国宝级的大文化人。对于这些大家，我们怎么关注、怎么阐扬都不为过。

  我觉得郭启宏他不仅仅是北京的骄傲，还是中国剧坛乃至世界剧坛上不容忽视的一种骄傲或者是荣誉，他不仅仅属于北京，还是属于中国和世界的一位杰出的戏剧作家。

  这些年与海外友人交往，他们说国际上常常有一种误解，说中国人是人类中最不知疲倦的一种动物，他们只知道工作，只知道赚钱，不知道享受，不知道生活当中除了赚钱之外的其他追求或者说是生命乐趣。尽管中国的经济总量上去了，可是对于没有信仰与宗教、没有浪漫与追求、漠视文化与戏剧的民族而言，也没有多大的幸福感可言。

  危言耸听，危言难听，但是危言可以启发我们深思。我觉得郭启宏的一系列文人戏剧，写中国历史上那些锦心绣口却又命运坎坷、金枝玉叶却又九死一生的才人，描摹他们具备真性情、拥有真爱情、有着真追求、受过真磨难的人生景观，这是中国民族生命交响曲中，最富于奇情异彩、最具备浪漫情怀的乐章。因为他们的存在，中华民族作为一个诗词大国的子民，才焕发出充沛的才情，奏响了诗歌的乐章，才使得今天的我们，还在经济大潮中仍然拥有那么多戏剧的景观，文学的骄傲，还有追梦的情怀。

从此意义上言，郭启宏在为一个民族的精神层面、艺术情怀和审美格局在描容写心，立此存照。这种文化意义上的创作与呈现，审美情趣上的怀旧与贴近，是对芸芸众生中民族精神的一种引领，更是敲响了一连串文化景观、艺术情怀的悠扬钟声。这也是作为中国近代戏剧学术文化承传过程中，最具盛名的一个学术大家族在创作方面最有影响的一泓清泉。

先谈家门渊源。郭启宏是我们"吴门"也即以吴梅先生为祖师爷的学术文化大家族中的一员。吴梅先生从1917年开始，先后在北京大学、中央大学等多所高校讲授词曲课，所以天下治词曲者而且有贡献者，率多出自吴门。唐圭璋、任二北、钱南扬等一系列词曲大家，以及启宏与我的共同的老师王季思先生，皆出自吴梅先生的桃李门墙。

我在回顾这一堪称华丽的学术文化大家族的时候，并没有说在吴梅这个学术教育大家族之外就没有研究词曲与戏剧的诸多专家，绝对不是这个意思。但是一个国家，一个民族有一些学术文化大家族是值得骄傲、值得珍视的。就像研究从苏格拉底、柏拉图、亚里士多德一样，学术文化赖传承，传承的渊源岂能或忘？

吴梅先生有三个方面的成就，一个是教育，他是近代中国培养从事词曲教学与研究人员最多的教育大家。第二是词曲创作，吴梅先生的昆曲剧本，在传奇创作领域内不可忽视，而且这些作品到现在还有其生命力。第三，吴梅先生有理论，他的曲学把理论和实践结合起来，取得了较大的成绩。

在从吴梅到王季思的学术大家族里，写戏曲作品写得最好的，还是郭启宏师兄。在这个大家族里写剧本的不止他一个，至少有过十位以上比较专门的编剧。但是吴门与王门弟子当中，真正做编剧做得好的，可能算得上是北京戏曲界乃至中国戏曲界最值得骄傲的大家之一，到目前为止，我数了数可能就只有郭启宏一人。在其他同门暂时还没有取得很高端的成绩的情况下，郭启宏无疑是吴门弟子当中从事编剧工作业绩最好的一位编剧。

吴梅之门和王起之门都象征着中国戏剧文化创作与研究的崇山峻岭。这一学术与创作门派的高度，在很多方面都可以代表中国戏曲创作与研究的高度。在今天的中国剧作家中，尽管大家都有着各自的特色和不同的成就呈现，但是就文化创造的立意旨归而言，就文采辞章的奇观异彩而言，就接续历代中华戏曲精品的精神气韵、无边风月的绮丽才情而言，郭启宏始终都处于首屈一指的海拔高度上。

当年吴梅先生教学生的时候，经常带着学生出去，出去之后先游山玩水，结束以后写散曲。比方到秦淮河泛舟之后，学生必须交一篇散曲作业，有一些散曲还留到今天。所以其弟子王季思先生在世的时候，诗词曲都写得很好，他的词曲也代表着当代中国词曲创作的学术高度。作为中华诗词学会的会长与顾问之一，岭南的许多方家，甚至包括省市领导在内，每年初一都要来拜访王先生，一是求词曲，而是把自己的诗词曲作品带过来，请老先生润色、斧正。

在王门弟子的诸多精英人物中，郭启宏独树一帜，在戏曲与话剧编剧方面都做得很好。所以我们的王季思老先生在诸多学生当中，特别喜欢郭启宏。我算了一下，几乎郭启宏的每一部剧作，但凡是在北京上演的剧目，老先生总是要亲自在《光明日报》等报刊上发表剧评，而且还把当年我们这一些到中山大学读博士的小朋友也拉过来写剧评；所以我们最初认识大师兄，研究郭启宏，就是遵先生之命的学术演练。王先生常说："你们研究戏曲，当然要从传统戏曲下功夫。但同时你们也要研究活的学问，包括研究郭启宏，这样古典和当代戏曲就能结合起来研究。"所以我给郭启宏写戏剧评论，原本就是老先生当年所布置的一个作业，所以从那一天开始，我们都关注、重视和研究郭启宏师兄。当然直到今天，我们的研究还是非常不够，我自己写的《中国当代戏曲文学史》当中，郭启宏只是其中一章。但是郭启宏肯定是值得我们写一组大书的，至少要先从其第一本传记写起。

剧作家有横空出世的一批人，主要是从社会大学毕业，在梨园班子待得久了，又有思想与激情，文笔与文采，就可能成为剧作家。但是郭启宏是从地道的中文系科班毕业的，为什么中山大学的毕业生中，郭启宏在戏曲创作方面，一花独放？这就值得我们思考、总结和研究。当然，这里有一个不可忽视的原因，在他身后有一个王季思戏曲学术大家族，而且他对这个家族的感情是无比深厚的。

王先生逝世的时候，正是郭启宏的昆曲《司马相如》在沪演出的当夜。《司马相如》这个戏的源头，与上海戏剧学院老院长陈恭敏教授有关。1993年，陈院长对我说：岳美缇她们是好演员，但是好演员演昆曲，也必须要有自己的代表剧目。目前上海写昆曲的作家较少，怎么办？

当时我说：师兄郭启宏是昆曲写作最好的剧作家。我马上要到加拿大多伦多大学去讲学，最近要去北京，到加拿大大使馆签证，正好可以找郭启宏师兄谈谈看，看看他是否能为上昆写剧本。

到了北京，我到师兄郭启宏家，谈到了陈院长的嘱咐。师兄说，上海昆剧团演出水平不俗，我真是与他们不熟，也从来没有考虑过给他们写剧本的事，要么就试试写司马相如这个题材吧。

到了1996年夏，《司马相如》在上海排练演出。我和郭启宏，还有罗怀臻一起在上海政协华夏厅吃饭。在吃饭的时候，我们师兄弟谈起王季思先生对我们的好，不由得呜呜咽咽，潸然泪下，情不自禁。罗怀臻看到我们哭，他也跟着哭起来。启宏很奇怪地说，我们哭老师，你却为何也哭起来？罗怀臻回答说，师徒如父子，看到你们哭老师，我也想到逝去的父亲，故此陪哭。三个大男人，在华夏餐厅的大厅内，一时间哇哇大哭，惹得旁桌的食客们侧目而视，不知道我们这桌出了什么问题。一时之景观，暂且按下不表。

我与启宏边哭边立下探望计划，说这个暑假一定要去看恩师王先生。久违老先生，实在不应该，风烛残年之人，见一次少一次，一定要抓紧时间去看老先生。

当天晚上是郭启宏《司马相如》的首场演出。完美演出之后，忙忙碌碌之余，大家都闲云野鹤，各自作闲人散。临近半夜，铃声惊魂，郭启宏师兄打电话给我，说师弟，我们起身晚了，我们敬爱的老先生仙逝了！于是电话两端，师兄师弟，心中都感到无比痛楚。这个暑假我们同去中大康乐园中看望老先生，绕膝之乐，环拱之趣的夙愿，永生永世也不能实现了。

难怪我们中午谈起老先生，竟然情不自禁地就哭起来。中午哭老师，晚上老先生就走了，这真是相隔两地，心灵相通的心理感应。这也绝不是巧合，而是师生之间的一种生死默契！我是老先生比较宠爱的小辈的学生之一，郭师兄是老先生宠爱的年长辈的学生之一，所以学生之间跟老师的感情、渊源太深厚了，这是用一般的偶然性与必然性无法论证清楚的真实灵异之场面。

现在应该说，包括郭启宏所有的成果在内，除了他个人的努力之外，我都归功于从吴梅到王季思这么一个学术文化大家族的江河流淌。如果说以启宏师兄为代表的我们这些人，在某些方面有所成就，都是可以归根到这个家族之下，都是这一学术长河中风云激荡的朵朵浪花，都是从吴门到王门桃李门墙下所结出的一个个成果或者一串串硕果。

郭启宏在所有的剧作当中，都体现出其本人真性情、真人格，真的为人、真的追求。有这么一个细节，一位文名满天下的名家来看郭启宏，但是郭启宏对这位名家有所微词，"既然我不喜欢您，那就决不见您"。但是人家寻上门了，怎么办呢？只有一个办法，就是躲在宾馆厕所里，"你不走我就不出来"。这一类似魏晋南北朝文人做派的故事，只有郭启宏能实践出来。

再比如说有的导演要改其一个戏里的一个字，他就坚决一个字不改，凭什么我要听导演的？要么你不用我的剧本，要么你导演走人。这就是郭启宏的性情，他是真情实感的表露，不伪装，不修饰。

他也做过基层的官员，包括最早做过党支部书记，做过北昆的副院长。但是当我们作为小师弟和他交流时，他哪里是一个小官员？分明是一个真正有书卷气的大文人，有真性情的才子。所以他的戏曲才那么感人，是因为其中有很多真诚的东西，有很多对社会人生的真知灼见。尽管他绝对不是一个很好的管理者，但是他是一个彻头彻尾的中国文人。

正因为他有文人的真性情，所以从这个层面来说，郭启宏触摸到宏观意义上的中国知识分子和中国古代文人的真性情，并以他的性情来揣摩前辈中国文人的人格取向，从而传递出中国文化的斑斓色彩。善于写中国文人与文化，这一点是郭启宏作为剧作家所体现出来的总体特点。其他的社会阶层他也写，但是绝不会写得这么深，这么透，绝不会写得那么动人。包括我们看他的话剧《李白》在内，诗人是那样一种可爱，那样一种坚守，那样一番抱负，确实令我们观众感动。当然附带说一句，演李白的演员，常常会把一个字读错了，"维系"的"系"，读"系（ji）"，不读"中文系"或者"戏文系"的"系"。

启宏在所有的作品当中，不管是戏曲还是话剧当中都体现出强烈的人文气息和书卷气息，即便是他的文辞追求，就是和人家不一样。在现在的戏曲作家中，我们都认为郭启宏是文章锦绣的一人，当然其他作家也都有自己长处，但是在文章、文采、学问这几个方面综合来看，迄今为止没有剧作家能和他相比。包括在话剧《李白》当中，举手投足，轻言慢语，浅唱低吟，狂饮醉歌，他所体现出来的就是一种文化味，一种人文情怀，就是大学问，就是中国人本来人人具备的诗性、文化感觉，包括对文化的敬仰和崇拜。

郭启宏一直在思考中国的文化和中国的文人，而且启宏把作家本身的诗，跟他个人的剧作与唱词，融会在一块，他把剧中语和诗人本身的创作结合、融汇得特别好。特别在《南唐遗事》当中的一些曲词。大家都对哪些文辞是出自于李煜，哪些是出自于郭启宏，常常会有一些拿不准也就是融为一体的感觉。狂妄地讲，在戏剧研究的很多地方，我未必比师兄知道得少很多；但是对整个中国文化的读解，对中国诗词的天然化用，那我们跟他差的就不是一点距离，他就是比我们长一辈，就是从广东南国潮汕小邹鲁那么一个礼仪之邦出来的文人。他从小就是读书的种子，跟我们这些后学的师弟还是不一样，有文化还是有文化，有修炼还是有修炼，所以他的身上总是透露一种强烈的文学修养、诗词功底、文化印记和历史信息。

所以郭启宏有时候会批评某一个大家都认为非常不错的昆曲剧本，剧作家也都是我们两人的好朋友。但他有时还是会当着我的面说，那怎么是昆曲，写说白唱词，用上那么多口语，那么多山歌民谣的东西，这些民间民歌的文体，用在地方戏上未尝不可，可那并不是昆曲的写法。类似这样不怕得罪人的批评，只有他能够说得出来，而且我听起来还是那么真诚，真诚得令人舒服。

当然郭启宏的好处，绝对不仅仅体现在修辞和文采上，我还是更多地同意资深文化大家张和平先生的说法，在郭启宏的作品中，体现出整个中国戏剧、中国文学和中国文化的气韵。

最后还要说一句，启宏师兄说，人退休了，也累了，要寻找自由开车、自在喝酒的那种感觉。我想开车也好，喝酒也好，都符合启宏兄的性格，也是一种有益的生态与生活方式。但是在北京开车，那是绝不能纵横驰骋的，因为马路太堵了。我也不建议师兄过多地喝酒，他的健康情况不允许。作为郭启宏，他应该为北京剧坛和中国剧坛做更多贡献，不仅仅要写更多的佳作，还要为北京、中国培养出更多新的剧作家，这个才是他的使命和归属之所在。

所以我希望启宏兄在今后的时间里，如果行有余力，要更多地把自己的精力放在戏曲、话剧的创作上，尤其放在对新一代剧作家的培养上。这样，他自己打通戏曲、话剧、电视剧和杂文写作的成就，才可以更大程度上地惠及后人。如果启宏兄不仅仅自己写剧，也把较多的精力放在培养更多的新编剧上，就能够把自己的编剧事业薪火相传，一代代弘扬光大下去，这也是作为吴梅再传弟子和王季思嫡传弟子义不容辞的历史责任。

钟鸣博士带着几位同学，这几年一直在酝酿写作郭启宏的传记。这个工作现在已经初步完成，我个人认为这是一重要的学术贡献。看看一个中文系毕业的学生，如何转型为一位举世知名的大剧作家，如何发展成为一位为民族形象体系和国家文化面貌描容写心、挥洒才情的自觉的文学大家。以郭启宏为代表的这一批文学家与艺术家，正在自觉不自觉地为全民族的形象体系和国家的文化面貌做描摹，我觉得这是一项事关千秋万代民族标志与文化追求的大工程，这是实现中华民族伟大历史复兴过程当中必不可少的大事业。

因此，为郭启宏等艺术名家人写传记，就是在为中华民族汪洋恣肆的文化海洋在扬波弄潮，为我们的悠久文明在建树新的文化标杆和精神高度。所以我们乐见其成，拭目以待，万千憧憬，开卷有益啊。

是为序。

2014年9月26日星期五
写于中国戏曲学院摘星楼

目 录

第一章　饶平风物灵秀斯人……………………………………001

第二章　一脉传承念兹师恩……………………………………015

第三章　听命之作心灵拷问:《向阳商店》…………………028

第四章　文人史剧开拓新成:《司马迁》《王安石》………041

第五章　剧人感受艺人传神:《成兆才》《评剧皇后》……064

第六章　南唐人物历史风尘:《南唐遗事》…………………100

第七章　诗歌精神剧中人生:《李白》《司马相如》………116

第八章　仓皇路途莫问前程:《知己》………………………138

第九章　史传悲喜女性情真:《花蕊》《安蒂公主》………155

第十章　文学传神文人剧论……………………………………176

结　语……………………………………………………………193

附录一　郭启宏创作年谱………………………………………197

附录二　郭启宏戏剧作品研讨会资料…………………………203

CONTENTS

Chapter I   A Talent Produced in Raoping
            — A well-endowed Region ·············· 001

Chapter II Gratitude to the Master Lingers on the Mind ········ 015

Chapter III Recollection of the Soul: *Xiangyang Shop* ······· 028

Chapter IV Pioneering Historical Drama: *Sima Qian*
            and *Wang Anshi* ·············· 041

Chapter V   Theatrical Artist: *Cheng Zhaocai* and *Queen
            of Ping Opera* ·············· 064

Chapter VI Historical Figures of the Southern Tang
            Dynasty: *Deeds of Southern Tang Dynasty* ········ 100

Chapter VII Poetry Spirit in Drama: *Li Bai* and
            Sima Xiangru ·············· 116

Chapter VIII On the Road: *Confidant* ·············· 138

Chapter IX Women in Joys and Sorrows in True
            Color: *Pistil* and *Princess Andi* ············· 155

Chapter X　Literary and Theatrical Drama Theory
　　　　　　Conclusion ·· 176

Peroration ··· 193

Appendix I　Guo Qihong's Chronicle of Creation ················· 197

Appendix II　Symposium on Drama Works of
　　　　　　Guo Qihong (June 25, 2009) ························ 203

第一章　饶平风物灵秀斯人

　　郭启宏，广东省潮州市饶平县黄冈镇人。

　　饶平，是一个很有历史传承的地方。早在秦始皇三十三年（公元前214年）"平南越、守五岭"，即置桂林、象郡、南海三郡。饶平即属南海郡辖。饶平置县已有五百多年。因"饶永不瘠，平永不乱"得名。此地地理位置处于粤东边陲，闽粤之要冲，在汕头、厦门两大经济区域之间。依山面海，包容着一种独特的客家文化与海洋文化的智慧。如其境内有著名的历史遗观"道韵楼"。此楼乃是一种土楼，明万历十五年（1587年）所建，是全国最大的八角形客家围楼，鼎盛时可容纳600多客家人居住，现尚有100多人居住在土楼中，其修建虽全部使用竹钉，历经多年，这些竹钉也无腐朽的迹象。土楼的特色之处在于整个土楼处处与八卦相关，所有建筑的数目都是八的倍数。体现了一种古老的八卦文化与民间智慧。据传，在清朝顺治年间，土楼曾经被官府收编的土匪包围三个月而攻不破，土楼里的数百居民利用储粮和井水以供自己饮食，利用土楼上面的内沟灌水以守住外面官兵的火攻，因而逃过劫难。在80年前的大地震中，附近的房屋大多倒塌，而土楼里只有几间房屋左右倾斜，反而支撑了整个土楼不倒。富有传奇色彩的土楼与此地独有的僻静偏远似乎是一对有意思的组合。溪谷山寺、庵堂白鹭、岩洞宝塔是它一方山水的见证。另外，潮汕文化中的茶道与饮食也是其地域文化中的一景，对于生养其中的生民有一种特别的乡情。

空蒙桑梓　烟雨黄冈

　　此方水土风化有着诸多特色，作为一名富有学者气质的剧作家，郭启宏发现自己的故乡由于地理上的格局与历史上的开发，造就了某种奇特的既开放又保守的"矛盾"民风。

　　从地理上讲，饶平是自成格局的一个县。在中国，它可能是唯一有一条河流从本县发源、流经本县入海的县。这条河就是黄冈河——多年后，郭启宏亲昵地称之为"凤江"。

　　　我不晓得前代黄冈人因何给她起了这么个美丽的名字。我小时候见过的凤江，水流缓慢，沙洲裸露，土堤常崩塌，涸时节淌水可过，涨时节渡船停摆，谁想象得出华彩风姿？不过，就是这"柴火妞"一般的凤江，是我童年最忠诚的伙伴。

　　　柔波里争泳，浅滩上摸鱼，多少次逃学到这里！我不知道什么时候学会游泳，一无名师亲授，二无高朋指点，真正的教练恐怕就是凤江。

> 夏日黄昏，我们一帮顽童，为争夺一棵漂浮水面的荆棘，劈波斩浪，你追我赶。时而片帆飞来，相互使个眼色，抖擞精神，迎了上去，悄悄趴在船边，像小蚬寄生在大螺身上，舒舒服服随船前进。艄公眼不瞎，佯装无见，忽然扬起几丈长的大竹篙吓唬我们。于是，一个猛子脱了险境。那真叫刺激呀！嘿！下一只船又来了……一直玩到精疲力竭，才到沙洲上喘息。
>
> 已是日薄西山的时分。半空中，白云千朵，红霞万道，奇光异彩，绚烂绮丽。不由我游目骋怀了！那天边的云彩，时而驼形，时而狮状，也似鳄鱼，也似大象，是风左右着这莫测的变化吧？呀，湛湛青天以外又是什么？是什么力量主宰着这浩渺的太空？我自然百思不得其解。不过，凤江黄昏的长空，诚然诱导了我丰富的想象，开启了我心灵的窗扉，激发了我对神秘的大胆探索，鼓舞了我对美好的顽强追求。
>
> （摘自《岭海散文——黄冈杂忆》）

长大后，郭启宏对黄冈河有了进一步的认识：她不再是仅仅给他个人带来童年乐趣的所在，更是一个滋养一方精神，形成一方水土的水源。他作诗《赠桑梓父老》"几度秋风惊客梦，燕都饶邑八千程。心同皓月遮还照，情共绿蕉展复生。十载神驰诗可觅，一朝兴会酒须倾。甘醇最是凤江水，润我文章润我名！"他对于这片水的"人文影响"有了更多的解读。

> （后来）我才知道家乡的这条河相当独特。她发源于本县北境群山中，注入本县南端大海里，整条河系几乎布满全县陆域。这种自成系统的水系特征，即使在全国范围内搜寻，也相当罕见。我想，人文环境与地理环境密切相关，自成一统可能造就自给自足，也可能导向自我封闭。
>
> （摘自《岭海散文——黄冈杂忆》）

黄冈河自成体系，覆盖了饶平四分之三的面积，无形中成了一个相对封闭的空间。当地有谚云："天下大旱，此地半收；天下大乱，此地无忧。""饶平"，既"富饶"又"平安"，自给自足、衣食无忧，民风渐至趋于保守。抗日战争时期，四面八方的人多避避于此。

同时，黄冈镇又是侨乡。饶平人说潮州话，潮州话里现在还有泰国语、英语中的词汇，比如"球"叫"波儿"，就是"ball"的谐音；"马路牙儿"叫"五脚基"，来自泰国语的"motaigi"，这些都从语言上反映出此地民风的开放性，开放性中又带有几分冒险性。郭启宏坦言："饶平北部是山区南部是海洋，饶平人面向大海，要发展就要向海外，谁妨碍其发展，饶平人就视之为寇仇，这是人性很赤裸的表现，只是为生存、温饱、发展。"据说，明朝时饶平有个渔民出身的海盗，叫许凤，他在海上打仗，打到菲律宾当了国王，王国存在了一百多年，他的后代才被别的势力剿灭。另外还有一个有名的海盗姓吴，叫乌森，当地人云："天顶雷公，地下乌森"。"这个人十五岁当海盗头，死的时候二十三岁。他不仅跟土豪劣绅对着干，还打日本人，最后被日本人杀死了。"

饶平的教育发展南北不平衡。北部居民主要是客家人，南部是潮汕人；黄冈靠海，海边比山区富庶。但客家人更重视教育，客家人中的富翁也不少。饶平南部的教育比客家人聚居区差一些，但比北方很多地方还是发达许多。

另外，饶平是一个商业很发达的地方。因此在人的尊卑等级上就不像北方地区划分得那么严格。有本事挣钱就行，当然钱的来路要明白。这种文化尊敬有本事的人，不管你做官、读书还是做生意，只要有本事就行了。郭启宏曾有一个观点：在道德、智慧、意志等方面中，潮州人更重视智慧；北方人可能更重视道德，比如山东等地较为重视儒家道统。饶平人对戏子的看法很通达，不低看戏子，与此地的商业文化有关系。

依山傍海的饶平人信仰妈祖。潮州人因为经商，所以信仰上也比较功利、讲实用。郭启宏常举一个有趣的例子来说明当地人的信仰观念：当地人把拜神像叫作"拜老爷"，拜神通常都是很虔诚的，但有些地方

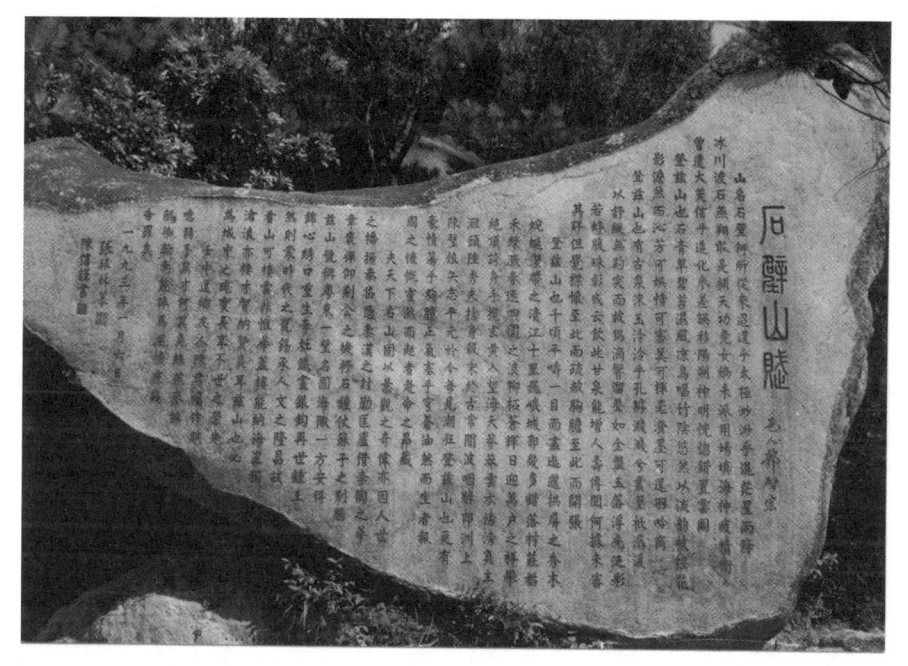

石壁山赋

的民俗很奇特，如果今年百姓的日子过得不好，风不调雨不顺、没丰收也没赚钱，百姓们会在第二年春天把"老爷"的神像从庙里拉下来，放到海滩上抽打，还沾上烂泥；打完之后再洗干净放回庙里去——"没保佑我们就不行"！看上去这是一种非常朴实的实用精神。饶平人什么神都可以拜，那里很多上百年的老树下常插有香烛，这是饶平人在"拜树神"。类似的习俗都是根深蒂固的，不管在什么年代，都有人去拜。有一次，郭启宏回乡写了一篇《石壁山赋》，当地县政府和文化局书记把赋刻在石壁山最高处的大石头上，旁边是曹禺写的"揽玄黄"；多少年之后，发现大石头旁的空隙处被人放了一个小神龛，居然也有人去拜——人们觉得这块石头因为刻了赋文就有了灵性，所以就拜石神。饶平人什么都拜，就希望能"保佑我"；但是要是神不行了就要把他拖下神坛打一顿。这种看上去"不太严肃"的信仰，似乎充满了一种"以我为主"的品格，倒是铸就了某种随遇而安又独立求存的精神。

虽然，郭启宏早已功成名就，身为"当代著名的戏剧家"、"最优

曹禺为小镇题壁

秀的作家之一",但说起与戏剧戏曲的关系,他仍然觉得近乎是一种"阴差阳错"的命运——"我天生不一定是干艺术这行,更没想到会搞戏。算是阴差阳错,因为搞戏的人大多小时候都喜欢看戏,或者家里人有从事这一行业的,而我在这方面几乎是绝缘。""我的家庭基本上跟戏曲是没有关系的,我的家庭很有意思,我父亲不愿我们去看戏,他有士大夫的观念。我爷爷是个读书人,但是在我父亲三岁的时候就去世了。我的父亲是个商人,但是个"诗商",他非常喜欢写诗,但后来因为诗打了右派,所以从小我就没有看戏,没有戏剧基因。"很有意思的是,据郭启宏回忆,他的看戏起因似乎源于母亲对父亲"不思家业"的某种"报复"——"我听我母亲讲,我父亲爱赌钱,不好好做生意,于是我母亲为了和我父亲赌气,就常去看戏。新中国成立前黄冈镇的那个戏院,不像现在这个戏院那么正规,算是草台,砍下竹子搭个棚子就能演戏。"

《饶平县志》载,此地盛行的戏曲剧种有皮影戏、木偶戏、潮剧和汉剧。皮影戏本县俗称"皮猴戏",特点是唱词多用口传,无剧本,腔调自由诙谐有趣,一人兼演多种角色,并能同时使用多种乐器。清末,知名艺人有黄冈南郊东寮村陈储。民国初年,有黄冈"老三合"、"老双合"两班经常演出。而清末民初开始流行的潮调木偶戏到了20世纪40年代更是达到了鼎盛,全县多达四五十个班。因为木偶戏每班仅有十几人,道具简便,戏金便宜,每逢年过节或喜庆时常被邀赴演。当然,在潮州饶平一带最流行的剧种当属潮剧,即潮州戏,这也是当地的主要剧种,它是由昆曲变化而来,始于明代,盛行于清代。清末至民国时期,本县较著名的潮剧演员有丑角陈居、陈清泉,彩旦欧从喜和大花脸角汤乖等。新中国成立后,潮剧还得到进一步发展,全县乡村多建立业余剧团或文工组,经常排演潮剧。"1954至1958年,潮剧迅速发展,全县有业余潮剧团120多个"。

  1956年9月,首建饶平潮剧团,为县办专业剧团,演职员六十多人,两个多月就排演了四个古装长戏和八个折子戏,在县内外营业演出。1959年又建立饶平潮剧二团。此后县办两个专业剧团时并时分,五六十年代,先后共演出了《陆文龙》《天波府》《樊梨花》《澶州之战》《碧血扬州》《崔杼弑齐君》《王老虎抢亲》等数十个古装传统戏,潮剧发展至巅峰。

(摘自《饶平县志》)

  另外,在饶北客家地区流行汉剧。上饶坑前田村有"汉乐之乡"之称。早在20世纪20年代初,该村张上枢(旦、净)主办的木偶戏"和顺"班及茂芝人创办的"新金华"班,皆以汉剧曲调表演。

  除了以上地方剧种的发展,还有民间的音乐、舞蹈演出,比如潮州弦乐、潮州大锣鼓等,就很受普通民众的欢迎,也成为当地自我娱乐的重要形式。黄冈的"兴乐"乐社,传四代。各地乐社之间,时有进行弦乐交流或竞赛,或在节日、喜庆、祭祀、拜神等活动被邀请作演奏。新中国成立后,全县各地普遍兴办剧团、文工组,弦鼓手大都取材于民间乐社。

  虽然自感童年的观剧经历并没有留下深刻的印象与直接的影响,但我们总是能在郭启宏诸多的散文杂记里,读到那些生活的吉光片羽,故乡饶平一带丰富的民间曲艺活动就是通过这种不经意的追忆呈现在我们面前。其随笔《观剧生活速写》中提到:

  身在戏剧界,每感不如人,乃因从小缺少戏剧天分。时至今日,纵然给我打气,我也不敢打造"四岁红、五岁绿"的神话。说来可笑,我四五岁时也曾随母亲看戏,那台上咿呀一唱,我眼前红绿模糊,色盲了,立刻睡倒在母亲怀里。

人声渐渐鼎沸，而戏迟迟不演，从边幕走出一个不穿戏衣的平常人，径直来到台口，摘下吊着的那盏"大光灯"（汽灯的俗称），打了打气，那盏灯忽忽地亮了起来，台下看客的神情仿佛为之一震。我不停顿地吃着零食，也不知道过了多久，"呋嘟橱"（一种开场乐器）沉闷地响起，我晓得戏要开演了，抖擞起精神来，只是坚持不了多会儿，零食吃没了，瞌睡偏上来，还在帽儿戏阶段，我已经熟睡在母亲怀里。忽然一阵震响，戏台上金鼓喧天，我睁开惺忪睡眼，是加插大武场，打斗、翻筋斗，还钻火圈！煞是精彩，睡意被赶跑了。可惜大武场没持续多久，又是那个"乌衫"（青衣）哭哭啼啼地唱个没完，我于是兴致顿消，又入睡了。那时候戏唱一宿，据说后半夜的戏最见功夫，但我无福消受，大概任天雷也轰不醒了。

虽然这多是一种孩童玩耍的心理，但是却在一颗尚在熟睡的艺术之心里埋下了戏曲的种子。这颗种子后来又被屡次唤醒过，不过真正发芽长成，还要经过一些阅历的磨合。后来大学读书时，一次偶然机会又看到家乡的潮戏，更是有了新的"感慨"：

又有一次，看的是我家乡的潮剧。我很兴奋，比起看其他剧种，动机又有不同，我希望家乡戏能够慰藉我的乡愁。当时的我因为家庭政治上的变故，上大学后就一直没有机会回老家，心中郁积着一段家乡情结。看戏时，也怪，我从前不喜欢的咿咿呀呀，现在变得如此亲切，乡音在耳，我止不住潸潸泪下。散场后我们几个潮汕同学跑到后台去表谢意。后台之于看客，永远是个神秘的所在。我小时候曾经在白天里偷偷跑到戏棚窥探，只见唱了一宿的"戏仔"们疲惫至极，就在幕布后边一个个和衣而卧，无铺无盖，横七竖八，很是凄凉。我们此刻见到的后台却是另一番景象！行头悬挂，枪把罗列，红男绿女，熙来攘往，有忙着卸妆的，也有带妆喝着工夫茶的。当他们知道我们是潮汕同乡又是王季思教授的门生之后，显然热情起来，主动握手、请茶。我不过十八九岁，生平第一次握着与我年纪相仿的美丽异性的手，恍然有身在蓝桥之感，果真如古诗所吟咏———"手如柔荑"，思乡之情更加强烈。

不知这种混合着浓烈乡情的看戏听戏之中，尤其是进一步观察到"戏仔"们的舞台生活与后台风景，会不会对一个内心敏感的艺术青年造成某种人生场景的刺激。舞台上的风光灿烂与后台里的混乱"凄凉"，如此不同的生活对照，我想一个学中文又对艺术颇有感受的青年学子不会对此无所动心的。只是生活的随聚随散的素材遍地都是，随时都会遇到，可是有些人能够将其细心地封存，用心地采摘，而有些人只是抛弃于路旁任人踏践。郭启宏有大量的作品是描写表现艺人生活与揭示他们内心甘苦的，不知这些早年无意间得来的观感是否能够触动到他多年以后创作这些剧目的艺术神经。

到了中学时期，因为要专注于学习数理化，看戏自然就少了。更重要的是，对于戏曲这种乡土特色浓郁的艺术形式，一个懵懂少年的心里居然慢慢产生了几分"逆反"的情绪，或者说有了一种话剧比戏曲"高雅"的观念。这或许是受到了五六十年代以来曾经一度流行的要用"话剧改造传统戏曲"的极端艺术政策宣传的影响。

50年代罹难前的父亲郭如川

特别是到了名城上了名牌中学以后，自觉着是个"名流雅士"，数理化是要紧的（当年的流行语有"学好数理化，走遍天下都不怕"一说），此外最钦敬高雅的诗人。反观戏曲，只觉得"土"。同学中颇有几个戏迷，每到星期天，便撺掇进城看戏，都声明"请客"。我每婉拒。有一次终于心动，但不看戏曲，看话剧。在我当年的潜意识里，似乎话剧比戏曲要"新"一些、"洋"一些、"雅"一些。那是我整个中学时期看过的唯一的一出戏。

总体来看，郭启宏童年的艺术熏养中，"艺"的成分并不浓厚，但"文"的色彩却绵延深切。父亲虽然是个商人，却爱写诗弄墨，他称为"诗商"。后来，哥哥和两个姐姐都教过他念诗写诗。至今他还念之切切的一件小事，20世纪60年代因母亲病重回乡探母时，见到了大姐。一次无意间说起沈复的《浮生六记》，大姐竟然能完整地将其中的《闺房记趣》从头到尾背下来！郭启宏的这种诗词家教让他对古典文艺有一种独特的亲切感。他回忆自己高中时第一次读《红楼梦》时说，"看《红楼梦》觉得比我期待的还要好，尤其是里面的诗词，别人看都跳过了，可是我就喜欢看里面的诗词"。到了初中，已经自发地把学校里图书馆爱看的书都看遍了。尽管图书馆不大，书也不多，但读小说、童话故事、神话、寓言之类却养成了阅读的习惯。所以在初中学校图书馆的藏书满足不了他的阅读。于是此时的他，已经开始不愿意再待在家乡了。

1956年全家福

说起和文学的关系，特别是"文人"这种身份对他的触动，有一件小事或许很值得回味。他有一位小学同学叫阿许，也是他的邻家伙伴。

阿许的辍学让少年郭启宏第一次接触到了一个"身份"问题,也由此朦朦胧胧地体会到了人与人之间在职业身份上不同的定位方向、不同的生存状态:

> 担水巷住着我最要好的一位小学同学——阿许。许家劈竹编筐,应属小手工业者吧?(不记得土改当年评的什么成分?)阿许是他父亲的长子,放学后还要做不少家务活,包括劈竹编筐的下手活。我吃完饭找他同路上学,他多半还没吃饭呢!我的到来,似乎使他的父亲宽宏起来,喊一声,吃饭去吧!但有时也不,阿许不干完手里的活儿是不能吃饭的,叫我等得心焦。
>
> 我们是春季班,毕业时节正逢寒假。一天,他眼泪汪汪地告诉我,他父亲不让他报考初中……为什么?不是说定报考饶平二中的么?他摇摇头,没说话。我马上表示,我也不考二中了!他抬起头来,似乎有些欣慰,但很快摇摇头,你父亲不会同意的,他一定让你考二中!阿许的话没有说错。我父亲把我臭骂了一顿,他家里没钱念书,他得帮他父亲做活,他可以打下手,过不了多久,他有了手艺,也能挣钱,你呢?不读书你能做什么?是呀!我父亲的这句话让我记了一辈子。毕竟是书生!直到今天,实践证明,鄙人从政无能,经商不敏,扪心自问,除了读书,顶多加上写作,我能做什么?百无一用是书生!
>
> (摘自《岭海散文——黄冈杂忆》)

14岁那年,他以全县第一名的成绩考入广东四所省重点之一的金山中学。当时金山中学是住宿制的,所有同学都住校,学校在汕头对面的一个半岛上,半岛上的居民也很少,多是一些天主教徒,剩下的都是学生,读书环境非常好,只有周末,才偶尔坐船渡海到市区,早上出发,下午就得赶回来,不然过了点就赶不上吃饭的时间了。金山中学的升学率非常高,在广东历来是名列前茅。因为学习比较紧张,课余活动便成了打篮球,游泳,那时候一般上午四节课,下午一般一到两节,

郭启宏（右）小学毕业与同学许钦泉合影

剩下的时间是自习，只要把作业完成了就可以看课外书。

大概从初中开始，他开始模仿写诗。最早写新诗，后来再写旧体诗。因为父亲写诗，大哥也写诗，算是言传身教的影响。开始格律不大对，只是押韵，有时候也是潮州韵，不是中州韵。后来把新诗寄给《萌芽》杂志，结果没发表，但是也没有退稿。至于诗词的派别当时也没有太明确，都觉得很好，但是入门还是婉约派。文学课上读宋词的时候，简直是大开眼界。读柳永的《雨霖铃》同学们都喜欢。再加上许多在家都自学过，更是轻松而喜爱。

鉴于此，郭启宏对于自己与戏剧缘分的认识，其本其源不在舞台，而在文字、文学。其《一生能有几回眸》中自述："我之习剧，既非梨园世家，未有专科训练，难道无源之水、无本之木？忽焉醒悟，我与多数从业者不同，我是从唐诗宋词元杂剧走来。中国是诗的国度，直令华夏子民自幼浸淫在诗的氛围之中"。

高三并不仅仅只是一个中学时代的结束点，一个中学生要从这里面对大学，面对从大学开始的新的人生方向、职业、生活、习惯、人生都会从这里开始真正定义下来，多少的人生都是从高考发生了质的变化。郭启宏的高考也不例外。但此时的他，或许还不太明白自己应该学什么，还无法对自己将来要做什么有清晰的判断。所以，这个选择的过程难免带上了"阴差阳错"的味道。

开始，郭启宏的两个姐姐都主张考医

考入广东金山高级中学

学。但是，一次去汕头看病人的经历，却让他打消了这个想法。医院里灯光昏暗让一个奋志而为的少年多少觉得乏味。怎么能一辈子干这件的事情呢？况且，冷静下来想一想，学医本来就不是自己真实的愿望。高二下半学期忽然又对天文特别感兴趣，加上数学学得很好，可以为考天文加分。所以，觉得考天文对自己有利。但又听说，中山大学当时居然没有这个系。全国只有南京大学有天文系，想一想，还是放弃了。终于，此时的他，想到了与"文学"有关的中文系。

也许还很年轻的他，只是觉得自己从小接受的文学教育，更像是一种爱好，并没有想到也可以作为一种专业来贯穿自己的人生。所以，填写志愿时，12个志愿，填了9个。把北大、中大、南开、武大的文学、历史、新闻系都填了个遍。第一志愿是北大新闻系，第二志愿是中大文学系（可是后来才知道北大新闻系只招"调干生"——就是工作后才上学的，需要有工作经验）。"当时填了志愿表都给教导主任看，但是志愿表批了回来，说你得报一两个师范学校保险。但是我没有按他说的做。我觉得如果这些都考不上，那我就不上了，明年再考。"——从中我们大致可以感受到，少年郭启宏在考学之时，其选择多少有些"盲乱"。当然这是青春时代少年面对未知人生必然会经历的一种心态和境遇。还好，在度过这段"盲乱期"的过程中，那来自心底深处的文学的声音并没有消失，它终于在最终的决定到来之前，浮出了水面。所以，选择中大的理由，除了中山大学在南方地区高度的影响力与威信度，更有那一份对于文学发自内心的亲近感终于在默默地影响着他的方向感。

回顾这段选择，我们可以发现，文学对于大学时代之前的郭启宏而言，不是自觉的存在，而是一种自发的存在。这种自发性有一种坚韧深底的力量，往往在最无所适从最三心二意的时候涌动发力。可能当

2002年回故乡　往事数十年矣

郭启宏还乡为青年读者签名

事之时，还不能一解其奥妙"风情"，但事后瞻望，就会自己人生的来去有很多会心之解："在我学龄前二姐就逼我背诵'云淡风轻近午天'（程颢），入学后目力所及处，笔筒是'广陵三月放轻舟'（郑板桥），书橱是'窗含西岭千秋雪'（杜甫），累了去床上一躺，枕头绣着还是'春宵一刻值千金'（苏轼）！诗如此，词亦然，上了中学，迷上了词，因之报考中山大学中文系。"（《一生能有几回眸——我的编剧生涯》）——这段回忆文字里，因之的"之"字，颇值得玩味，岂知此一字之中蕴含有多少对不可预知的人生的感慨，在无知无觉之中巧遇幸运女神也许真是一件时过境迁之后值得细心回味的乐事。

就这样，1957年从广东省立金山中学高中毕业，郭启宏来到了南方学术重镇中山大学，正式开启了他的文学人生。

第二章　一脉传承念兹师恩

郭启宏入广州中山大学受教于诸多名师。20世纪50年代末至60年代，广州的中山大学可谓人文荟萃，学术鼎盛。王季思、詹安泰、董每戡、商承祚、容庚坐镇中文系，陈寅恪、岑仲勉、杨荣国坐镇历史系，大师云集，可以说他们几乎代表了某一个领域里面最崇高的成就。门墙之高，小子幸甚。

与这些大师相处除了学问增益、知识累进、道德熏陶，或许还有一个重要的"好处"：就是从他们身上能够最清楚地看到一个流淌了上千年而生生不息的文化"道统"，这个道统是由这些传承着深厚古代文脉与"士君子"精神的知识分子所深深汲取与秉承的。他们不仅在"教"中国文化、中国文学，同时他们自己就"是"中国文化、中国文学。这一点对于郭启宏而言，有着特别的意义。郭启宏戏剧创作的最高成就就是体现在他对传统文化中文人精神与文人命运的思考上。无论是思考的理性层面还是感性层面，都要有这样一种最直接最深切的关注作为基础。现在他身处这些最有代表性的文化大师文学大家群体中，每天耳濡目染，精神切磋，得无益乎？同时也必须看到，五六十年代又是那样一个盛行批判、动荡不安的特殊时代，传统的价值被大大地贬抑，也给了看待这些文化大师行为、思想一种不同的角度和眼光。或许也因为此，反而会让人带着某种"痛彻"与"觉醒"的情感去反思知识与命运。站在大师身边，任何一件小事都有可能成为郭启宏日后关注知识分子命运的一个注脚。比如，郭启宏曾谈到的一件发生在詹安泰先生身上的不能忘怀的"小事"。

那时候有一次教课前，党支部书记给我们讲话，告诉我

就读于中山大学中文系

们詹安泰被划为右派。有的同学提出，右派老师讲课要不要起立？经过同学们的争论，最后决定不起立。后来那天詹安泰进教室的时候，以为大家还会起立，于是等着，结果没人起立，也没人说话，结果过了一会儿，他自己从兜里慢慢掏出眼镜，然后讲课，那堂课非常的沉闷。他讲的诗词多是一些非常低沉，悲苦的。比如"旧恨春江流不断，新恨云山千叠"、"问君能有几多愁，恰似一江春水向东流"、"辛苦最怜天上月。一昔如环，昔昔都成玦"。对我来讲，触动很大。我的一个长辈和詹安泰是很要好的朋友，他写了一封信向詹先生推荐我，我怕引火烧身，没敢去找詹先生，我把信销毁了，我为此一辈子嘲笑自己。

诸多名师中，感念最深的当然是王季思先生。王先生乃是中国当代最有影响的戏剧名家之一，其在古典诗文、词学理论、曲学研究上高山巍巍，堪称一代领袖。王季思原名王起，字季思，祖籍浙江温州人。其早年就教于中国古典曲学研究的另一位泰山北斗吴梅先生，深得乃师赏识。王季思曾有文章回忆自己与老师吴梅的一段往事。言及"有一次，我向先生呈上了一篇习作，不久，先生将作业还给我，打开一看，只见上面批下这样一行字：'自万里（赵万里）、雨亭（孙雨亭）、维钊（陆维钊）之后，复得斯才，我心喜极。'我心里顿时一阵激动，我明白这是先生对后学者的鼓励。"另有一次是吴梅先生向陈中凡先生推荐自己的学生，信中有"敝徒王君季思起，学殖渊通，辞章楚，研讨词学，积有岁年"诸语，季思师认为这是"先生对我的厚爱与关切"。这两段往事都深深地印在了王季思的得意弟子郭启宏的脑海里，以至于感到先生长辈对后辈晚学的奖掖与提示，正所谓师道传承，此为一脉，而且是中国戏曲曲学研究近代传承史上的重要脉络，此间深意不可不言。

吴梅先生开创了中国戏曲学术传承的最久远最庞大的一支脉络。吴梅研究戏曲，尤擅昆腔。其所习唱曲之法得力于俞粟庐。俞氏从学于叶怀庭传人韩华亭。"昆剧的唱法在于潜气于喉，以喉、舌、齿、牙、唇五音之轻重，辅以开、齐、撮、合之四呼，把单字之四声（平上去入）唱准。自魏良辅始，代代以口耳相传，至清代叶怀庭仍不失其正宗。"所以说他的唱法接近于昆剧正宗。

（摘自《吴梅评传》）

然而，吴梅在昆剧衰落之时并未将其仅仅当作自己私家趣好而已，而是以振兴昆剧为己任，第一个把戏曲搬上大学讲堂并教授了二十余年。从1917—1922年任教于北京大学；1922—1927年任教于南京东南大学；1927—1928中山大学；1928—1937在光华大学、中央大学、金陵大学等处。这一长串在南北各大名校的教学过程中，其带动了近代中国曲学剧学研究之兴盛绵延，其门下高徒遍布，许多都成为后来中国近现代戏曲研究的大师。其中名家简列其下：

王玉章（1895—1969）江苏江阴人。1951年任南开大学中文系直到病逝。长于元曲曲律音韵方面的研究。追随吴梅二十余年，多次居奢摩他室读曲，每次一个月或十数天。历时八年作《北词校律》，将《南北词简谱》细加扩展。

任讷（1897—1991）字中敏，号二北（酷爱北宋词与北曲之意），治唐人音乐文艺后，又号半塘（研究唐代韵文之半的意思）。扬州人。1918年考入北大国文系。从学。1923年到吴梅家住了一段时间，把奢摩他室收藏的词曲书籍通读一遍，积累了不少资料。《词学研究》、《优语集》、《唐声诗》、《唐戏曲》等。1980年思乡东归，调扬州师院，创词曲研究室。

钱绍箕（1899—1988）字南扬。浙江平湖人。1919年北大预科。每逢时期常到苏州登门求教。治理宋元南戏。《宋元南戏百一录》、《宋元戏文辑佚》、《琵琶记校注》、《汤显祖戏曲集校点》、《永乐大典戏文三种校注》、《戏文概论》等。浙江大学、武汉大学、杭州大学、南京大学。

唐圭璋（1901—1990）南京人。1922年考入东南大学。适值吴梅由北大转赴该校任词曲教授。四年之中凡吴梅所开的课，他都选修。致力于词。1931年编纂《全宋词》、《词话丛编》、《全金元词》、《宋词三百首笺》等。中央大学、南京师范大学。

卢前（1905—1951）字冀野，自号小疏，别号饮虹，南京人。1922年与唐圭璋同时考入东南大学。唐攻词，他攻曲。深得吴梅赏识。他较全面地继承了吴梅曲律研究、曲史研究、制曲、藏曲、校曲等学识。完成老师"托孤"遗愿，付刻三书。

王起（1906—1996）字季思。温州永嘉人。1925年考入东南大学国文系。从吴梅学《词选》、《曲选》。曾参加潜社。1950年中山大学。《西厢五剧注》、《西厢记校注》等。

汪经昌，苏州人。幼年以世侄侍吴梅，得其真传，精于曲律。1949年后执教于台湾师范大学，新加坡义安书院，香港中文大学。

……

恩师王季思

王季思先生正是吴梅门中后起之秀，也将吴梅开创的曲学学统文脉传沿至今。郭启宏虽然并不是创作出身，但王季思先生却传承了乃师赋词写曲之功。即使由于特殊的政治气氛无法在读书期间展开填词作赋，还是在日后师徒南北书函往来之中，研讨剧学、曲学之法。

王先生想必对业师吴梅先生以曲会友的古风古韵有很深的感情。他曾这样回忆当年参加吴先生在南京组织"潜社"时的盛况：

当民国十三年的二三月间，我才是东南大学一年级生，选读了吴瞿安先生的词选课……第二次的社集，记得是秦淮河的一只画舫，署作"多丽"的大船上。这船名也就是词牌名，先生特别高兴。当船由秦淮河摇到大中桥时，他拿出洞箫，吹起那九转《弹词》来。箫声的凄清激越，引得两岸河房上多少人出来看。到了大中桥畔，先生取出清初某名家画的李香君小像，下面是钱南垣提的几个篆字，叫大家各填一首《蓦山溪》词。直到暮色苍茫，才移船秦淮水榭，从老万全酒家叫了两桌菜来聚餐，飞花行令，直到深夜才散。

如此雅致的人文精神，如此风流的文人兴会，自然也成为后来郭启宏以文人气度思考戏曲文化、阐释戏曲理论的重要精神依托。

因为当时三个班，都是大课，人很多，郭启宏自感王先生主讲中国文学史时，讨教很有限，所以"解惑"多是在自己成为编剧以后的求教交往中。大学时代，主要还是"传道"与"授业"："我从先生习宋词元曲，随先生进城看戏，尤其是在先生指导下参加车王府曲本的整理校勘"。第一个是文学的功底，第二个是戏剧的功底，第三个是学问的功底。看上去这第三条与其戏剧创作离得最远，其曾云"当时一点也没想到，古籍的整理与毕业后的戏剧创作会有千丝万缕的关联"，仔细想想，也未必。郭启宏的戏曲创作之所以底蕴深厚，尤其是能够做到创作与理论并行发展，剧艺与思想互相印证，恐怕与此有着密切的关系。戏是可以当作学问来"做"的，这是中国古典曲文的特色之一。雅俗共赏，本色当行，一直以来都是戏曲理论与创作的关键所在。能否做到两者兼容，是衡量一个戏曲作家成熟度与成就

与王季思在广州

《桃花扇》校注者王季思

的重要标尺。如何能够在新编历史剧中既不欺人也不媚世，既能够精致美好，又能够直达人心，郭启宏边创作边思考，还真摸索出了一套独门秘技，载之于册，名曰：《韵编成语词典》。为什么是成语词典呢——"成语是词汇中的瑰宝，语言精警，结构严谨，能使口头生色，顿觉笔下增辉，高人雅士应心应口，升斗细民喜闻乐见，雅俗咸宜，何乐而不为？"（《一生能有几回眸——我的编剧生涯》）。于是"焚膏继晷，目不窥园，做成了至今书市上不曾见过的一部词典，令我受益无穷"。对于这样这一种"笨功夫"的资料工作，一个文采飞扬的编剧居然做得如此津津有味，其乐趣想必是源自当年跟随先师整理校勘、俯仰书斋的求学生活。后来回忆此笈编撰之甘苦，郭启宏言道"此后还会继续做资料工作。若斯，笨功夫也！"——话说得如此俏皮，如此动情，可见，学问之道对于他而言如同戏剧一样，都是极为生动，极为可爱之事。若非斯人，若无真情体验，两者之间的联系难为外人道哉！

大学毕业，郭启宏遭遇了人生最重要的一次挫折。虽然他一心想跟随王季思深造读研，这位聪颖勤奋的年轻人也很受先生的常识，但无奈在特殊的时代背景下，由于"出身不好"、"成分问题"，便万般皆不由人，"一票"即定终身！"当时王先生比较器重我，我又年轻，不急于毕业工作或者结婚，于是大家都觉得我最有可能被批准留校当王先生的研究生，结果后来分配的时候却没有我的名字。事后才知道是因为我出身不好，不在培养的对象之内。本来有我的名字，后来被党支部换成了别人，王先生在这方面没有决定权，他觉得很遗憾。我和王先生有联系是在写出《向阳商店》以后。"

学问之于创作的另一层影响是态度。它往往得之于老师的言传身教。"比如在我成名以后，有一次我写错了一个字，他很严谨地说我不应该出这样的错。当然我以后也就注意了，所以后来我文字上的考据和严谨都和他有关系。"锱铢必较、示真务实是前辈学人的家学和功底，传之后辈，影响殊远。从郭启宏的创作风格看，潇洒自由得之于天性禀赋，一丝不苟之严谨则与老师的督促、批评、指点、提醒密切相关。

据郭启宏回忆，一直以来老师对其虽有肯定，但往往要求很严格。学生的成就越大，似乎老师的要求就会越高！"我的每一部作品，都经过他笔下圈圈点点，天头常有他简短的评论、点拨，或者问号与叹号。即使他公开发表的评论我的作品的文章（这样的文章有四篇之多），也是拉开距离，以一个学者来评论一个作家的，既无居高临下，也无喧长护短。"郭启宏非常赞同学者宁宗一对季思先生批评特色的总结："他（王季思）对所关注的对象从不作居高临下的训导和裁决，而是与作家、艺术家处于平等的地位和保持适当的距离，以一种自如而清醒的姿态面对批评与研究对象，寻找并与之建立起心灵的通路"。

郭启宏

关于这一点，我们可以从王季思为郭启宏早期的剧作合集即《郭启宏剧作选》所撰序言窥得一斑。王季思命笔的这篇名为《论郭启宏的新编历史剧》不仅是一篇激励爱徒奋发创作，更进一步的宣言书，更是从历史的角度对中国历史剧创作进行深度梳理与历史观察的大总结。这篇以探讨郭启宏历史剧创作经验为主旨的文章写于1987年，乃是较早的提炼其当代戏曲创作特色与创作成就的论文，既高屋建瓴又叙议缜密，有很高的学术价值，是郭启宏戏曲剧作研究的重要发轫。

王季思先生的评论主要是建立在八十年代郭启宏创作的一系列戏曲历史剧、人物剧的基础之上的。如《司马迁》（1979）、《成兆才》（1981）、《评剧皇后》（1983）、《南唐遗事》（1987），以及与杨毓珉合作改编的《桃花扇》（1989），也可以说对八十年代郭启宏历史剧创作高潮做出了有力的呼应。

古 典 名 著

（十场昆剧）

桃 花 扇

原　著：（清）孔尚任
改　编：杨毓珉　郭启宏
作　曲：陆　放
舞美设计：段纯麟、华丽群
导　演：丛兆桓

——北方昆曲剧院演出——

桃花扇（北昆版）说明书

王季思总结了郭启宏戏曲创作的三大特色：一是"力求以新的观点，即辩证唯物主义的历史观点观察、辨认历史人物与事件"；二是"力求根据历史人物的复杂性、变异性，描写剧中人物的性格特征"；三是"力求根据戏曲的民族传统及现代观众的审美要求组织新的戏剧情节，撰写新的宾白、曲词"。

如何历史地看待历史中的人物及其行为，并且从现代意识的角度给予新的解释与表达，这恐怕是王季思先生强调的"新的观点"的核心内容。

在论述这个问题时，王季思先生分别以评剧《成兆才》、《评剧皇后》、《南唐遗事》中一些段落进行了说明。这其中突出表现在对于历史人物的独特评价上。如《成兆才》主人公本是唐山蹦蹦戏的一名老艺人，当第六场写其因替杨三娥写戏而得罪地方势力写不下去时，由进步戏剧活动家钟令飞引荐上了五峰山圆通寺慧觉长老处，见到寄寓在那里的北大教授李大钊。成兆才惶惑地说："李先生，你就叫我成兆吧！我是个唱戏的，跟您不一样。"李大钊说："我看一样。我是教书的先生，你是写本的先生，都是给人脑袋瓜里放进点什么的先生。"把一个唱戏的老艺人跟大学教授等量齐观，既是当时先进知识分子可能有的认识，也是郭启宏对剧中人物的新看法。王季思先生非常欣赏剧中钟令飞的一段妙白："洁三（兆才号）兄，不虚此行吧！哈哈，守常（大钊字）兄，我也走了，就此分手！你还信仰你的马尔格斯，我还信仰我的达尔文，长老自然还是释迦牟尼。"以为这其中充分表现出了剧作家观察当时历史的新角度。由于有这样的认识，"才给《成兆才》全剧吹进新的历史气氛,使它在古今无数公案戏之后,以崭新的精神面目出现在现代戏曲舞台上",因为正是通过这样的细节表达了一个很重要的思想:五四以后,各种思想,各种势力,各种进步的观念风起云涌之际,却在为受迫害人民申冤这一点上可以联合起来,而民主势力的联合体现了一种时代气氛与新的历史观念。

对于如何刻画戏曲人物其实是一个非常值得探究的问题。难点之一就是如何把人物性格的丰富化与戏曲人物性格行当划分传统进行有机的融合。我国戏曲的几百年历史演进中形成了以生旦净丑等角色来扮演戏剧人物的程式,在这个基础上形成了不同的行当身段、唱腔、脸谱、化妆等各门具体艺术样式。这样的表演样式是戏曲的演出特色之一。但是生旦净丑的行当类型化区分,似乎又容易造成某种刻板僵化的印象,因为其所表现的现实生活似乎又具有太多的不确定性和可变性,"社会分工越来越细密,人物关系越来越复杂,人物活动千姿百态,远非生旦净丑四大行当所能概括"。在人物性格刻画上郭启宏的剧本可以说有两个方面的成功创作经验值得总结。一是"同一类型人物性格上的同中有异",另一个是"不同类型人物中性格上的异中有同",这两点对于避免舞台人物形象简单化、一般化有着重要的现实意义。王季思先生就此提到了《南唐遗事》中李煜与赵匡胤两个鲜明对立的帝王之间微妙的同中之异。李煜乃是一生活于富足优渥环境下的末代君王。生于深宫之中,长于妇人之手,既不懂政治策略,又缺乏军事锻炼,在统一中国的龙争虎斗中,终以失败收场。但是南唐优越的文

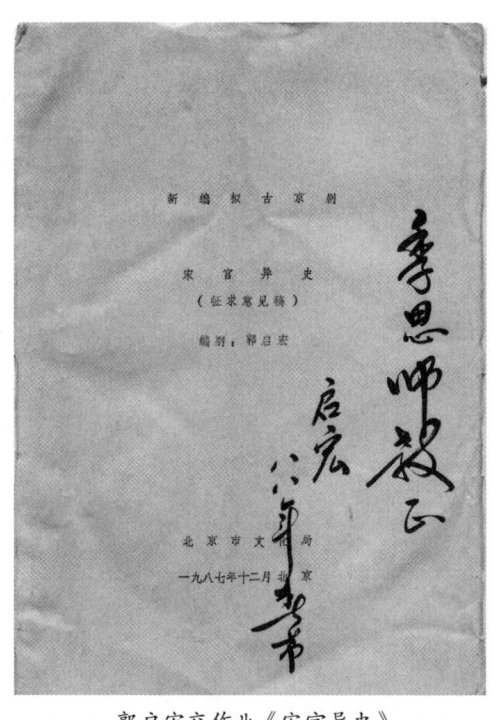

郭启宏交作业《宋宫异史》

化环境却成就了他特殊诗才的成长与发挥，其以辞章开一代文风，对于新词调的兴起即后来长短句宋词的繁荣起到了不可估量的历史作用，这样的两个人，如此的得失转换，很值得人们玩味体会。另外，王季思还发现，郭启宏的性格刻画还有一个重要方面，即表现人物性格的变异性，将其多层次的生活内容与生活环境与其性格的展现结合，使得人物有着更立体的呈现。这一点对于传统戏曲人物创造来说有着重要的意义。因为，我国戏曲以生旦净丑等角色扮演剧中人物，形成各自不同的身段、脸谱和唱腔。不过，

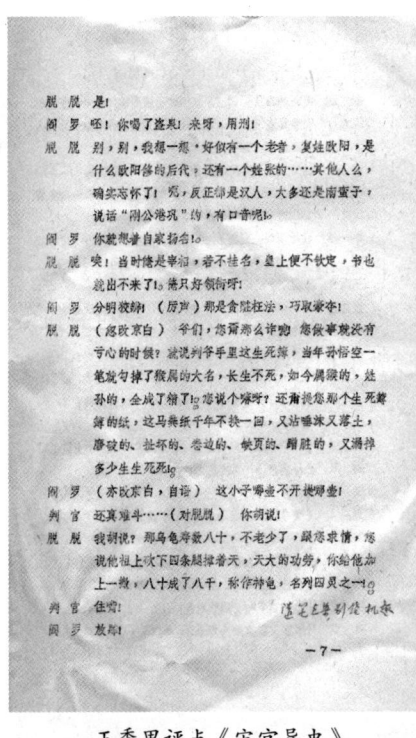

王季思评点《宋宫异史》

"今天看来，未免使舞台人物类型化、凝固化，缺乏鲜明、生动的个性。"如此注重性格刻画与个性描写，显然是剧作家用心用力之所。如其所刻画的一代名伶白玉霜，"原来把自己比作任人摆弄的花瓶，由人玩弄的笼中鸟，只知怨恨自己的命苦。上官村结合另一评剧红艺人海棠红的凄凉身世指出：'恶社会只许男人摧花折柳，全不顾弱女子身心需求！'触动她的心事，引起她的觉醒。她说：'上官先生，我本来在梦里，你何苦叫我醒啊！'这一性格上的重大变化——从自怨命苦到痛恨恶社会对弱女子的摧残，在她软弱的生命里注入了一支强心针，使后面一连串新的剧情都从她这一性格里得到根据。"

在有关郭启宏新编历史剧的编撰艺术成就的四点总结里，最突出也是最重要的一点是关于民族传统与现代审美的结合。就此王季思先生做了四个方面的论述：一是"情节的浓缩与场面的舒展"。比如把南唐北宋两国兴亡的巨大历史内容浓缩在11出戏里，把孔尚任精心结撰的大型传奇戏《桃花扇》浓缩在10出戏里描写，前后照应，明

暗穿插，深得戏曲三昧。二是"传统风格的继承与现代技法的吸收"。三是"曲词的雅畅与宾白的通俗"。遣词造句，本是我国戏曲非常讲究的功夫，尤其是涉及古风古事。对于戏曲语言的把握所涉及的问题并不仅仅是语言本身，还关乎剧本格调、人物塑造。一般来说，戏曲的民间演唱本是力求通俗易懂，但有时会出现不顾人物身份、性格而滥用粗言俗语；文人士大夫以诗文入传奇，往往能继承诗词传统，典雅华丽，但却易病在通俗不足，失之明畅。郭启宏塑造的古典人物形象多是文人骚客，如李煜、周玉英、侯方域、李香君、司马迁、司马相如、卓文君等，皆是一时名流，自然言词谈吐不可造次。郭启宏在学养方面，有很好的传统诗词创作功底，又擅长现代散文的写作，因此往往能做到以多种笔调描写剧中人物的声口，"倾诉剧中人物心情，或爽朗，或悲咽，各如其心之所欲吐；或优雅，或泼辣，各随其口之所能言"。四是"在写实基础上的写意与传神"。这一点与郭氏所倡的"传神史剧"观极为贴近。如《成兆才》第三场里写成兆才为杨三娥写戏申冤，凝思冥想之际，眼前所见尽是满台幻影，而这些包公、高占英、牛成的幻影，虽是写意之笔，却是早有铺垫：杨三娥告状、高占英行贿、牛成贪赃枉法，都已在之前实写。现在欲为其申冤的成兆才想用包公来打抱不平也在情理之中。《南唐遗事》第九场写李煜在汴京因怀国思乡写下《虞美人》，赵匡胤发现后，宫娥俱惊慌失措，祸在眼前，李煜却说："拙作尚未入乐，不知是否合律？"——此话未必真有，但却"可以有"，因为它将一个集昏君、才子、词人于一身的李煜写活了。其沉迷于文学艺术，一片不知生死的纯心放在如此恶劣的环境下，确实引人深思，所以这不是远离史实的杜撰而是基于历史的传神。可见这种传神是建立在对于历史情境的参透，对于人性的体验的过程中，有人物鲜活的内容，也有历史承载的情绪，同时把这两种看上去反差极大的"大"和"小"结合起来，使读者观众既能够随着一个人的命运情感起起伏伏，也能够在起伏的波峰与波谷间回味出历史的巨变与世事的沧桑，这恐怕也是写文人历史剧成功的一个重要经验吧。

当然，由于郭启宏很快在戏曲及话剧创作领域独树一帜，成就斐

中年（1980年前后）的郭启宏

然，自然得到了老师更多地关注与厚爱。作为导师，他不仅亲自多次为弟子的戏写评论，还在中山大学组织相关的剧本演出的学术座谈。譬如《李白》上演后，王季思先生即召集并指导中大中文系老师，以座谈会形式写了一篇评论长文，投寄《剧本》月刊。其实，这样的行为不仅仅是一种独特的师生情谊，同时也蕴含着一个戏剧理论研究者与一个创作者之间富有感情的互动关系。王季思先生早年考入东南大学中文系，曾参加词曲大师吴梅的潜社，开始词与散曲的创作；并与外文系陈楚淮等组织春泥社，在闻一多老师指导下，从事话剧与新诗创作。后来就教于大学，自然把精力主要放在了学术研究与传道授业上。虽然其所著学术专著如1944年的《西厢五剧注》（龙吟书屋出版），到1948年的《集评校注〈西厢记〉》（开明书店出版）成就了其学术上的至高成就，也奠定了其在曲学研究领域的地位。但是早年在吴梅先生吟诵拍按之间创作杂剧散曲的经历，以及随着闻一多先生流连话剧文艺的生活，实际上是为其能够兼顾创作与理论两端的学术路径培植了深厚的根基。所以，从某种程度上说，通过品读、赏析对郭启宏新时期的戏曲、话剧作品，王先生追踪了中国戏剧新发展的一段路途。这其实是一个富有"历史使命感"的学者特有的甚至是本能的冲动。甚或在评点学生的创作得失的过程中，也唤起了老先生长期蛰伏的创作激情？

据郭启宏回忆，"季思师的回信出奇地快，兴奋之情跃然纸上。""我的《司马迁》里《筹金》一场原本就是他的构思。""季思师对我的戏剧创作特别倾注心血、抛掷心力。我猜想，可能与他当年从吴瞿安先生习曲有关，他曾经对我透露过，他希望有学生能继承他戏剧创作上的未竟之业。"所以，王季思先生谈艺论文会如此深情投入，他把郭启宏的一篇随笔《读〈拷艳〉，不亦快哉》推介给自己的研究生去研读，似乎亦透露出其对早年创作求学生涯的眷念与怀想。

　　反过来说，他也会要求主要从事创作的学生郭启宏多所关注理论演进与发展，而不是一味地"蒙头"去写，也应该适当地抬起头来看看自己创作的路径，别人创作的方向，既做整理也为后来的创作做好准备。1987年夏天，中山大学中文系邀请国内研究《长生殿》的专家学者，举行《长生殿》的专题讨论会，郭启宏也在应邀之列，而且他是"行伍中唯一从事创作的人"。郭在回忆这段往事时，用了"大隧之中，其乐也融融"来概括。想想看，这既可以看成王季思先生对于理论创新的一种态度，也是其对于创作发展的一份期待。这正是其早年求学受教经历的一种自然的延续。应该说，这种延续也承袭在了郭启宏本人身上。作为国家一级编剧，他不仅创作上新作不断，卓然成家，而且通过剧作评论、文史散文、创作总结等多种笔记文字发表自己的创作观与戏剧思考，最终形成了中国戏剧理论史与思想史上非常重要的有关历史剧创作的学术总结，即"传神史论"观。有关这一思想的具体内容，我们将在后面展开论述。应该说，"传神史剧论"的产生绝不是一时之想或某一灵感的爆发，而是与其深受季思师影响在创作不断丰富的基础上建立哲学性的思考与历史性的反思，从创作到理论又从理论回到创作的"大戏剧"思维模式有着重要关联。

　　无论是重新去读王季思先生的遗作遗文，还是去看黄天骥、郭启宏等人的回忆文章，以及他们在理论与创作上写出的经典文本、煌煌大作，我们都注意到其中蕴藏着一股内在的延续，一种精神气质上的一脉相承，师道永存，剧道永存；戏曲幸甚，戏剧幸甚。

大学毕业时的学士服照

第三章　听命之作心灵拷问:《向阳商店》

　　评剧《向阳商店》虽然是郭启宏"文革"时期"听将令"的一部作品，但却是郭启宏第一次"触电"评剧，第一次感觉真正意义上"脱胎换骨"地开始戏曲创作的作品。需要说明的是，"脱胎换骨"并不是指郭启宏在这个剧本的创作中于艺术审美上有何提升，或者说在戏曲创作水平上达到了高端的境界，而主要指的是"入行"的感觉。尽管由于时代的原因，其执笔参与《向阳商店》的创作是以当时流行的样板戏为标准，从创作理念到实际艺术效果都打上了时代的烙印。可能它离真正的文学创作还有一定的距离，但无论走过了怎样的弯路，这一次仍属难得的创作机会与创作经历都成了其未来创作生涯的起点。作品本身的艺术成就也许已经不重要了，关键在于他融入了一个作家早期艺术成长的精神史与心灵史。毕竟，郭启宏以此为基础与契机，通过自我的创作自觉与艺术上的自我调整、自我完善，蛰伏、等待、休整，迎来了一个与新的时代几乎同时到来的大发展、大丰收。

　　对郭启而言，走上编剧这条路既是"因祸得福"，也算"阴差阳错"。一来本非梨园世家出身，二来没有入过"科班"，进过专业院校深造。虽然大学时代有幸入了季思先生的门墙，毕竟"新式"的体制化的中文教育实际上是泛化的素质教育。以史论为主体的知识化培养，当然很难给创作以施展的天地。

　　郭启宏大学毕业时最大的理想自然就是能留在中大，在王先生身边踵步于古典文学的研究工作。可当他被迫失去了读研的机会，进而又北上分配到中国评剧院后——据说，当时北京市市长彭真为了改善北京市属院团人员的素质，采取了这种"掺沙子"的方法，把很多重点大学优秀文科毕业生选进了剧团里——形势的发展与人生轨迹的转移，让郭启宏重新思考了自己的未来。

郭启宏是个有心人，既然要去做编剧了，那就一定要找到成为编剧的办法。学习的方法似乎是现成的："拿出一派做学问的劲头"，天天去剧场看戏，从舞台的实践经验中，剧本和形象的阅读中去揣摩编剧创作的方法、技巧、心得。这样一种超越一般化的"科班"训练而直接面对舞台的写作，实际上最有效最踏实——其实想一想，历史上许许多多的戏剧大师不就是这么在舞台的课堂里领悟揣摩、尝试开拓中走出来的吗？莫里哀是这样，莎士比亚是这样，汤显祖、李渔也是这样。大学开设编剧课程进行剧本创作的规范教育这是近现代以来才有的事情，可是在此之前的戏剧戏曲人才的培养都是以舞台为讲堂进行的。悟者自悟，耳濡目染，真是别有天地。

童年时代观看潮剧的经历，多是一种儿童的游戏与玩耍的心态，本无关创作或领悟。但天地之间万物又似不能截然分隔开来。诸事之关联若经事后点破，总能使人看到蛛丝雁痕。知人论事往往于此间留些遐想为妙，是为一趣。

……我不停顿地吃着零食，也不知道过了多久，"呋嘟橱"（一种开场乐器）沉闷地响起，我晓得戏要开演了，抖擞起精神来，只是坚持不了多会儿，零食吃没了，瞌睡偏上来，还在帽儿戏阶段，我已经熟睡在母亲怀里。……多少年后偶尔想起儿时这段亲历，不禁失笑，哪里是看戏，明明图个"吃"！不过，也有一些启发，你看大青衣唱文戏，中间要加插大武场，怕你瞌睡，提神哪！

李笠翁说过，"作传奇者，全要善驱睡魔"，正是提神之谓。再者说，文戏夹武场，又分明是戏剧场面的冷热替换！金圣叹评《水浒传》时指出，该书布局于"山摇地撼"之后，忽又"柳丝花朵"；毛宗岗评《三国演义》时也指出，该书结构"有笙箫夹鼓，琴瑟间钟之妙"，又云"如铙吹之后，忽听玉箫；疾雷之余，忽观好月"，说的都是更替和转换，那是审美心理的辩证法。

到了大学时代，因为师从词曲大师王季思先生，受到乃师顾曲研戏之风的影响，也因为地处文化荟萃之都的广州，有许多观摩其他大剧种和话剧的机会。不过我想此时看戏，与其说是学习戏剧技巧与规律，不如说是简单地将文字与画面做一些对比，仍然是以文字为主，画面为辅的观摩心理。

广东戏剧界每有新戏，必请先生指教，可谓"戏有误，王郎顾"；外地剧团到羊城献艺，也以能得王先生莅临为荣，企盼着一言而九鼎大吕。季思师有时让剧团多送几张戏票，招呼几位学生去见识见识。记得有一次观摩北京的京剧。我们早早去了，剧场门口人头攒动，让我们领略到手中戏票的分量。这一次我断然不敢睡觉，尽管我体会不出多少妙趣。

可是到了中国评剧院，确定了自己未来的人生职业方向，此时的观剧已经具有了之前诸次观剧非常不同的角度与心态——"我把戏当书读。第一步读蒙书，读最基础的书。"20世纪60年代初，中国评剧院有一个剧场，即鲜鱼口的大众剧场，剧场的台口两边外延各有一个小房间，便是在那里开始了自己的"驻场看戏"生涯。这一"驻"就扎扎实实地"驻"了好几年。据郭启宏回忆，驻场观剧时期有两部戏给他留下了深刻的印象，从某种程度上也成为激动他创作之心的兴奋点。一是昆曲《双下山》，另一个是人艺排演的话剧《武则天》——前者使郭启宏对昆曲的音乐、唱词深深地迷恋，以至于逢昆必听，而且立誓将来定要写一出昆剧出来以慰其心；后者则将人艺这个艺术的品牌扎根在心里，使之顿生"艺术圣殿"的崇敬之情。

在评剧院"专职"看戏的重要收获就是，无形中拉近了郭启宏与戏曲之间的关系。看了《双下山》而迷上了昆曲，后来又迷上了由王昆仑、王金陵父女编剧，顾凤莉、洪雪飞、董瑶琴主演的《晴雯》，以至于"全身心为之倾倒，夜不能寐"；最初是迷昆腔昆韵，后来迷的是戏曲舞台上那种特有的"感觉",也就是"神奇的写意性、虚拟性、时空的流动性"以及"推向极致的舞台假定性"。那些深深地印在脑海里的戏曲艺术"景观"有:"一出《三岔口》,写的是夜间打斗,舞台上灯光铺平打亮,惊险场面历历在目,但你相信这是夜间发生的事。《三调芭蕉扇》,孙悟空钻进铁扇公主的肚子里闹腾,怎么处理?舞台上二人各据一隅,这一位张嘴说话,那一位侧耳听声,这一位挥动金箍棒,那一位哎哟捂肚子,和谐默契,栩栩如生。还有《梵王宫》,一对男女互生爱慕,好事者将各自目光引出线来,牵在一处,更系上扣子,仿佛情之结,这般不可思议的表演异趣横生,如斯手法可谓至矣尽矣,无以复加矣!"(《一生能有几回眸——我的编剧生涯》)可以看出,曾经一度感到有些隔膜的戏曲艺术,以这样一种不期然甚至有些"强迫"的方式来到了这个年轻的编剧面前,他正在被戏曲舞台的"美"慢慢地征服,同时又如饥似渴地从中汲取着创作的力量和营养。

看得多了,心里有了底。有心得,有回味,有思考,也便开始有了选择。

把戏当书读的第二步是有目的地读。诚如我的大师兄黄天骥教授所说,读书有如下棋,要学会在知识的棋盘中布"点",先占取根据地,然后把点连成线,团成块,结成阵,让各个侧翼、不同纵深,构成网络系统,如此,方能立于不败之地。我步入中年以后,逐渐懂得一个道理:开卷未必都有益!我不再天天往剧场跑了。试想,那些弄假毁真的戏,那些危言邪学的戏,那些吟风弄月的戏,那些芜音累气的戏,那些自欺欺人的戏,看它做甚?好精力被浪费,真性情被愚弄,你不觉得无聊和丢份儿吗?有目的地看戏,实际上就是有选择地看戏。有所弃正是有所取。清人张潮《幽梦影》有云,"梅边之石宜古,松下之石宜拙,竹傍之石宜瘦,盆内之石宜巧"。一个"宜"字,道出"选择"的真意。石尚如此,遑论戏乎!看戏应该是一门学问,尤其对写戏人来说,本应是个研究看戏的学者,你不研究如何看戏,又怎生写出好戏,让人爱看呢?

郭启宏的这段"择剧论"表明他看戏已不是一般性的"恶补"而是进入到了一个新的阶段——他由一个不怎么看戏不太熟悉舞台的青年，由于人生的一次转折和职业的需要开始大量的看戏进行"恶补"，逐渐地喜欢上了戏曲艺术，"迷"上了戏曲舞台的天地；但他并没有成为一名简单的"戏迷"、"戏痴"。他"迷而能思"，思的就是他于戏曲的创作关系。入乎其内，又出乎其外，寻找艺术的规律，为即将到来的《向阳商店》的创作做了一次"无心"的准备。

要说"无心"也不尽然，因为对于"技能"的磨炼，对于"技巧"的揣摩，他可从来没有放松过，在这方面，郭启宏绝对是一个"技术"的"有心"人。他在艺术的起步阶段，一直在用心揣摩戏曲编剧的技术内涵。最关键的是语言。正是从语言出发，从声音这个特殊的门径，他打开了一条通往讲究音韵之美的戏曲艺术的通道。

我知道，闽粤子民保存古文化也许更丰富些，但就语言——语音、词汇、语法而论，显然距离现代汉语要远得多，我将从事戏曲创作，不把普通话训练成准母语，如何了得！我拿出一派做学问的劲头，将七千常用字从字典上请了下来，分门别类，排列组合，我看到一个个汉字小精灵欢蹦乱跳，开心极了！我在潮州话与北京话的对比中，惊异地发现两种方言的对应规律，居然如此充满灵性。比如潮州话只有 -ang 和 -ing，没有北京话的 -an 和 -in，而这些韵字却有规律地分布在潮州话"十五音"的"坚"、"关"、"甘"、"兼"和"斤"、"巾"、"金"等韵部里，潮州人可以从"声"入手，也可以辅之以"形"，即从偏旁部首去辨认 -an 和 -ang、-in 与 -ing 的区别。我把心得做成笔记，可惜几次搬家弄丢了。

当然，更重要的是语音训练。……从青春作赋到皓首穷经，我就没有停止过韵文的努力，诗、词、曲、赋、集句、回文、双声、叠韵、楹联、诗钟种种。某一时段，仿佛四十前后，我已经使自己的思维语言在北京话与潮州话之间随意地流转，我获得了音韵的自由,并把这种自由拓向更为开阔的领域,诸如戏剧的句式、节奏,散文的平仄、修辞,乃至论文的诗化、散文化……

(摘自《一生能有几回眸——我的编剧生涯》)

虽然一开始被分到了评剧院从事创作的文学组,但是郭启宏最先接到的任务却并不是什么剧本创作,而是下乡锻炼。当时正值国家困难时期,评剧院在京西有一生产基地,按规定,由各部门分摊任务,每人每期半月,可是他所在的文学组却让他一人全包了,就这样一连干了四期——"文学组的尊者都忙于创作,凡有'改造'、'锻炼'一类的活儿都归了我,我于是参加了北京市农村整风整社工作队、社会主义教育运动即'四清'工作队,走遍了密云、通县、丰台、石景山,一干四五年。"

在劳动期间,郭启宏也临时性地接过一些任务。比如,改编电影《李双双》为评剧,"还派了老演员花砚如帮助结构提纲。剧本写毕,交文学组高琛组长,由她修改,我下乡劳动锻炼去了。后来该剧公演,听说改动很大,我没有看到戏,只看到报上消息"。据回忆,劳动期间还写过一出农村题材的戏,名《东风第一枝》,上交后石沉大海没了下文。这些大大小小上交的剧本,命运多是这样。不过,就当是一边"深入生活"的剧作家一边在进行艺术上的练笔,而且因为这些籍籍无名却又点点滴滴的编剧训练,作者感到实际上也正在推动着自己"接近了《向阳商店》"。

《向阳商店》之前有一部相似

《向阳商店》剧照　刘春秀背篓上山

题材的作品叫《会计姑娘》。两部剧都讲的是在商业领域里如何进行革命阶级斗争的事迹。因为有革命的意义更因为据传有革命文艺的旗手江青的指示，创作《向阳商店》很快便提上了日程。不过建立创作小组，以及进行正式创作的过程也是风波屡起，这些起起伏伏和随时都在变化着的革命风向有关。不管怎么说，第二次建立创作组以后，作为创作组成员之一的郭启宏按部就班地为创作做准备了。

> 那几年间，我们去过多少商店，站过多少柜台，访问过多少英雄模范，实在难以统计，只记得印象较深的几家，如右安门商场、金顶街商场、城子商场、南河沿副食店、百货大楼、东风市场，还有西安的十九粮店。剧本从务虚、谈结构、写提纲、写剧本到审查、征求意见、修改、再修改，到付诸排演，其间环节多多，不胜枚举。"立戏"的最好结果也只是内部彩排，之后又是体验生活，然后务虚、谈结构、写提纲、写剧本……周而复始。

1973年，"情况起了变化"：原本无休止看不到尽头的磨洋工耗时间的"修改复修改"，终于看到曙光。这一切源于《向阳商店》的创作遇到了一个可以"露头"的机会，当然这是由于有中央首长过问了这出戏。很快具体的活儿分工也派下来了。这一轮修改最大的不同在于，郭启宏感到自己从一个创作集体中被"突显"出来。《向阳商店》突然一下子和他"近"了许多，成了他创作生涯中一个无法预知、无法想象的象征性事件。他在自己的日记中记下了当时的心情：

> 4月6日，市、局和剧院三级领导听取创作组提纲汇报，提纲共有三份，讨论后决定采用我的那份提纲。几天后，创作组组长通知我，剧本由我写第一遍稿。再后来，又告诉我，仇（英俊）、刘（敏庚）二位去写小戏，修改的活儿也归我了。这新一轮的修改确实不同以往，在集体创作中有些"突出"个人了。我受宠若惊，又颇有几分忐忑，4月12日的日记里留下了

两行字:"这一次又把我推上主角的地位上去了,不知是凶是吉,听天由命吧,反正本人不存妄想,料也不至于逆天行事。"

接下来的创作以及排演进行得异常顺利:五六月间郭写作初稿和修改稿;七八月剧组"立戏";九月初,连排、彩排、内部审查;9月26日,中央领导于会泳、丁国钰、刘庆棠等在吉祥剧院看了《向阳商店》的内部演出,并作了具体的指示。至此,《向阳商店》似乎"水落石出"。10月1日,《向阳商店》首次公演,中央人民广播电台实况转播,这是当时北京市属剧团破天荒的第一回。很快,《向阳商店》迎来了1974年的华北调演。

华北调演是当时中国文艺演出领域一次重要的政治阅兵活动。影响之大,遍及全国。刚刚出炉的中国评剧院的《向阳商店》在这次活动中可谓大放异彩,甚至调演结束后,仍然反响热烈,引来全国至少一百多个大小剧团的移植、改编,其中有豫剧、沪剧、川剧、粤剧……甚至歌剧。随着该戏的成功,作为编剧郭启宏也不期而遇地收获了人生的第一次成功:

《向阳商店》剧照　刘春秀胸有朝阳

"我在戏剧界崭露头角实由此剧此番调演始,大会发言,介绍经验,报社采访,谈谈体会等等,仿佛一日看遍长安花!"

"在此后的一段时间里,我作为首都文艺界的代表,第一次走进人民大会堂,第一次参加在北京饭店举行的国宴,第一次在中央人民广播电台讲话……最让我感恩戴德的是我奇迹般加入了中国共产党"。

时过境迁，再来梳理郭启宏的"突然"成功，我们很有可能会陷入一种认识上的误区，即简单地认为中文功底加多多看戏就成就了郭启宏戏曲编剧的转型。其实这些只是很一般的原因，是所有转型条件中最外在的条件。那么内在的条件是什么呢？很简单，就是想要创作的渴望。一个创作者对创作的热爱在那样一个特殊的时代下，没有泯灭就意味着对"生"的更大的渴望。即使写的是"身不由己"之作，但仍然能在夹缝中求生，仍然在有限的空间里找到一口喘息之机，那么它就必然携带着"被压抑"而积累的巨大能量。换句话说，从"不能写"到"可以写"到"可以自由的写"这是一层层的能量转换的过程。无论跃上哪一层都将爆发出某种惊人的能量。这也正是在相距不到两年的时间里，郭启宏能够先后创作出风格与思想大相径庭的《向阳商店》和《司马迁》两部作品，又都能够取得轰动性的成功的原因所在。所以，对于"文革"后他能够迅速在创作上取得成就，他有着很清醒的认识。特殊时代造就了个人才华爆发的特殊现象：

我反感"十年磨一剑"的谬说。便是修改文章，也不都是越磨越好，人生几何，能有几个十年？曹植《七步诗》、祢衡《鹦鹉赋》、王勃《滕王阁序》，谁给他"十年"修改的工夫？殊不知才华的爆发有时真如井喷，遍域中只有八个样板戏，岂不闷煞天下英才？

（摘自《一生能有几回眸——我的编剧生涯》）

可是就在这次巨大的成功中也留下了记忆的伤痕，这种伤痕并不是来自于外在的打击，而是有关一个创作者的人格与内心。多年后，他在梳理从《向阳商店》到《司马迁》这段创作"跨越"时，仍然痛心疾首："我完成了从'听将令'到'听自我'的转换。《向阳商店》前后八年，历尽灵魂的煎熬，最痛苦莫过于自己的笔得听别人指挥，听从社会思想，听从官员，还听从群众，《向》剧甫毕，我即盼望'听自我'的写作状态，幸好剧坛留得一线生机，这才有了因'右派世家'而触发的《司马迁》，二者的转换本来瓜熟蒂落、水到渠成，哪里需要转变立场、清除流毒？我内心里本就厌烦'三突出'之类的紧箍咒！"（《一生能有几回眸——我的编剧生涯》）

不久，一次突如其来的"任务"使《向阳商店》创作中的"痛感"进一步加深。当时，同时参加华北调演的地方戏中，还有一出山西晋剧《三上桃峰》，此戏原本和其他参加演出的戏一样，讲的是阶级斗争的主题。不想飞来横祸，突然被打成了毒草，演员们洒泪倒戈，编剧惨遭批判，"连出身和社会关系都给翻了个底掉。"这样，一个任务降临到了郭启宏身上：以北京评剧团的名义，执笔为此事也写一篇批判文章。

> 我当然积极照办，但在执笔当口，我想到自己的出身和社会关系比杨编剧还要糟糕，倘也处此，将何以堪？文章是写了，也以北京评剧团的名义发表了，可我心里不踏实，我知道这个捧红的"红"里掺杂着什么，我悄然实践着自己向来痛恨的行为方式——"夹着尾巴做人"。我心中充满着矛盾，既为"一举成名"而欣然，又为"物伤其类"而戚然，清夜扪心，我为"名"所累，为自己的虚荣而付出人格的代价。

郭启宏《我与向阳商店》里这一段自揭其短的文字，体现了他强大的道德勇气和力量，这种力量后来成了他系列文人历史剧的反省精神与批判精神的有力支撑。这种态度既源于他特殊的家庭遭遇，也源于他在大学时代接受的知识品格的培养。可见，围绕着《向阳商店》创作的是是非非，对这位初出茅庐的编剧有着重要的意义。也许该剧的成功反而加剧了这位有着极强个性的编剧内心的"挫折感"和"痛感"，而这种"痛感"也把他对创作的意义以及反省精神引向了一个新的高度：人格的创伤可能会成为这个作家深切关注并持久创作的精神主题。

郭启宏在一些散文随笔中多次谈到作为一个创作者的人格修炼问题：

文学创作就其可能达到的深度和可能获取的力度而言，应该有两个层面：一是批判的层面，二是内省的层面。仅有批判的层面是远远不够的，当今更应强调的是内省的层面。卡夫卡是一个光辉的参照系。或曰，卡夫卡"往往能揭开现代文明的外衣，挖掘出人的最原始的情感，进而揭示出人的恶行的由来。正是那种对于包括作者自身在内的人类的罪孽的深刻剖析和反省，使卡夫卡在作品具有震撼人心的力量。"

（摘自郭启宏《心灵的拷问》）

在世界文学史上，有一些作家以忏悔精神进行自觉的反省，并将之转化为一种文学的力量，最著名的如十八世纪法国人本主义的代表卢梭。卢梭早年卑微的出身和特殊的经历，也使他陷入到了巨大的争议之中，卢梭采取的态度就是把它们坦陈出来，绝不掩饰，并敢于向着当时的人们与未来的自己做出忏悔，从而获得了一种人格上升华的力量，也使得其文学作品具有一种特殊的品格。他在《忏悔录》中言道：

我现在要做一项既无先例、将来也不会有人仿效的艰巨工作。我要把一个人的真实面目赤裸裸地揭露在世人面前。这个人就是我。

只有我是这样的人。我深知自己的内心，也了解别人。我生来便和我所见到的任何人都不同；甚至于我敢自信全世界也找不到一个生来像我这样的人。虽然我不比别人好，至少和他们不一样。大自然塑造了我，然后把模子打碎了，打碎了模子究竟好不好，只有读了我这本书以后才能评定。

不管末日审判的号角什么时候吹响，我都敢拿着这本书走到至高无上的审判者面前，果敢地大声说："请看！这就是我所做过的，这就是我所想过的，我当时就是那样的人。不论善和恶，我都同样坦率地写了出来。我既没有隐瞒丝毫坏事，也没有增添任何好事；假如在某些地方作了一些无关紧要的修饰，那也只是用来填补我记性不好而留下的空白。其中可能把自己以为是真的东西当真的说了，但绝没有把明知是假的硬说成真的。当时我是什么样的人，我就写成什么样的人：当时我是卑鄙龌龊的，就写我的卑鄙龌龊；当时我是善良忠厚、道德高尚的，就写我的善良忠厚和道德高尚。万能的上帝啊！我的内心完全暴露出来了，和你亲自看到的完全一样，请你把那无数的众生叫到我跟前来！让他们听听我的忏悔，让他们为我的种种堕落而叹息，让他们为我的种种恶行而羞愧。然后，让他们每一个人在您的宝座前面，同样真诚地披露自己的心灵，看看有谁敢于对您说。'我比这个人好！'"

我不知道，郭启宏这样的一种坦诚与胸怀，是否也像卢梭一样生出了一种具有某种崇高感的自信。不过从他所塑造的一系列文人形象看，他们都具有极强的道德力量与文化力量。

显然，郭启宏后来的戏剧思想很快就容纳进了这种独特的人生观，尤其是话剧创作中批判色彩尤其浓厚。

> 我心目中的小剧场是这样的戏剧！它应该是近距离地实施自我解剖，敞开心肝给人看；它应该飞扬着短平快的批判精神，造就一种风格力量；它应该贴近现实生活，以人文关怀为终极目标。
>
> 我心目中的小剧场戏剧是这样的戏剧，它不应该冷漠现实人生，疏离人类命运；它不应该诋毁经典，消解崇高，将英雄庸俗化，把正义推向市场拍卖；它不应该标榜"颠覆"，兜售偏狭，夸示"现代"，推销陈腐；它不应该危言耸听，自欺欺人，变先锋为作秀，视前卫如癫狂。
>
> （摘自郭启宏《从批判到自省——关于〈男人的自白〉的自白》）

即使是"最先锋"的小剧场话剧，他仍然坚持着他反省式的戏剧人生观。

总体来看，《向阳商店》前前后后的写作过程，熔铸了郭启宏太复杂的人生体验。一方面创作的主体精神被损害被贬抑，另一方面，创作者本人得到了一次难得的写作练笔的机会，似乎也因此比别人更早地启动了写作的欲望和创作的信心；一方面创作"听将令"作品的成功给作者本人带来了极大的触动与精神反思，另一方面，成功也使得作者本人有了相对宽松的个人"学习空间"，可以在如此严酷的充满禁忌的时代，比别人有更多的机会接触到那些弥足珍贵、难得一见的资料、书籍、影像：

> 在写作《向阳商店》期间，我曾被上调到北京市大批判写作班子——"辛文彤"，轰轰烈烈了好一阵子。……他还在无意中提供了一个仿佛研究生班深造的机会，当时不啻沙漠苦旅中的绿洲，我从理论训练中深入到美学腹地，学到辩证法，也学到诡辩术，我尽可能最大量借阅"禁书"，如叔本华、尼采、弗洛伊德，也在借阅时候偷偷翻读希特勒《我的奋斗》，还有令人想入非非的《金瓶梅》。我可以凭借批判组的内部购书证，去中国书店选购便宜的旧书。有一次偶然翻阅自家大学时候的听课笔记，字迹是我的，内容却茫然莫解，我突然感到一种知识流失的恐惧，大学白读了？这一刺激让我决心要给自己补课，愧称"回炉"，我忍着饿肚子淘"封资修"旧书，读，读，恍若独行于空谷荒林之中，旧径依稀，新花在目，于是获得温故知新的乐趣。……除了读书，批判组经常看戏看电影，有正面学习的，也有反面批判的，那些反面的更可贵，一般人看不到啊！
>
> （摘自《一生能有几回眸——我的编剧生涯》）

在历经人生不同阶段的考验时，幸运像黑暗中的微光一般闪烁不定；而一个永不止息、不甘被浪费、不甘受诋毁的心灵正在勃勃跳动。

在黎明前并不短暂的熬人的黑幕之下，有人在哭泣，有人在安眠，也有人一直睁着双眼。

第四章　文人史剧开拓新成：
　　　《司马迁》《王安石》

20世纪80年代，中国文化的各个领域风起云涌，这绝对是一个"需要英雄也创造了英雄的时代"。当然，能够成为这个时代的代表，必然是一批极富有创作力、极富有思想魅力的人物。在新时期的文学剧坛上，郭启宏以其精力充沛、创作力旺盛、佳作频出的实力派表现令人瞩目，他和他的作品成了20世纪中国戏剧文学新时期的代表人物与代表现象。

在这一批才华横溢的剧作家中，郭启宏恐怕是其中为数极少的接受过正规高等教育的"状元"了。自从1961年从中山大学中文系毕业后，作为戏曲研究泰斗王季思先生的高足，郭启宏南才北调来到了北京，曾先后在中国评剧院、北京京剧院、北方昆曲剧院、北京人民艺术剧院任职。正如其在《郭启宏剧作选·后记》中所言："全是国家一流剧院，日精月华，瑶草琪花，顽石也通了几分灵性。天之厚我，可谓至矣，我于是有几部剧作问世。"

谢柏梁教授在其《中国当代戏曲文学史》中将郭启宏不断的笔耕之路概括为"十年辛苦不寻常"。从综合性大学毕业而入行搞创作，潜心于舞台，钟情于戏曲，其创作力的保持是惊人的，他为当代中国戏曲剧坛的历史贡献已经成为当代戏曲史的一部分。

十年辛苦不寻常。常年艰难跋涉在古人和现代人的历史长廊上，以有名有姓的真人真事点化为艺术作品，尤为不易。不移步换形、加工塑造，不能感人以情；太变形离谱，想象升华，难于信人以实。郭启宏比较成功地调和了历史与虚构之间的矛盾，弥合了事实与想象之间的距离，从而使其"传神史剧"的追求获得了成功，得到了从广大观众到专业理论家，从剧场效果到社会效益的一致好评，并多次获得全国性的评奖与推重。

郭启宏的历史人物剧是其戏曲创作中最有代表性的成就。历史人物剧又以文人历史剧为主体，其创作最早的两部文人历史剧是1979年的《司马迁》和1982年的《王安石》。可以说，正是在七十年代末八十年代初中国剧坛酝酿新的变化的时候，郭启宏以这两部作品开启了自己风格的独特创作，同时也正是沿着这两部剧展开的方向渐至形成规模，成为"传神史剧"早期风格的代表。所以，郭启宏曾言，"《司马迁》不是我的第一部戏剧作品，却是我获得真正艺术生命的起点，也是在戏剧界老前辈指导下学步的起点。"

第一节 《司马迁》的主题提炼

郭启宏是一名很有"现实感"与"时代感"的剧作家，他大部分作品的主题往往寄托着作者强烈的时代感受，正如其所说，"我写《司马迁》是有感而发"的。那么《司马迁》的主题提炼中表达了剧作家怎样的时代与现实感受呢？其在"创作谈"中如此说明：

近几年现实生活中出现的新的问题逼使我进行严肃的思考：像司马迁所受的那样不公平的对待乃至迫害，千百年来一直可悲地存在着，即使今天社会主义社会，由于林彪、"四人帮"的破坏，

《司马迁》说明书

也出现了许许多多形形色色的冤案、错案，司马迁的故事可以起着温故而知新的借鉴作用。

发生在西汉时期司马迁身上的悲剧，成为郭启宏关注自身时代命运的一个参照。重新审视司马迁遭受不公平待遇的过程，实际上拓展成对同样遭受过不公平对待的个人、社会、集体的关注。应该说，郭启宏的这个时代责任感体现了20世纪80年代"反思文学"的某种特色。同时期有大量的小说、诗歌、散文、论文、回忆录等各种文体都在进行回顾与总结。总体而言，80年代的中国文人、学者们以探寻民族

杨毓珉慧眼识珠发现京剧剧本《司马迁》

灾难的历史根源与思想根源为己任，希图通过梳理这些思想脉络警醒国人，清算历史。在这样一个思考背景下，郭启宏重新解读司马迁的悲剧命运，把关注的重心放在了人物的"作为"上。也就是说，他关注的问题与其说是"为什么"，不如说是"怎么办"；他并没有把自己探索的重点放在历史原因与思想本源上，而是放在遭受了迫害的人应该如何"作为"上。通过以上郭启宏的"创作谈"，我们似乎也能感觉到，他并没有把希望放在如何制止灾难的发生或者冤假错案的防微杜渐上——或许他认为这是制度设计者应该用心用力完成的事情，而不是艺术家的任务——他把希望和力量放在了那些一旦不得不遭受诬蔑、不得不面对冤狱、人祸的普通人身上。所以，他并不满足于一个"仅仅是平冤狱的故事"，而是要看一看"一个人受到不公平的对待乃至迫害之后，也许是非搞清了，也许一时难以搞清，他应该采取什么态度呢？消沉下去还是振奋起来？沉湎于个人的不幸还是着眼于国家的前途？"因为，也许人

类将在一个很长的时间内——"即使是社会主义社会"——不得不面临这些糟糕的局面，无法消除那些不公正、不公平、不合理的社会现象，其中既有社会施加的暴力，也有个人、集团甚至国家施加的暴力，在这样的假设面前，个人如何自处，这真是一个人类急需思考关乎自身命运的重要主题。

第二节 "受辱发愤"的情感逻辑与细节想象

显然，郭启宏认为一千多年前的司马迁用自己的人生回答了这个永恒的话题，这也成为该剧的主题表达："忍辱发愤"。当然这并不是作者自己凭空想象出来的，而是结合了自己对司马迁人生遭际的提炼。这其中既有司马迁在《太史公自序》和《报任安书》中反复"自明心志"的思想："文王拘而演《周易》；仲尼厄而作《春秋》；屈原放逐，乃赋《离骚》；左丘失明，厥有《国语》；孙子膑脚，《兵法》修列；不韦迁蜀，世传《吕览》；韩非囚秦，《说难》、《孤愤》；《诗》三百篇，大抵圣贤发愤之所为作也。此人皆意有郁结，不得通其道，故述往事，思来者，乃如左丘无目，孙子断足，终不可用，退而论书策，以舒其愤，思垂空文以自见"——这就是司马迁著名的"发愤著书"说，《史记》及其篇中凝聚的作者发愤的情感，使得剧作家找到了自己要塑造的司马迁感性形象的本质。

司马迁因替李陵辩护触怒了汉武帝，结果遭受极具侮辱性的宫刑。在司马迁所写的自序中以文王、孔子、屈原、左丘明、孙膑、韩非子等历史名人为例，阐发的是忍辱负重的价值和意义，既像是在说服别人又像是在说服自己——司马迁要说服什么呢？他想说明的东西其实很简单：一个男人即使遭受了生命中的奇耻大辱之后，为什么还活下来。中国著名的格言说，"士可杀不可辱"，反过来似乎在说，辱了我不如杀了我，你不杀我，我就自杀，因为面子是很重要的。按照一般的逻辑，遭遇了宫刑的司马迁肯定会以受辱为耻，自杀似乎是理所当然的想法。司马迁在那篇著名的"自明心志"的段落中重点讲的是自己决定不自杀

后，要干些什么，可是却没有描述那个"决定不自杀"的过程。他不说，我们后人谁也不知道：司马迁在刚刚遭受宫刑之后脑海里"最不成熟"的思想是什么？最早想到的画面是什么？有没有动过自杀的念头？如果有，又

《司马迁》剧照

是如何最终把这种念头给"扼杀"呢？是他说服了自己还是别人说服了他？从人之常情推想，从自杀的想法到决定活着去"发愤著书"，有一个思想转变的过程，情感转变的过程，是情节发展的大转折。写戏描情不可能跳跃人的感情逻辑，不可能将人的感情转折忽略不计，而只计"后果"。所以，郭启宏如何写司马迁的这种思想转变过程就变得尤其重要和值得期待了。

郭启宏把这个思想转变的过程放在了两个"说服"司马迁的行动中，主要是通过两个人物来完成的：一个是思想中的人，一个是现实中的人；思想中的人是司马迁的亡父司马谈，现实中的人是陪伴在狱中的老狱公。来看看第四场《发愤》：

[司马迁内唱：披绳索遭宫刑横祸飞降——
[司马迁上。
司马迁 （唱）冤难诉恨难饮羞辱难当，
　　　　　　直教我椎心泣血九转回肠！
　　　　　　忠被谤信见疑天理沦丧，
　　　　　　屈煞我男子汉七尺轩昂。
　　　　　　想人生肌肤裂尚能将养，
　　　　　　难愈合这心中斧痕刀伤！

> 看人间行路难处处荆莽,
> 写什么功德史奉命文章!
> 身虽残,决不与世同俯仰,
> 心犹洁,岂能蒙辱入厅堂?
> 与其隐忍活,宁愿埋泉壤,
> 留得正气在,凛凛横秋霜!

(解衣带,欲自尽)

> 欲悬梁忽觉得神思眩晃……

(伤痛,踉跄,倒地)

[暗转。白云腾涌,天河泛披,宫阙隐约,曲槛回环。
[幕后伴唱:

> 梦幻中见先父优游穹苍。

[司马谈面向天河低回徜徉。
[司马迁声:"爹爹!"上。

司马谈 (转身、惊喜)迁儿!
　　　……
司马谈 (猛然发现司马迁手中衣带,大惊)啊?你要悬梁自尽……你!
　　　(唱)你忘了为父我临终遗愿,
　　　　　你忘了太史令重任在肩!
　　　　　你这不争气的奴才!(推开司马迁)
司马迁 (藏起衣带,惶惑地)这……爹爹有所不知。
　　　(唱)只为儿龙廷上犯颜直谏,
　　　　　遭宫刑蒙羞辱衔恨含冤……
　　　……
司马谈 (少顷,神情严肃)儿呀,我来问你。你的挫折比孔丘怎样?
司马迁 (思索)不如。
司马谈 你的学问比孔丘又怎样?

司马迁　儿远远不及。

司马谈　（唱）孔仲尼游列国屡遭厄难，

　　　　　　　　著春秋乱臣贼子心胆寒。

　　　　　　　　你一经挫折捐万念，

　　　　　　　　怎算得忠心报国太史官？

司马迁　爹爹，儿也曾努力著述，只是儿忠心见疑，纵有才华也难施展！

司马谈　儿呀，你的忠心比屈原怎样？

司马迁　（思索）不如。

司马谈　你的才华比屈原又怎样？

司马迁　儿远远不及。

司马谈　（唱）屈原几度遭谗贬，

　　　　　　　　孤忠一片笔墨间！

　　　　　　　　《离骚》百代光灿灿，

　　　　　　　　浩气至今冲九天！

司马迁　爹爹，儿也曾珍爱文采，只是儿刑余之人处秽身残啊！

司马谈　（唱）孙膑身残志不残，

　　　　　　　　《兵法》修列有遗篇，

　　　　　　　　你虽受刑步履健……

司马迁　（唱）爹爹呀，受辱世人儿无颜！

　　　　爹爹知道，刑法之中，最耻辱者莫过官刑！士可杀不可辱，古为有训。眼下这般受辱，如此逆境，叫儿欲罢不忍，欲写不能……

司马谈　哎呀！儿呀！

　　　　（唱）受辱能激英雄胆，

　　　　　　　逆境砺志金石坚。

　　　　　　　你应知文王下监《周易》演，

　　　　　　　左丘失明《国语》传，

不违迁蜀留《吕览》，

韩非囚秦有《说难》，

圣贤发愤风云变，

名篇巨著诵千年！

你功未竟志已衰谈何颜面？

书不成休来见我，你速回人间！

（猛然将司马迁推倒在地）

司马迁　爹爹！

［司马谈掉头不顾。

［暗转。牢内，晨光熹微。司马迁卧地，老狱公焦煎侍立，旁置包袱。

这段父子相辩的戏，正是脱胎于司马迁发愤著书的思想和语言；想象着"司马迁握管凝神的形象"，感受着"时而悲泣，时而快慰、时而扼腕长叹，时而血脉贲张"，用父亲亡魂的指斥和不满，极大地撼动了司马迁的死志。

显然，作者把司马迁的语言转化成了父亲的语言，把史迁著书的表白移花接木为父亲的嘱托。

剧作家苦心孤诣要将一段历史的空白转化为戏剧场面，他没有回避情感说服的逻辑过程，体现了一种真正的创作精神；但也不必讳言，由于剧作家此时新时期创作还刚刚起步，处于摸索的初期，其表现形式还嫌僵硬，不够活脱、自然。如此将一段人所皆知的文字直接变成人物对话并不是最理想的转换方式，其中还有不少细节显得生硬，反而压低了说服的情感力度。比如司马谈在连续举出孔子、屈原、孙膑的例子，就显得有些重复、直白，恐怕就和这种转换的方式有关。

第三节　人物虚构原则

郭启宏是一个有着高度理论自觉的作家。他在进行自己新时期第一部代表作创作的同时已经在思考相应的理论样式了。其"创作谈"中专门探讨了该剧艺术处理中的"史"与"剧"的关系问题：

> 我在《司马迁》创作中曾经给自己规定了三条原则：
> 一、历史人物的基本性格必须忠实于历史，忠实于史籍上的记载（不包括作伪的史料），在人物性格典型化的过程中，不能不顾史实随意褒贬；
> 二、历史背景、特定环境和基本故事情节必须忠实于历史，在结构戏剧冲突的过程中，不能超越历史条件随意杜撰；
> 三、上述两条不应限制和妨碍进行艺术创造，特别是虚构。这种虚构可以包括人物性格、情节事件和典型细节等等；自然，这种虚构也必须是历史划定的范围内合乎逻辑的虚构。

可能是因为担心过多的暴露创作的过程会转移对艺术成果本身的关注，或者担心过多地谈论"原则"会使作品陷入某种"模式化"的创作"误区"和阅读"误解"。所以，从来大部分创作者多避谈原则，就算有所涉及，也语焉不详。郭启宏反其道而行之，实际体现了他对于历史的认真、严谨的态度，是其历史剧创作严肃性的表现之一。

研究司马迁夫人人物形象的塑造，有助于研究其人物虚构这一艺术原则如何具体的施行和贯穿的。关于司马迁的妻室，《报任安书》中曾有所提及，但无记述；遍查诸史，没有任何记载。《韩城县志》中虽保存着后人有关司马迁家世、妻妾、子女的传闻，但多附会，不可取信。可是，如果成功塑造好司马夫人，是非

《司马迁》剧照

常有利于表现司马迁人物性格与情感逻辑的。所以郭启宏做了几个重要的关于这个人物的设想：第一，依据门第观念与当时的制度，夫人应该出自一个书香门第之家，知书达礼之人；第二，司马迁遭遇奇耻大辱，而能发愤著书，如果身边没有一个最亲近的人支持与理解，似乎会降低行动的效果和可信度，尤其是作为妻子的司马夫人的理解。中国历史上这样的见地超群，为夫解难的女性也是层出不穷、史不绝书。以这样的一系列的女性形象为参照，从人物的基本性格出发，作者设计了《筹金》中的集资赎罪，《割席》的相濡以沫，《挥毫》里痛斥权奸、保护副本等情节，丰富了《司马迁》整体形象塑造。

另外，值得一提的是，塑造司马夫人，及司马迁的孙女玉儿这些新的形象，并不仅仅衬托了主人公司马迁，也有利于戏的全面展开，多层次表现其生活，也使戏的发展变化显得摇曳多姿。比如《筹金》，是写司马夫人、玉儿等人设法筹钱赎司马迁出狱。据历史记载，只要凑够钱数，司马迁就可以免于刑罚：

玉　儿　外婆，赎金凑不够数，过了宽限日期，我外公他……
　　　　（不忍说出，泣不成声）
夫　人　（悲痛欲绝）夫君哪！
　　　　（唱）眼看团圆成梦幻，
　　　　　　　夫君他恐难免酷刑摧残！
　　　　　　　他本是耿介人忠肝义胆，
　　　　　　　怎能够蒙污秽忍辱世间！
　　　　　　　最伤心《太史书》功毁一旦，
　　　　　　　负天职违父愿史家浩叹遗恨千年。
　　　　　　　想到此冷汗淋心惊胆战，
　　　　　　　恨不能身替罪赎夫出监……
玉　儿　外婆呀！为能凑足赎金，救我外公免刑出狱，就是把我卖身为奴，我也心甘情愿啊！
夫　人　玉儿！
玉　儿　外婆！

［玉儿扑向夫人，二人痛哭。
［家院上，小校随上。
……

小　校　启禀夫人！益州刺史任安任大人听说太史公蒙冤下狱，大哭三天，水米不进！如今任大人已然变卖家产，筹足赎罪之金，命人专程护送，不日可到长安。这是任大人亲笔书信，夫人请看！（呈信札）
［家院小校下。
夫　人　（阅信，喜极而泣，唱）
　　　　一封书信情无限，
　　　　侠骨义肠字行间。
　　　　严冬过尽春风暖，
　　　　天降益州恩义钱！
　　　　夫君出狱非虚愿，
　　　　喜泪滚滚湿衣衫。
……

　　随后便发生了杜周、李和嫣等人故意提前动刑，致使冤案坐实的惨剧。这样既回答了人们对这段历史细节的一个疑问——为什么司马迁在明知可以赎罪的情况下，不及时地为自己争取赎罪的机会，筹到足够的钱？如果他没有钱，为什么他的朋友没有及时地帮助他？同时，把筹钱的过程写得波澜起伏，情绪跌宕，既有愁眉不展，也有绝望失措，既有意外惊喜，又有悲喜相错等，使得人物心理复杂深刻。同时，对接下来事件的发展进行了铺垫。如，夫人所唱的："他本是耿介人忠肝义胆，怎能够蒙污秽忍辱世间！最伤心《太史书》功毁一旦，负天职违父愿史家浩叹遗恨千年。"这里提到的两个问题：能不能忍辱求生，会不会接下去著书，其实都是在为"下回"张目。从某种角度说，下一场《发愤》正是在回答这两个问题。它们也是观众、读者此时此刻的担忧，颇有"草蛇灰线"之意。

第四节 《王安石》的"理念悲剧"

　　王安石，与司马迁相似，仍是一个在中国历史上家喻户晓的人物，在文学上、政治上都有重大的历史活动。京剧《王安石》创作稍晚于《司马迁》，创作于1982年。虽然两剧创作相差不过两三年，可是由《司马迁》到《王安石》，剧作家在创作上有明显的飞跃和提升。思想内蕴、艺术构思及辞章锤炼更胜一筹。比较而言，《司马迁》的矛盾冲突比较单纯，主人公与外部社会的关系是非敌即友的关系。即使是像汉武帝这样的千古一帝，也昏昏不明，缺乏英主气象与大度胸怀，反面人物刻画很明显。可是在《王安石》的人物创作中，作者已经不再如此"极端地"刻画人物，而是能够更多地考虑如何还原历史的复杂性、生活的模糊性，以及人物的矛盾性。"《司马迁》剧是写生活中的变态和极端事件，《王安石》剧更多地代表着生活中的常态和许多令人两难而无可奈何的常规事态。"（《中国当代戏曲文学史》）

　　《王安石》一剧的复杂性主要体现在司马光与王安石的人物关系上。历史上，王安石与司马光，同为北宋时代文学名家，同为北宋时代举足轻重的政治人物，以其高尚的人格与道德成为当时德高望众的代表人物。可是偏偏两人政治观点相左。一个主张积极变法，国家更治图新以求自强，严行厉施，打击豪强；另一个主张宽柔缓进，改良政略以求稳定，勿扰民勿扰国，避免社会过于动荡。这既是两个人的矛盾，也演变成了北宋政坛上两派政治势力的斗争。而本来应该身为裁判的神宗皇帝却在两位"大家"面前，左顾右盼，往往夹在两派之间来回摇摆无所适从，结果政局往往变得扑朔迷离，人心惶惶。

　　故事开始时两人私人关系其实很好，尤其是在王安石没有展开政治改革之前，更是青眼相加。全剧序幕为《荐贤》，开宗明义表现的是北宋积弱的大背景下，司马光有感于国家危难，积极荐举欲有所作为的王安石来帮助神宗进行政治改革，他称他"文章超群，有匡时济世之方"，是"神医妙手"。可是随着剧情发展，王安石开始推行自己的政治方略，其用人与具体措施引发了大量的矛盾，造成了政治与社会的大动荡，这让司马光非常不满甚至是失望。两人当庭争辩,各自坚持自己的主张抨击对方的立场,最终势不两立击掌绝交。结尾王安石辞官,司马光复政告终。

虽然全剧表现的政治矛盾对立尖锐、贯穿始终,激进派和保守派双方阵营泾渭分明,但剧作家却能够从统一的角度看对立,从对立当中体现出人物之间统一的、不可分割的关系。既互相欣赏又互相对峙;既互相合作又互相攻击。既以挽救对方为自己的首要责任,又以国家前途为自己的终极目标;既有不可调和的立场观点,又有彼此一致的人格表现与政治操守。这种充满了二律背反的矛盾关系确实与过去大量的以总结历史经验臧否历史人物为己任的历史剧相去甚远。显然这与郭启宏八十年代汲汲寻求的新历史剧美学有着重要的关系,这是一种新的美学趣味。

《中国当代戏曲文学史》中如此评述此剧对于主人公关系的表现:

> 妙就妙在这对政界敌人同时又始终两情眷眷,相与扶持,这就见出了悲剧情势的复杂性和生活本义的多极性。……这两贤上下沉浮几胜几负,而深情不改,友谊更坚,各自为对方的身体乃至安危深为挂怀。司马光挂冠退政时,是王安石前来劝他出山;王安石退位时,对"明君"神宗和"故人"司马光也道不尽万千珍重……理与情、情与义、爱与恨、恨与恩,都在这对大文豪、大政治家之间反复渗透,再三纠缠,这就使本剧真正具备了大悲剧的品位。

王安石与司马迁的这样一种悲剧关系,与里格尔悲剧美学的要求不谋而合。里格尔认为最理想的悲剧冲突应该是冲突的两方都应是主动、合理的,或者是一方主动、一方合理的,先天和盲目不能导致深刻。深刻的冲突还有一种不可忽视的情况,即并非是当事人的行动本身直接引起冲突,而是当这种行动和有着特定关系的情境交和在一起时。余秋雨在《戏剧理论史稿》中对黑格尔悲剧理论有过这样的概括,即"悲剧性冲突的特征可以用这样三句话来归纳:双方都有理由;双方都有罪过;

最后归于和解。""对自己的罪行负责正是伟大人物的光荣。"这种冲突的悲剧性和崇高性也就在这里。既有罪又无罪,既"坚持善良的意志"又有"性格的片面性",这才是黑格尔心目中理想的悲剧人物。

黑格尔的"理念悲剧观"认为,悲剧的造成是永恒的绝对理念分裂,它造成了矛盾冲突双方各持一种片面性的局面,双方同时坚持这种片面性便产生不可调和的矛盾,最终导致悲剧性的毁灭。可是毁灭并不意味着沉沦,而是代表着绝对理念的胜利,因为两种片面性的冲突最终将使人们获得它们必将融合的悲剧体验。在《王安石》的创作手记中,并没有提到作者是否将黑格尔悲剧美学作为自己进行历史剧创新时的哲学或美学参考。但是,仔细分析《王安石》剧中人物性格及矛盾冲突的设计方式,确实与黑格尔的悲剧理念有着高度的契合。

《绝交》(节选)

司马光　介甫,想当初我荐举你,是因国家贫弱,要你恢复先王制度,谁知你主事之后尽废祖宗之法。

王安石　君实此言差矣!国家贫弱,根源正是因循旧法。为救大宋社稷,祖宗之法势在必变!其实,安石从前多次上书,变法大略已在其中。非是我主事之后心血来潮,倒是你荐举之初不求甚解哟!(一笑)

司马光　嘿,想不到数年不见你变得如此偏激!若是今朝,我就是杀头也不荐举你啊!

王安石　只是今朝你又把乌纱帽给我戴上!

司马光　我是怕你自己戴歪了!

《廷争》(节选)

赵　顼　(叫住)丞相!如今向子虚收监入狱,司马光为救同僚,自然要奏弹于你,这是常理。不知爱卿为何定要罢免司马?(近前)试问司马道德如何?

王安石　道德高尚。

赵　顼　文章如何?

王安石　文章超群。

赵　顼　你们交情如何？

王安石　这……向来推心置腹、肝胆相照！

赵　顼　既然如此，你就不怕天下人议论你容不得道德高尚，文章超群的故友知交么？

王安石　这……唉，万岁呀！

　　　　（唱）说交情我与他可称莫逆，
　　　　　　论政见他与我判若云泥！
　　　　　　想当初立新法已露歧异，
　　　　　　为向某抗令事几度争执。
　　　　　　昨日里我发签他拦三阻四，
　　　　　　最不该纵乱民围相府煮豆燃萁。
　　　　　　护豪强他可算百谋千虑，
　　　　　　俨然是邪论宗主异党大旗。
　　　　　　为社稷罢故人不问毁誉，
　　　　　　我胸中坦荡荡忠贞不渝。
　　　　　　……

赵　顼　司马有错，朕劝他改过也就是了。比如那日爱卿虽然罢宴挂冠，却能长跪宫门请罪，这就甚好！宫中人等无不夸奖丞相知过必改，孤也敬佩爱卿有此磊落胸襟！

王安石　（如坐针毡，脱口而出）万岁休得褒奖，那日愚臣实在不曾长跪宫门！

赵　顼　（一惊）怎么？你不曾长跪宫门？

王安石　（自知失口，却无法挽回）是……

赵　顼　啊？司马光哄骗孤家，蒙蔽太后！

王安石　（大惊失色，自语）倘若万岁要问欺君之罪，如何是好？（急上前）啊，万岁，此事不干司马君实，他本不愿意，是我让他这样做的。……

通过以上这些场景和对话，我们既能够看到两人之间难以调和的政治观念差异，又能体会到他们惺惺相惜的内在关系。虽然剧中王、马二人在朝堂之上与私邸之中都发生了许多次争执，这些争执虽然起因各不相同，但总体性质并没有变化，所以作者在如何推动这些争执的展开，如何安排这些争执的顺序，其实是非常用心的。一方面需要有急有缓地使小争议慢慢演变成大决裂，另一方面又要在这些争执之间体现出各不相同的特色，使得虽然都是因为变法引发的人物冲突，但如何使观众在这些连续发生的冲突之间找到差异性，不感到情节重复，就需要对冲突的表现效果、氛围、情调、人物性格的特色体现有充分地调度与安排，这都是创作中的看点与难点。当然如何在展开的大大小小的人物冲突间寻求差异性，的确是一件很难的事情，并不容易处处妥帖，比如在《分歧》、《挂冠》、《绝交》、《廷争》中有些争论会有重复之嫌，但也有些争执趣味盎然，让人身临其境。

《传诏》（节选）

[一阵沉默。

王安石　（灵机一动）安石近日却断过一起因诗打架的案子！

司马光　（惊异）因诗打架？

王安石　还是你我的诗哩！

司马光　（颇感兴趣）哎，你讲一讲！

王安石　（念）那一日在江南巡察旱情，
　　　　　　　见二人扭打得袍裂脸青。
　　　　　　　责问后方知是书呆子辩论，
　　　　　　　争的是黄梅天该雨该晴！
　　　　　　　这个说司马光有诗为证，
　　　　　　　"黄梅时节家家雨"你忘了不成？

司马光　（颇得意）不错，是我的诗。

王安石　（念）那个讲王安石也有诗为证，
　　　　　　　道的是"五月黄梅处处晴"！

司马光　这句诗我却不曾读过……

王安石　只怕是少年习作，我也忘怀了！

司马光　你是怎样处置这宗诗案？

王安石　（念）我开个小玩笑排难解纷，
　　　　　　　我说二位都对都错不必争。
　　　　　　　贵乡间竹枝词自可作证，
　　　　　　　唱的是"雨晴不定是黄梅"，
　　　　　　　你说晴也得，他道雨也成！
　　　　　　　两个书呆子听罢，作个揖走了！

司马光　判得妙！（忽感慨）唉，如今大旱呢，还争什么该雨该晴！这般读书人真是不看时势，不知变通！

王安石　是呀！看将起来，凡事不能拘泥固执，墨守成规，抱定祖宗之法，学书呆子打架呀！

司马光　（旁唱）却原来谈笑间夹枪带棒，

王安石　（旁唱）绕圈儿劝说他同返汴梁。

围绕着一个杜撰的书生因诗打架的小插曲，却写活了两个人的性格与内心活动，这样的争执就显得格外与众不同，很符合人物的身份，言语机锋中很能传递出中国文化的微妙与趣味。当然，这并不是说含蓄的表现矛盾就是好的方法，根据剧情发展的需要，人物直接的针锋相对面对面的交战自然在故事的高潮是不可或缺的。总之，如何在不同的争执之间与矛盾发展中去寻求场面的差异性，是一个需要不断探索和思考的创作问题。

第五节　王雱之死的悲剧设计

如前述，《王安石》里蕴含了作者新的历史悲剧的美学实验。是实验就有可能失败，或者说难免造成一些遗憾与不足。《当代中国戏曲文学史》对目前结局的写法提出了这样一种观点："如果剧末再加上新法尽毁，旧政全复，司马光探看王安石，安石却已忧愤而终的尾声"，而不是现在的王安石知道儿子死讯后在金殿上退带辞官，众人僵立，幕后"雷雨大作，惊天动地"的惯常套路来收尾，"悲剧力度当更为强悍"。

主人公王安石最后丧子辞官，实际上暗示着其领导的这场轰轰烈烈的改革就此谢幕。但是悲剧的点似乎并没有落在改革事业本身上，也没有完全落在两个主人公的命运上——黑格尔所说的那种各所代表的片面性同归于尽的局面并没有出现——而是重新回到了一个亲情伦理的范畴：这场改革所导致的自己挚友成为对手，自己最亲的儿子病痛憾亡。也许这一点倒是说明了该剧虽看上去与黑格尔式"理念的悲剧"诸多相似，但没有发展成为"完全"的理念悲剧，最终仍要回归到戏曲所擅长表达的亲情伦理范畴。

本剧以王安石政治生涯的顶峰阶段即其锐意改革时期的事迹为主，其中又以改革过程中王安石与司马光的政治斗争与私人情谊两条线索相纠结。从人物来看，两条线索的纠合放在了一个人物身上，即王安石之子：王雱。为了体现这种纠合，作者特意让王雱拜司马光为师，使之随后陷入父亲与师傅的两难选择的夹缝当中。这样的身份其实挺有戏，即使这个人物有戏，也必然包含了一些突出人物困境的场面与事件。但是由于作者没有把他作为主要人物，所以实际上真正表现他的这种"处境"的场面并不多，我们很少看到王雱在这样的"处境"中思想、挽回、"正面"做出"选择"。

一直要到王雱病重临死前，司马光来探看这个学生，此时才听到他内心想法与精神煎熬：

《叙旧》（节选）

司马光　（念）满怀国家事，
　　　　　　　　　重访执拗人。
王　雱　伯父哪里？
司马光　元泽哪里？
王　雱　尊师在上，受学生一拜！
司马光　（急扶）元泽免礼。

王　雱　一日为师，终身为父！何况日前快马送药，今又特来问病，理当受拜！

司马光　元泽请起（掖扶觉其骨瘦如柴）

吴夫人　问大人安！

司马光　嫂夫人好！

王　雱　伯父此来，必有金玉良言。

司马光　这……唉！

　　　　（唱）我本想教元泽转相规劝，
　　　　　　　劝介甫改法度消弭祸端。
　　　　　　　谁知他形销骨立人命危浅，
　　　　　　　怎忍心暗示兵变害他不安？

王　雱　（唱）他为何无言暗嗟叹？
　　　　　　　必有隐衷开口难……

〔王安石悄上，忽停步伫立门外。

王　雱　伯父！

　　　　（唱）常言道人之将亡其言也善，
　　　　　　　请听小侄肺腑谈。
　　　　　　　今天下朋党间争长论短，
　　　　　　　举首领只二人——先生与家严。
　　　　　　　你二人道德文章天下冠，
　　　　　　　却偏偏难共器炭热冰寒！
　　　　　　　循情理须捐弃门户之见，
　　　　　　　一吾师一吾父握手言欢。
　　　　　　　天下从此无纷乱，
　　　　　　　小侄了愿赴黄泉。

〔司马光、王安石黯然泪下。

吴夫人　大人，弟妇也有一言，不知说得么？

司马光　嫂夫人请讲！

吴夫人　大人哪！

（唱）雱儿书生本文弱，
　　　　染病皆因患虑多。
　　　　最伤神师与父远隔京洛，
　　　　一在朝一在野势如水火不可调和！
　　　　既尊师又孝父他举止难措，
　　　　愁肠百结转沉疴。
　　　　今日里父义师恩情牵意惹，
　　　　酸痛语声声句句和泪说。
　　　　望大人莫当秋风耳旁过，
　　　　修旧好相切磋同心同德重整山河！
光、石　（唱）连番话听得我坐立不安，
　　　　我应当弃偏见鸿沟尽填……
　　　　慢来！
　　　　天下事岂容我草率私断……
　　　　还须要诉隐衷沥胆披肝！

之后，王雱与吴夫人下场，司马光与王安石再起争执。虽然看上去王雱的劝解"白说了"，但这是全剧唯一较全面地表达王雱内心感受的段落。应该说，这个有着特殊身份与境遇的学生，也是全剧贯穿始终的政治斗争最明显"最大"的"牺牲品"——他一边听着父亲与师傅的争吵，一边渐渐消耗尽了自己年轻的生命，在这个过程中，他和戏中其他人物并不一样，他没有特别明确的政治态度与立场，他完全是站在伦理的角度上企图在斗争的外围维系住原来伦理亲情关系。这样一个以政治斗争为主线的戏，他如此的"不作为"是很容易被"边缘化"的，但正是因为剧作家最后又回归到亲情伦理的范畴，所以戏的结尾似乎又把这个之前"边缘化"的人物推到了中心位置：

《辞官》（节选）
王安石　万岁，臣欲辞官，已非一日；去心已定，望万岁恩
　　　　准！（长跪不起）

赵　顼　（唱）忽然间倍觉君臣情义重……
　　　　　　　这，这，这……（忽生一计）
　　　　　　　须请王雱劝乃翁！
　　　　　　　内侍，宣召王雱进宫！

王安石　（一惊，痛楚地）万岁，不必了……

赵　顼　定要召见。

王安石　万岁有所不知，雱儿他……

赵　顼　孤知道他卧病多时了！孤昨夜还梦见元泽与孤言讲《三经新义》呢！孤与元泽虽曰君臣，实是良友。丞相纵然不听孤的劝说，也须顾及元泽与孤的情分，继续留任！内侍！召王雱！

王安石　（泣不成声）万岁！不须宣召了！（走近司马光，出示药单）君实！

司马光　（疑惑地）我送给元泽的药物清单……

王安石　用不着了！

司马光　怎么？难道元泽他……

王安石　昨夜亥时三刻……
　　　　〔司马光、赵顼等大惊失色。

司马光　（唱）惊闻噩耗泪涔涔，

赵　顼　（唱）丞相原来茹苦辛。

司马光　（唱）多年廷争留悔恨……

赵　顼　（唱）收拾江山倩谁人？
　　　　……

司马光　万岁，臣与王雱有师友之谊，乞望恩准老臣前去扶棺诀别！（跪拜）
　　　　〔赵顼仍无反应。

赵　顼　（少顷）加封王安石为荆国公！

王安石　（似若无闻，解所佩玉带，感伤地，唱）
　　　　望金阙隐约间旧景重现，
　　　　想当年赐玉带如在眼前。

这玉带历风霜几经辗转,
阅尽了盛与衰一代悲欢。
到如今玉带虽在情势变,
最伤心狂澜既倒挽回难!
明君多珍重,故人休惦念,
草枯根尚在,薪尽火犹传。
我华夏定有人奋起救难,
容安石先告退还政辞官。
谢主隆恩,玉带奉还!(高托玉带)

赵　顼　爱卿……

〔顿时雷雨大作,惊天动地。

〔王安石高高托带,司马光深深跪拜,高太后得意踌躇,赵顼茫然若失。

〔幕后合唱声起:

啊——

富国强兵知有愿,

鼎新革故待何年?

看得出,剧作者虽然没有把"王雱之死"进行正面表现而是幕后交代,可是在戏的结尾,却试图以之弥合剧中冲突双方的感情,并使人物的悲情因为这个死亡的信息推向高潮。观众在感受到主人公王安石遭遇惨痛打击之际,迎来一个悲剧高潮。当然,对于司马光来说,王雱之死对其也有"代价"的意味——似乎这个年轻人成了两个"片面力量"共同付出的代价。

无论史实如何,应该说王雱在剧中占有一个非常重要的

恩师赠书题字

位置，其之死也在戏的后半部分起到展示悲剧力量的作用，并且将该剧重新带回到一个亲情伦理的范围之内。从他的视角来看，他所体现出来的"悲剧效果"也是能够引发诸多思考与感受的。可惜的是，虽然他具有如此重要的作用，隐含着该剧悲剧性发展的因素，但是对于他本人内心世界的挖掘还是嫌少，很大程度上仍然停留在调解父与师矛盾的层次上，对于他的境遇、追求、困惑、无奈表达得并不够，甚至还不如对赵顼或者吕惠卿的表现。所以如何理解这个悲剧架构中王雱的作用，实际上意味着这个悲剧的发展深度与揭示力量。

剧作家有了一个非常重要的设计，只是围绕着这个设计所实施的手段还没有充分挖掘，剧作家还需要拿出他更成熟的作品来全面展示其悲剧设计、历史想象与人物刻画的才华。同时，也表明戏剧的创造力不仅仅要有点的新颖、线的巧妙，更要有面的精彩。

第五章　剧人感受艺人传神：
　　　《成兆才》《评剧皇后》

　　1981年评剧《成兆才》是郭启宏评剧创作序列里有特殊意义的一部作品，它远承"文革"时期的《向阳商店》，后续《评剧皇后》等作品。时值新时期开局，新文化催动着文艺界的蓬勃生机。负有使命感蛰伏欲飞的创作者们正广泛地寻找着属于自己的题材、故事与人物。如何能体现时代的精神与作家的思考是郭启宏对这位距今六七十年的名学前辈传奇般人生经历进行艺术处理的最重要的挑战。

　　成兆才在评剧界拥有崇高的地位。旧社会的评戏艺人把评剧称为"成家戏"，尊成兆才为"祖师爷"。到了20世纪50年代，新中国更是赋予其许多显耀的称号——"优秀的表演艺术家"、"评剧艺术教育家"、"杰出的农民出身的作家"……成兆才的诸种身份显示了他全面的艺术本领。其中，编剧的才华又是他最最为人称道的。他正是以近一百部的作品，使得评剧事业有了牢固的基础，有了可靠的保证，并最终在几代艺术家的共同努力下发出炫目的光彩。

　　郭启宏以这样一位前辈名作家为自己20世纪80年代的创作打炮，似乎有着某种标志性的意义。该剧由中国评剧院二团演出。后获1982年北京市新创剧目剧本二等奖。1983年其连续创作评剧《评剧皇后》；改编创作京剧《花魁》，评剧《阎婆惜》、《评剧皇后》获得了1983年度北京市新创剧目剧本二等奖、北京市新创剧目百场演出奖。

第一节　贯穿《成兆才》的三种情感

从某种程度上讲，戏剧是一种集中的艺术。人物传记类型的戏剧取材与小说、散文不同，它需要对人物的完整生命深入考量、细致研究后，思考如何做到将其最有代表性的人生经历化为舞台生活的主要内容。郭启宏并没有试图在舞台上将成兆才整个一生的经历都表现出来，也没有将其全部经历划分成几个阶段，然后从每个阶段里抽出几件有意义的事件，再连贯着排列出来；既没有表现他的诞生，也没有出现他的死亡，评剧《成兆才》节选的时间段为1915年至1927年。郭启宏为什么要节选这样一段时间呢？这段时间是成兆才人生的什么阶段，艺术生命的什么时期？

作为《成兆才》编剧谈构思

郭启宏的《成兆才论》中说："我们不妨考察一下成兆才的前期和后期（如果把两次革命运动时期算作成兆才创作的中期）。前期的成兆才走江湖，摆地摊，没有摆脱挣钱糊口的观念。后期的成兆才则偏于消极和颓废，许多作品缺少中期那种虎虎生气，而宿命论、封建迷信、因果报应甚至黄色下流的东西却出现了，甚至明显地发展了。"这说明郭启宏看中的正是成兆才"虎虎生气"的一段创

成兆才先生墓

作时期；他截取下来的时间正是这位前辈剧人艺术上开疆拓土、成就一代名作的时期——所以剧中的核心事件贯穿着成兆才最负盛名的两部作品《花为媒》与《杨三姐告状》的创作过程；也可以说，1915年至1927年正是成兆才艺术生命的黄金时期，郭启宏有意要将这段浓缩了艺术家最高成就的精彩人生段落作为《成兆才》的核心内容，这是对这位评剧先师的最高缅怀，也蕴含了某种自我激励与启发的艺术自觉——这时的艺术家们，正思考着如何再次打开被迫尘封已久的艺术生命，在时不我待的时间面前再次启动自己的创作动力，迎来自己的艺术创作的黄金时代。我想，这些问题在一个既是编剧又同时富有时代理想与时代追求的剧作"事业家"那里，应该蕴藏有富有启示性的答案。郭启宏在舞台上尝试去创作这位前辈艺术家的艺术人生，正是要摸索体验那样的精神滋养。

　　简要地说，评剧《成兆才》集中表现了人至中年的成兆才创作其名剧《花为媒》与《杨三姐告状》的过程，核心事件主要是后者，即其为杨三姐申冤而发愤写戏，并因此引来人生的几段大起大落的遭遇。整个遭遇又依次贯穿了戏剧家成兆才的三份情感经历：夫妻之情、师徒之谊以及兄弟之情。

　　先来看夫妻之情。成兆才的妻子是一位能干且贤惠的农家妇女。丈夫领班唱戏，自己则长期留守家中织布浆洗。有意思的是，虽然成兆才的戏在剧场里红遍冀东大地，可是作为他的妻子却从来没有看过。好不容易有了一次去看《花为媒》的机会，偏偏遇到了官府匪痞的打抢砸班。看到被流氓打得遍体鳞伤的丈夫被扶上场，不由得这位善良的妻子痛心地规劝丈夫做戏做人千万莫要不顾安危，惹祸上身：

　　成　妻　苦命人啊！
　　　　　　（唱）看丈夫血迹斑斑教人心碎，
　　　　　　　　　强忍悲声双泪垂。
　　　　　　　　　我本想来唐山看看《花为媒》，
　　　　　　　　　又谁知欢喜未到反成悲。
　　　　　　　　　我以为粉墨的营生有多美，

> 不曾想唱戏也能惹是非。
> 看起来丈夫在外受气遭罪，
> 比在家耕种锄耪好不了几些微！
> ……
> 成　妻　咱们不写了吧！图什么呀？

妻子心疼丈夫的感慨与劝慰，实际上寄寓的是剧作家对那个时代艺人们悲惨命运的一种同情。借妻子之口的劝说比警察打手的威胁，更容易引发人们对处于底层的艺术家生活状况的思考，似乎也从侧面表现了主人公艰难的坚持与矛盾的心态，这样的表现既是可信的，也是感人的。谁曾想，经历了那番惊吓后，受了伤的成兆才并没有倒下，可是妻子却惊吓成病。成妻回到家后一病不起，却仍然挂念着丈夫的事业——第八场一开场她边吃药边感叹"盼望着外出求助的柳鸣盛，更盼望救苦救难的钟先生！"当无戏可演生活难继之时，成兆才多年的朋友柳鸣盛欲带其女柳金珠远赴唐山，偷偷入"韩家班"，成妻得知后并没有责备他们，而是将后事托付，她至死都不放心辛苦遭逢的丈夫危机四伏的命运：

> 成　妻　我全听见了！大兄弟呀！
> 　　（唱）常言说人将死言也善，
> 　　　　　嫂子有话对你谈。
> 　　　　　自古单丝不成线，
> 　　　　　独木从来成林难。
> 　　　　　弟兄一处还遭险，
> 　　　　　分开两地更孤单。
> 　　　　　我死后你大哥靠谁来照管，
> 　　　　　可怜他劳苦半生到中年！
> 　　　　　我这里褪银镯止不住的喘……
> 　　（交成兆才银镯）
> 　　　　　莫要说值不了仨瓜俩枣钱。

就说是成家如今有急难,
卖陪嫁好歹支撑三几天!
愿你们生死相依共忧患,
我九泉之下也心安!

再来看师徒之情。成兆才对亲手培养起来的弟子既有信任也有责任。本剧的序幕"角儿走了"。因为戏酬分配的问题,戏班中的当家花旦小桃红提出对半分成,并以出走相威胁。戏班另一个负责人柳鸣盛想屈服,可是成兆才偏偏不以为然。当时戏

《成兆才》剧照　小桃红与韩四

班中另有两个年龄非常小的花旦演员,即花月明与柳金珠。因为年纪尚小,技艺未精,并不为人看好,成兆才偏偏以为"走了小桃红,出了双明珠",要利用小桃红退出的当口,来他个"咱这块地不种麻豆粟麦、瓜果梨桃,偏要种明珠!生旦净末丑,闯条新路,手眼身法步,自有功夫",他相信"虽说嫩芽才破土,明朝玉树与珊瑚"。由此可见,他对于自己培养的演员的信心,以及他对演员天赋的发现力与预见力。当演员遇到危难,他往往宁肯牺牲自己的名声也要挺身而出,伸手施援。尤其是那些好演员无法再登台演出,暂时没有了正式演出的机会,不得不面临是否要自掉自价去街头"打地摊"演戏时,作为师父,他能够屈己求全,尽力保护弟子的艺术生命不受任何污损,自己偷偷去"打地摊",不让成了名的弟子去做那些"为人不屑"的事。

童伶乙　我们扶着师父,问他干吗自己去打地摊?
童伶甲　我说花姐姐唱得好,为啥不让花姐姐去呀?你猜师父

　　　　　怎么说？
花月明　师父怎么说？
童伶乙　师父说，打地摊是丢人的事，叫人瞧不起！你花姐姐已经成角儿了，咱们就是饿死，也要保住她的名声呀！
花月明　（热泪盈眶）师父……（回头看见成兆才斜倚在门旁，猛然跪下，蹉步扑向成兆才，声泪俱下）师父———
　　　　（唱）一声师傅千行泪，
　　　　　　　热泪滚滚喜还悲。
　　　　　　　恩比山高情如水，
　　　　　　　人间虽黑有光辉！
　　　　　　　想当年无依无靠两兄妹，
　　　　　　　蒙师父收留戏班初展愁眉。
　　　　　　　一年能唱《井台会》，
　　　　　　　二年演得《占花魁》，
　　　　　　　三年四年知韵味，
　　　　　　　五年唱红了《花为媒》！
　　　　　　　最难忘你台上教我分清丑和美，
　　　　　　　台下教我辨别是与非。
　　　　　　　似这般一行心血一行泪，
　　　　　　　血泪涓涓苦栽培！
　　　　　　　今日里撂地卖唱创痛在心内，
　　　　　　　为保住徒弟名声你忍辱含悲。
　　　　　　　落红护花甘自毁，
　　　　　　　寸草怎报三春晖？
　　　　　　　师父呀！
　　　　　　　从今后荆天棘地不后退，
　　　　　　　苦雨凄风永相随！

　　最后是兄弟之情。柳鸣盛与成兆才是事业上伙伴，生活中的邻居，情感上的手足。两人一起管理警世戏社,成兆才机锋敢为,柳鸣盛周旋四方,一主内一主外,相得益彰。比较起来,成兆才更为艺术地生活,有时候容易冲动;而柳鸣盛则更为现实理智,小小心心为人谨慎周到,总是在现实的泥潭中不断退却求得妥协与生存。有关两人的区别,倒是可以从柳的一段唱词中体会出来:

> 看走戏倒叫我前思后想,
> 成洁三虽年长血气方刚。
> 我服他堂堂七尺有胆量,
> 又怕他认准死道撞南墙。
> 他怎知唱戏好比船出港,
> 保不齐天时一变风浪狂。
> 虽然说台上任你声威壮,
> 下台来小草依旧怕严霜。
> 卖艺人温饱尚且顾不上,
> 哪管得人间多少混世魔王!
> 猛想起前些时挨打情状,
> 更不能强出头再惹祸殃。
> 纵然是把兄弟大闹一场,
> 我也要闹得他改变主张!

虽然两人性格不同,志趣各异,但是正因为彼此互相弥补不足,能够共同携手在艰难时势中为飘摇的班社寻一方演出的天地。两人共同经历了名角出走、驻演永兴

《成兆才》剧照　成兆才

茶园、流氓砸场、被驱戏园等种种打击，弟兄二人甚至为了排演《杨三姐》之事争执不下，柳甚至打算为了保护"执迷不悟"的兄弟和朋友，毁掉成兆才心血凝结的剧本。后来，戏班解散，生活窘迫，唐山韩家班挖柳鸣盛及其女柳金珠。柳鸣盛既不忍走又不能留，万般无奈之下不知如何开口，女儿金珠终于忍耐不住痛哭之下把事情原委说了出来。可是成兆才并没有因为这一意外的消息责备兄弟在这样的时刻离弃自己，反而大度地宽慰他们。病重的成妻此时上场，以后事托付柳鸣盛，柳鸣盛此时情感上受到极大的震动：

与兄长磕头三十年，
弟兄义气胜桃园！
野台上你唱丑来我唱旦。
跑棚子同盖一领破草帘。
三十年日月照肝胆，
有事不曾相隐瞒。
可如今我私订合同把兄长蒙骗，
害得两家不团圆！
我对不起兄长你丹心一片，
对不起亡嫂她嘱托再三！
兄长呀！原谅我一时瞎了眼，
从今后生死相依度残年。
恕将合同撕成碎片，
宁肯扛活，不到唐山！

随着剧情的发展，这三份不同的感情环环相扣，相互渗透，往往能够打成一片。可能一个突发的事件便会连续激起这些感情不同的变化内容。总体来看，这三个方面的情感表现很细腻地展示了成兆才人情伦理生活的主要方面。戏曲善于抒情，擅长于表现伦理中的各种情感关系郭启宏充分认识戏曲的艺术功能与艺术优长，以情感立人，所以，该戏能够在情感刻画上多层次地展开又循序渐进，毫不混乱，同时情蕴于中，既能够让观众体验其中情感运行的充沛力量，又能够在舞台表现上全面调动戏曲的抒情手段，这正是该剧能够成功的内在因素之一。

《成兆才》说明书

第二节 为何要写李大钊

从事件的组织来讲，《成兆才》主要是围绕着戏里戏外的杨三姐告状这一事件来结构的。现实生活中杨三姐执着地越衙告状，不屈不挠；成兆才受其事迹的感召，决定将其反抗精神凝结为舞台形象，也正是其真人真事之中突出的反抗性与民本主义特色，使得该剧的主创者承受了巨大的压力，受到了各种恐吓与威胁，也见证了围绕在正义与邪恶斗争中社会各种力量的代表。其中，中国共产党的早期先行者李大钊是一个鲜见而特别的形象。

关于李大钊与成兆才，以及警世班的交往在胡沙的《评剧简史》及李大钊之子李星华的《回忆我的父亲李大钊》中都有记载。李大钊是二十世纪初中国革命的先驱，思想活跃的进步知识分子。其本为冀东乐亭人，五四运动前后，多次在唐山一带进行社会调研活动。据曾与成兆才同班社的著名小生倪俊声的回忆，李曾在他们的戏台上宣传放脚、戒烟和剪辫子，还为他们题了条幅，题词为"是戏非戏，比戏出奇，改良平戏"。据回忆，李大钊不仅曾与成兆才有所长谈，而且还给后者寄过书报。再加上，李大钊自己对于家乡民间艺术的热爱与熟悉，以及对于底层人们娱乐的关注，都使得郭启宏深切感受到成兆才与李大钊的交往在剧中应该具有一定的分量。但这个分量应该怎样拿捏呢，其关系的基调究竟是什么，在剧中应该处于什么样的地位呢？这些问题都需要剧作家给予令人信服的回应。

剧中，李大钊一共出现三次，这三次出场，分别在戏的开始、中间、结尾部分。全戏第一场开场便是"李大钊看戏"。当时正演到《花为媒》中的张五可唱"劝同胞你们快放脚吧，现如今讲文明大脚为高"，惹得这位大学者忘情叫好。也由此，得以结识了剧作者成兆才。更重要的是，正是在这一场戏里，众人突然得知了杨家冤案，李大钊不经意间说出了一个提议，成为后来戏剧发展的重要契机。"要是为她编一出戏"这句话成为后来情节发展的重要起点。当时李大钊等人匆匆而别，看上去并没有想到这个创意会得到什么响应或者有什么样的发展。其实，此乃是剧作家善于铺垫，有意虚晃一枪的编剧技巧。因为这颗种子一定要提前埋下，观众将随着剧情的发展，一同见证这粒种子生根发芽的过程，这是戏剧情感生成方式中非常富有魅力的地方。当剧情发展到高潮，人物命运遭受到重大的打击，替杨三娥鸣冤不平，给整个戏班带来了一场灾难，禁戏之厄断了戏班的后路。成兆才万般无奈之下，突然决定去找李大钊、钟令飞求教。不成想五峰山圆通寺的相见，使得成兆才重新树立了坚持下去的信心与决心。戏至结尾，历经坎坷的警世戏班终于重回永兴茶园，并重装上演时事剧《杨三姐告状》。观众反应强烈，杨三姐亲自来后台感谢成兆才。与此同时，李大钊被军阀所害的消息传来，成兆才痛心疾首，因为这出戏得以在舞台上确立下来，最需要感谢的人也是曾经答应过要来看戏的人却来不了了。"这个戏还是他想起来要写的

《成兆才》剧照　李大钊和钟令飞

呵！"——成兆才一声感喟也是本戏的最后一句台词，极富有宣示的意义。李大钊并不是艺人，也并不与本戏的主人公朝夕相处，但是他的三次出场形成了全剧一个首尾呼应的组织结构关系，其中"圆通寺相晤"更是戏的一个转折点，之前由于连续遭受打击，在人们的苦心劝说下，陷于困境而进退两难无法抉择的成兆才正处于人生的低谷，犹豫着是否放弃为李三姐写戏申冤的理想，李大钊及钟令飞的宽慰与指点，终于打消了他的疑虑，使得人物重新确定了自己行动的方向，一改之前渐趋低落的心境。

为什么该剧中李大钊处于如此重要的地位呢，这样塑造李大钊对于表现主人公成兆才有什么作用吗？

首先，李大钊是五四时代著名的革命先辈，将他写进戏里，可以起到推动主人公行动的作用，这与剧作家郭启宏对于成兆才历史意义的理解有着重要的关系。郭启宏在《成兆才论》中从三个方面评点过这位前辈剧人，一是"时代之子"，二是"剧作家的伟力"，三是"事业家的精神"。在谈到第一个方面时，郭启宏将自己对成兆才的评价与过去传统的评价做了一个重要的区分："但是，这些研究和评论有一个共同的缺陷，这就是：只着眼于个人的作用，看不到时代对成兆才的造就。从这一意义上看，并没有摆脱旧社会艺人对祖师爷偶像般的崇拜所造成的偏颇。笔者认为，用唯物史观看待成兆才的艺术活动，我们将会得出一个崭新的概念：成兆才是时代之子。"所以，在郭启宏看来，在那样一个革命思潮风起云涌的时代，时刻关注现实同时又扎根于民间的戏剧活动家与创作者成兆才不可能不去关注那些新的思想，不可能不受到新文化运动的影响。更何况有多种记载里都指出，成与李确实有过交往，这正是剧作家驰骋想象的领域。而由于李大钊这样一个著名的历史政治人物的引入，也更能够将时代的讯息带入戏中，使得人物的行为、思想有了更广阔的背景。

其次，通过李大钊的评论、分析，也能够很方便地引入新时代的意识观念，而这些观念中有许多有着特别的意义，比如有关成兆才的身份问题。换句话说，就是如何评价传统艺人。本戏如同立传，而为一个底层艺人立传有着特别的意义。因为从事戏曲艺术的人往往是被视为从事下贱工作的人，他们的劳动长期得不到尊重，他们的职业身份也一直受到歧视。郭启宏在《成兆才论》中开篇明义地引用了鲁迅的一段重要的观点："无论查检怎样的历史，总寻不出烧饭和点灯的人们的列传来。"并且认为"成兆才——一个扛活出身的农民，一个浪迹江湖的莲花落艺人，一个一辈子摆脱不了错别字的人，他绝对不会想到他的名字有一天也入了列传的；倘若有人这样告诉他，他一定以为那是狂人疯话。"剧作家不仅在文章中亮出了这样的观点，也在剧中亮出了这样的观点，显然是有意要提醒一下观众、读者，使大家意识到一个新的时代标准的出现。在"圆通寺相晤"一场中，有两处细节与此相映证：一是成兆才与李大钊见面时的寒暄；另一处是李大钊鼓励成兆才继续将杨三娥的事迹写下去编出来。

李大钊　（热情地与成兆才握手）洁三大兄！

成兆才　（惶惑地）李先生，您就叫我成老兆吧！我是个唱戏的，跟您不一样……

李大钊　我看一样。我是教书的先生，你是写本的先生，都是给人脑袋瓜里放进点什么的先生。还有，照这个京油子（指钟令飞）的话说，我们都是唐山老呔儿！

　　　　……

李大钊　哎！应该我感谢你。没想到我那天随便说的一句话，做成你这么大的文章。你的心胸了不起呀！

成兆才　李先生！您……

李大钊　洁三大兄，说不定多少年后有人把你写进历史，还有人把你搬上戏台呢！

成兆才　（热泪盈眶地）这，这，这……

　　　　（唱）奇语惊人不敢闻，

　　　　　　　热泪飘洒满衣襟！

　　　　　　　成兆才卖艺半生无人问，

　　　　　　　怎敢想会有教授把我当成有用的人！

　　　　　　　李先生！

> 天底下血案千宗奇冤万种，
> 凭见闻凭良心写出戏文。
> 要叫那杨二姐九泉消恨。
> 也报答李先生您这好心人！

其三，李大钊在现实的政治活动中是革命的导师，在剧中实际上承担着主人公的人生导师的作用。由于他的存在，似乎使得原本只是一场为民申冤的离奇故事得到了某种精神上的升华。原来事件中的离奇性减弱了，但人们在新的时代精神感召下行动的意志加强了。传统的民间抗暴的内容与新时代的民主、文明的观念相结合，使得故事、人物、行为等各个环节变得"虎虎生气"，具有独特的色彩。应该说，李大钊虽然出场不多，但其在关键时刻的出场，以及他独特的个人气质、思想观念、品评人物论定时事的真知灼见，都很好地带动了故事，使得故事在主题上得到整体的提升。

第三节 《成兆才》中的创作手法

《成兆才》写的是剧作家，剧作家最重要且最难表现的是他的艺术构思和作品创作。怎样才能很好地表现剧作家文思泉涌、激情澎湃的创作力呢？怎样能够将发生在脑海里的想象、生发、虚构、无逻辑的情绪等等精神活动跃然在观众的眼前呢？郭启宏为此尝试了一种有趣的方式——将电影蒙太奇的技巧融进戏中，使剧中人与心中人、幻觉与现实直接碰撞，形成特殊的舞台效果。第三场"是戏非戏"开场便是成兆才半夜在客栈中构思写作《杨三姐告状》的场景。

> 成兆才 （唱）握羊毫，傍烛光，
> 　　　　　　心热不觉夜风凉。
> 　　　　　　往日里为糊口又写又唱。
> 　　　　　　成兆才落笔不曾费思量。

　　　　　虽留得几本戏江湖叫响,
　　　　　也无非公子卖水、书生跳墙,寡妇开店,妓女投江,
　　　　　算不得堂堂正正血性文章!
　　　　　怎及得今朝笔下万千分量,
　　　　　怎及得这粗手大脚威震公堂,亘古未见的杨三姑娘!
　　　　　几天来为戏文我茶饭不想,
　　　　　心焦躁,苦难当,
　　　　　神思恍惚,似傻如狂……
　　　　　猛然间是戏非戏眼前闪亮,
　　　　　李先生音容笑貌如在近旁……
　　　［纱幕左侧现出李大钊的镜头。
　　　［画外音:"要是为她编一出戏……"
　　　［李大钊的幻影渐隐。
成兆才　（唱）花月明说唱戏巾帼语壮,
　　　　　杨三娥表心志痛彻肝肠……

　　　［纱幕右侧现出杨三娥的镜头。
　　　［画外音:"若是无伤,三娥情愿偿命!"
　　　［杨三娥的幻影渐隐。
成兆才　可官司没结,我该怎么写呀? 呵,有了!
　　　　（唱）写一个大清官乔装私访……
　　　［舞台后方,包公扶起杨三娥:"小女子,俺包某与你做主就是!"
成兆才　（摇头）不妥,不妥!
　　　　（唱）现如今官场上牛成们飞扬……

　　　［舞台后方,牛成上,叱包公:"如今是中华民国,你回宋朝去吧! 哈哈!"
　　　［包公惊退。
　　　……

在交替的唱词念白之间，将舞台分割为几个表演区，其中既有演员前台后台的表演呼应，也有表演与"镜头"蒙太奇的对比，显然这样的组合是为了更好地表现出人物奇妙的创作想像的过程。

成兆才有非常多的作品成为评剧的经典保留剧目。其中《花为媒》、《杨三姐告状》自然是家喻户晓。有没有可能让观众在观看其坎坷的生活经历的同时，将他排戏的过程融入其中，

《成兆才》布景

将那些经典的剧目中耳熟能详的场面从另一个角度给予展现，使人有一种戏中有戏，戏里戏外，环环套戏的新鲜感？其中第七场"不是跑梁子"中就特意安排了一场戏中戏来表现这方面的内容。

成兆才　子义！你先别着急。我们走一疙瘩戏给你看看。来，你坐这儿看。（搬桌椅当公堂，让花永生打鼓。指成玉振）你来牛成。（指花月明）她杨三姐。（指艺人甲）他巡警。来吧！

［排戏的场面。花月明："县长，你要把我二姐的棺木打开，我二姐身上的伤痕就是干证！"成玉振："哎，这是笑话！本县就是将你二姐从坟里扒出来，她是死去的人啦，不会说话，她怎么能给你当干证？噢，那不用说我还得下阴曹地府审问审问你二姐的冤魂哪！我倒是打算去，嘿嘿！可惜我没有这种去阴的邪术……"花月明："我教你开棺验伤，谁教你下阴曹地府审问冤魂哪！"成玉振："人命大事，空口无凭，必须有亲眼目睹的人，才算干证。"花月明："那好，

县长你就是干证！"成玉振："你胡说！难道说杨二姐被害，是你老爷我亲眼看见的吗？"花月明："这回就让你看看！"（拿刀自扎）成玉振：（惊躲一旁，叫巡警夺刀，复原位，惊恐失色）"拉着，这还得了么？这样烈性！这……样吧，本县与你写传票，传讯高家一干人等！"

成兆才 （指艺人乙）你来高占英。（指老少年）高拐子。

[老少年一瘸一拐，与扮巡警的艺人甲相撞，二人的帽子落地，互相错戴。

柳金珠 师傅，帽子戴错了！

[老少年与艺人甲相视一笑，欲换帽。

成兆才 哦，不要换，这样好！当官的本来就是戴着乌纱帽的无赖！

老少年 嗬，歪打正着！

劝解的戏往往不好写。因为主要是人物之间的说服、劝慰。既要让人信服，又不能让观众感到乏味，尤其不能过于说教。寓教于乐，似易实难，实见功底。当成兆才因写《杨三姐告状》连续遭遇打击，特别是被殴打遭取缔后，又误听流言以为杨三姐放弃告状，自己却仍在坚持写戏声援，顿感失望之极，决定去寻钟令飞，问一问未来的方向。结果在五峰山圆通寺，巧遇

谷文月、戴月琴追步新凤霞 继续演绎"成家戏"

了李大钊，两人的一番促膝谈心、肺腑之言，巧妙地化解了成兆才心中郁结的心事与忧愤。这是一场文戏，主要表现的是两三个之间的对话。为了避免乏味，郭启宏将枯燥的说道理变成了一场充满机锋的点悟。人物语言生动而智慧。也使得本场戏意味悠长。比如该场戏的结尾部分：

钟令飞　洁三兄，不虚此行吧！哈哈！守常兄，我也走了。就此分手！你还信仰你的马尔格斯，我还信仰我的达尔文，长老自然还是释迦牟尼。哎，洁三兄？

成兆才　我……没有。哦，后台供着唐明皇……

钟令飞　哈哈，妙！

成兆才　可现在也叫人搬走了。

　　　　〔众大笑。成兆才、钟令飞下。慧觉送至门外。

李大钊　（猛然想起）咦？（一拍大腿）嗨！我怎么没想起来呢？那杨三娥会不会拿着一百五十块钱作盘缠，到天津或是北京告状去？（喊）洁三大兄！……（欲下）

慧　觉　（自外拦住）嗯！佛门清净。

李大钊　这？（转念）咦！他会想起来这是杨三娥的计谋的。何须我把着手教呢？其实我一点也不比他聪明呵。（冲着慧觉合十）阿弥陀佛！

慧　觉　（缓缓走着，吟诗）"绝无人迹处，空山响流泉……"

　　　　〔幕闭。

第四节　《评剧皇后》的创作缘起

1983年，郭启宏"意犹未尽"地继续着他的评剧创作，继《成兆才》之后，是《评剧皇后》。旧时代艺人的迷离身事与浮沉生涯成为其新时期写作的重要内容。如果说，成兆才有着创作上的辉煌成就，在险恶的社会环境中能够为民疾呼，愈挫愈奋很容易引发同为编剧的郭启宏的共鸣，那么，像白玉霜这样一位舞台皇后，一生充满争议的艺术家，对郭启宏的艺术吸引力主要在什么地方呢？传奇的身世？高超的表演艺术？独特的精神追求？

在《追求——〈评剧皇后〉创作、演出手记》中，郭启宏开宗明义地表达了他对这个题材的喜爱："也许没有一位女艺人比白玉霜更富传奇色彩！""我希望自己能把白玉霜搬上舞台。起始只是受诱于人物的传奇色彩，'传奇传奇，无奇不传'嘛！一番思考之后，我的创作冲动集中于对一个复杂性格的社会内涵的探求，我把同情倾注于人物身上，把憎恨射向万恶的旧制度。"

"评剧皇后"白玉霜便装照

白玉霜坎坷传奇的生涯确实就是一部戏剧人生。她早年在北平演出期间，因忤逆当时北平市市长袁良，被以出演粉戏《拿苍蝇》被逐出北平。后来南下上海闯荡，不想因没来得及向当地的黑帮社会求靠，在一次外出中被歹徒用内藏粪便的马桶攻击。后来央请"青红帮"中人出面，才将此事了结。白玉霜为了演戏，在上海认了"青红帮"头子徐朗西为干爹，才算取得了在上海立足的资格。虽然开始不顺，但很快白玉霜就迎来了自己事业的巅峰。白玉霜唱腔独特、表演泼辣，他主演的《潘金莲》与《海棠红》轰动上海滩。一时间美誉铺天，往来交酬皆是一时之选，文化界甚至还激起了一场围绕蹦蹦戏和白玉霜的笔战。1937年，就在白玉霜事业最红最火之时，这位评剧皇后、艺界新星却突然消失在了上海滩，原因竟然是她私奔了。私奔的对象，竟然既非阔少富豪亦非名优贾绅，而是一位名不见经传的一位"底包"——专司铙钹的艺人。他们私奔到河北乡下，从此过上了隐居生活。又过了半年，眷恋舞台又不惯当时纷扰不断的乡村环境的白玉霜，最终选择重回剧场，这一次她抛别了情人，孤身来到了天津。可是在天津仍然不堪各种骚扰困扰。如巡捕扣押事件（一次其往返剧场的包车在法租界被巡捕拦截，并遭到辱骂。白玉霜虽不知何故却也只好低头受辱。不料此后，几乎天天如是。白不堪其苦。一日晚上，巡捕竟将白玉霜抓走羁押一夜，剧场不得不央人斡旋、请客、送礼、道歉、赔罪，才算了结了这段无名冤债。）嫌疑犯事件、政治犯事件等。郭启宏说，在白玉霜的人生里"存在着多少戏剧范畴的悬念、期待、危机和突转"，显然，在他看来，"戏如人生，人生如戏"这句俗话很能概括白玉霜的艺术生涯。

白玉霜毁誉参半的人生，既吸引着作家去探索真相，研究情理，又考验着剧作家对毁与誉做出自己的判断，表达出新的见解，尤其能够跳脱出过去旧的评论格局。"白玉霜作为一代名伶，一个流派的创始人，其艺术成就是人所公认的，但围绕其私生活却沸沸扬扬，物议不绝。许多人不是把她当作一种社会存在，而是把她当成散发着香风与臭气的尤物，致使她活着担待'淫伶'的丑名，死后非毁尤未消歇。棺未盖而论未定，悲哉，白玉

"评剧皇后"白玉霜便装照

霜何堪！"——这一出《评剧皇后》能不能算作是郭启宏本人对"何堪"的评论现状所做的"论定"尝试呢？或者说，他是不是想用自己创造出来的白玉霜的艺术形象，尽量以"传历史之神"，"传人物之神"的方式从其史料中熔铸出一个真实生动的白玉霜形象，使猜疑平歇，使流言止步，使观者、闻者摆脱那些带着"有色眼镜"的历史眼光，做出一番客观的论定呢？

另外，我们可以把剧作家之前创作《成兆才》与《评剧皇后》联系起来，把它看成一个连续的创作过程。白玉霜是评剧发展史上继成兆才之后的第二座里程碑式的人物。"如果说成兆才是以剧作家的伟力、事

业家的精神，顺应历史的潮流催生了一个剧种，而成为评剧艺术的奠基人；那么白玉霜是以表演艺术家的作为，改良了一个剧种，提高了这个剧种的艺术水准，而成为评剧艺术承上启下的大师。在新中国成立前评剧发展的几十年里，只有成兆才和白玉霜起着划时代的作用。应该说，白玉霜对评剧艺术的发展所起的作用是同时代其他演员无法替代的，她的贡献远非其他演员所能企及；白玉霜演唱艺术上的辉煌成就，使评剧艺术真正实现了从原始、粗犷的'野台子'艺术

"评剧皇后"筱白玉霜便装照

'蹦蹦戏'向逐渐丰富了表现力的'剧场艺术''评剧'的转变；白玉霜大胆采用北平音的普通话唱念，这种卓识及其实践使'落子戏'为上海市民所接受，在上海站住了脚跟，更使'落子戏'终于走出冀东一隅，流播全国，乃有今日评剧之全国性剧种的地位；白玉霜不断更新剧目的革新精神，不仅丰富了一个剧种的上演剧目，而且为这个剧种注入了活力，使其充满蓬勃的生机"（郭启宏《白玉霜论》），可见，郭启宏对于这位评剧前辈的关注认识，并不仅仅停留在其坎坷的个人经历上，而是放在一个漫长的艺术发展史即评剧形成史的大背景之下。就认识的过程来说，这既是一个感性的过程，也是一个理性升华的过程，通过他创作塑造的两位评剧艺术家巨擘，实际上也是用舞台艺术形象的方式展示二十世纪上半叶中国风起云涌的时代里一个地方剧种的崛起。本来有些纷乱充满了偶然性的历史变幻，因为这种梳理使得这种探索研究变得清晰可辨，而且由于牢牢抓住了这两位评剧现象级的人物，广阔分散的历史事件凝聚在了剧作家创造的人物身上，便产生了极强的艺术效果。可以说，郭启宏以这样的方式既是向评剧艺术的前辈致敬，更是向评剧艺

术本身致敬。通过两位艺术家的不平凡的经历实际上展示出了评剧艺术不平凡的发展历程。

虽然同是向评剧艺术的内在艺术世界深入探索,但却因此形成了所谓"成兆才的方式"与"白玉霜的方式"谈论剧的差别。所谓"白玉霜的方式"即是从演员的角度谈剧目,"成兆才的方式"乃是从作者的角度谈创作,两者相辅相成,很能够说明郭启宏独特的艺术创作感觉与角度。就此,郭启宏曾分别在《成兆才论》与《白玉霜论》中论述到剧目创作的问题,两相联系对比,不难察觉其苦心孤诣之处。

成兆才论(节选)

"剧本剧本,一剧之本"。倘若大而言之,剧本文学是整个戏剧艺术创作(表导演、音乐、美术等)的基础,剧种的发展仰仗于剧本文学的发展。可惜,这一层意思往往为人们所忽略。……因为成兆才是个民间艺人,尽管他写了百种剧本,但却没人称他是剧作家,甚至也不认为他是"打本子"的先生。唉!"成精了"也还是"土疙瘩"。事实上,成兆才是一个堂堂正正的剧作家,一个非同凡响的剧作家。从他身上,我们看到剧作家的伟力。

成兆才大量的具有可演性的剧作促使评剧剧种急遽发展。旧评戏班中对剧本的重视远远超过我们今天的想象。艺人们把戏本子比作"地文书"(地契),甚至觉得比"地文书"还宝贵,所谓"宁给十亩地,不教一出戏"云云。我在考察评剧发展的历史,并将之与其他剧种进行比较的过程中发现,戏曲剧种大致朝着两个方面发展:纵的方面和横的方面。纵的方面体现在剧目建设,尤其是剧本文学上;横的方面则体现在演唱的风格和流派上。中国戏曲传统的名角中心制,由于片面强调流派,把剧本文学降到从属的皂隶地位,结果使剧种的发展宛如平川港汊,水网散漫,停滞不前。评剧诞生和成长的历史却有些特别,它是从大量的剧本中发展起来的(自然,这里没有否定名角诸如月明珠等人的功劳）。

一个剧种是否发达兴旺，与其流布地区大小有关，与其观众面广窄有关，与其名角流派多寡有关，最重要的却须视其"家底"，即保留剧目数量的多寡和质量的高低。……评剧正是由于拥有了一大批有相当质量的剧目而于短时间内一跃而为全国性大剧种的。

白玉霜论（节选）

剧目——演员艺术成就的一面镜子。

剧目是一个包容剧本文学、音乐唱腔、导、表演以及舞台美术等等艺术门类的综合概念。把这种综合直接体现在舞台上，通过视觉和听觉与观众交流的是演员，这就使得演员在剧目中处于一种特殊的地位。由于历史的原因，旧社会的戏曲更形成以演员为中心的众星托月的格局，这种情形尽管不正常，却是必须直面的客观现实。因此，剧目事实上是演员艺术成就高低的一面镜子。我们要对演员做出公允的评价，不能不借重他所演出的剧目。

郭启宏曾将白玉霜一生演过的两百余出剧目大致分为：早期、中期、晚期，并对这三个时期的创作特点、得失、成就、利弊、缘由进行详尽的艺术分析，如其对白玉霜艺术黄金时代的中期做过客观的评价，细致地点评了当时演出环境与时代状况：

"评剧皇后"白玉霜当年剧照

白玉霜中期剧目之所以虎虎有生气，是时代精神的赋予，与当时进步文化界的帮助分不开。这种帮助，表现在思想影响上，诸如田汉、安娥、欧阳予倩、洪深等同志与白玉霜有不薄的交情，经常开导白玉霜；表现在舆论支持上，诸如阿英、赵景深、张庚等同志撰文驳斥无聊文人对白玉霜的诋诬；表现在具体而细微的指导上，诸如欧阳予倩提供《潘金莲》的剧本，洪深特为编写《阎婆惜》。据小白玉霜回忆，《海棠红》反调的唱词是欧阳予倩写的。由此可见，白玉霜辈以至戏曲界的艺术改变，离不开时代的正确思想的指导，同样离不开有志于此的新文化人。

　　文人与艺术家的结合是近现代戏曲艺术发展的重要路径。剧本的创作与艺术家风格追求的转变，文化的引领与表演艺术的提升、完善，都是郭启宏在白玉霜身上发现的重要内容。由此，白玉霜形象的背后包含的历史信息、文化信息也愈加丰富起来，这无疑对有着强烈历史精神与探索精神的研究者产生了很大的吸引力。

第五节　《评剧皇后》的戏核

　　《评剧皇后》的戏核是做人与做戏的矛盾。

　　郭启宏在《〈评剧皇后〉创作、演出手记》中指出，"我不能毫无选择地在舞台上展览白玉霜的'秘史'，也不能随心所欲地去拔高白玉霜的形象。我发现白玉霜一生处在唱戏与做人的矛盾之中，我应该这样来写白玉霜！所谓'认认真真唱戏，清清白白做人'在那个社会是办不到的，这正是那个制度凶残酷烈的本质所在。"

　　这是郭启宏在充分地把握白玉霜辛苦遭逢的一生后，经过深思熟虑而提炼出来的一种人生认，也是其创作的《评剧皇后》全戏的核心所在。实际上它直接影响到了情节创作、人物塑造、主题精神等方方面面，很有必要对其做一番再认识，由此可以较本质地触摸到剧作家对该剧的内在体验活动，以及这种认识体验与创作的转换关系。

白玉霜是一名演员，一名戏曲演员。她与戏的关系是最本质的关系，从而凝聚成她最重要的性格。白玉霜是一个"恨戏"的人。这个"恨"字并不是通常意义上的痛恨、不满，而是表达一种极端喜爱的特殊方式，颇有点"不疯魔不成活"的意思。"恨戏"在人物身上有多处表现，从情节上看，主要有两个地方：第一场"绝境"，表现的是白玉霜"做戏"的自信。白玉霜因在北平出演《拿苍蝇》轰动一时，引得达官显贵竞相结交，可是她却"清高地"拒绝了时任北平市市长的袁良的邀请，终于被其用军警逐出北平。她们被押到了北平车站，正在进退两难，遇到了来北平邀戏的上海恩派亚剧场的徐经理。徐随即盛情邀请白玉霜等人南下驻演。有人犹豫，因为评戏毕竟主要是流行于北方，一向南派口味挑剔的上海市民能否接纳这样一种北方的平民艺术，很多人都心存疑问。

  徐经理 白老板，尊意如何？
  白玉霜 （自语）真想不到呀，这边黑了那边亮！徐先生，谢
       谢您了！
  赛芙蓉 （悄声）就怕上海人不认北方戏……
  白玉霜 我把念白改成北平音！

在一个陌生的环境里别开天地，白玉霜并没有犹豫、彷徨，反而非常坚定，心中充满的艺术自信，同时也表达出她勇于探索想要革新的精神。后来她与李长生私奔到了河北乡下，虽然粗茶淡饭远离了过去

《评剧皇后》二十年后重排 王冠丽饰白玉霜

喧嚣的场上生活，但却依然感到艺术之心的阵阵萌动，当心境起伏之时便有一种不自觉地"唱一嗓子"的冲动。那天，他们赶着车走在乡间小路上，无意间看到土墙上贴着自己过去的广告画像：

〔李长生、白玉霜上前观看。

李长生　瞧，还穿着戏衣呢！

白玉霜　真的？！

〔白玉霜对着画像，痴痴地站着，双手缓缓举起，做着画上的身段，身子渐渐动了起来，少顷，索性跑开圆场，又走起碎步。李长生始为欣赏，继而敛容。

白玉霜　长生，我想吊嗓子！

李长生　咳，你呀，想起一出是一出。戏都不唱了，还吊什么嗓子！

白玉霜　不嘛，我嗓子痒痒，我想唱。哎，长生，海棠红要饭那段反调我全都琢磨出来了，我唱你听听！

李长生　可这儿没弦呀！

白玉霜　你给我念过门，打着板！

李长生　（让步地）哎，咱们可说好了，那你小点声唱。

白玉霜　（顺从地）哎！（轻声唱）眼含……（不由地高声）珠泪长街……

李长生　小点声唱。

白玉霜　（轻声）眼含珠泪长街行……（渐渐声高）再苦不过海棠红……

李长生　（停止打板）哎，哎！你小一点声呀！

白玉霜　我这声够小的了！

李长生　你怕人家听不见？！

白玉霜　（发急）听见又怎么着！（命令式）你给我念！

在白玉霜心中，过去的一切可以暂时抛弃，但却难以真正割舍。实际上，舞台上的艺术与生活环境确实难以被泾渭分明的划分开来。当白玉霜做出了割舍的决定时，主要针对的是过去的洋场生活与无聊的应酬交际活动。但她为此又不得不与心爱的艺术告别。她下了很大的决心，但事情的复杂性便体现在有时候习惯比决心更深入地影响着人的行为，牵动着人的精神，透露着人的本质。"戏"在这样一位曾经叱咤剧坛的评剧女神心中的魔力。无论她身处何地，人到何年，她随时会想起的便是"耳边厢隐隐约约弦歌起，喝彩声声声炸响好似春潮急。忘不了'恩派亚'粉墨天地，忘不了大上海风魔的戏迷，忘不了评剧皇后至高美誉，今日里犯戏瘾百感交集。"这是人物最真实的性格状态。

《评剧皇后》2012版剧照

但是悖论在于，她越是如此痴迷于"做戏"，便越是被做人的难处所困扰。关键在于，做戏给她带来的"戏子"的身份，这个身份使得她成为一个表面上看似光鲜内在却无比落寞的可怜人。"做戏"便一定会有"戏子"的屈辱，这是那个时代无法摆脱的人生"悖论"。这既反映在别人的辱骂中，也表现在情人的劝慰中，还有自己的犹豫不决的内心世界里。

阔少王津门一心想要占有她，因为被"意外"拒绝，便恼羞成怒，指着鼻脸地醉酒带骂地喊：

王津门　好哇！你个臭唱戏的！
　　　　（唱）你敢把大爷轰出去！
　　　　　　　你不看看自个儿是个嘛东西！
　　　　　　　我早就知道你的根底，

什么干爹干娘干哥哥……嘿！
你比窑姐强几厘？
大爷爱你是看得起你，
你倒耍起小姐脾气，
你纵然红遍上海滩也是个戏子，
别以为屎壳郎爬上面粉堆就是白的！

李长生虽然只是她的一个"跟包"，但对她有着真诚的理解和同情："我见过她背人处珠泪流淌，我明白她内心中百结愁肠。我同情她如摆设供人玩赏，我相信她真爱我不是欺诳。"作为一个相知相亲的情人，李长生对于白玉霜的人生困境是有较为清醒的认识。在即将结束短暂的乡间生活，白玉霜欲重返津门舞台，他内心纠结，预感到那光荣与痛苦并生的人生：

李长生 （如梦方醒）二姐！
（追上几步，唱）
车尘鞭影不可望，
山回路转各一方。
她本是花仙人世降，
只为厄运到穷乡。
评剧皇后名声响，
怎能默默做妻房？
我知她心中常有戏本唱，
曾几回梦里哼低腔；
今日痴情对画像，
胸中必定风雷狂。
看起来她早该返回舞台上，
脱却布衫换戏装！
又一想她苦戏唱过千百场，
台下的苦情更比那台上长！

有多少强暴和诽谤,
有多少虚假与轻狂。
上海滩天津卫台口一样,
等待她的依然是风尘肮脏!
怎奈她浑忘却从前苦况,
犯戏瘾吃戏醋意乱心惶。
我不能说破她痴心妄想,
又不忍揭开她旧日创伤。
这颗心跟随她湖海飘荡,
……

比做人难更让人痛彻的在于本戏所揭示的做女人更难的情境。郭启宏正是沿着"做人难"的逻辑,从白玉霜内在情感出发向内延伸到一个更加触及神经的命题——"做女人更难",更将之具体化为能

《评剧皇后》2012版剧照

不能做别人的妻子,能不能做别人的母亲。郭启宏对这一点的揭示是"残酷"的,因为白玉霜处于一个"做戏之人难自处"的时代,作为一个女人,却无法实现自己最基本的渴望:成人妻、成人母。在第三场,白玉霜和自己的养母有过一番争执:

老太太　哎呀呀,你抽嘛风……你瞧瞧你眼下,你吃的穿的住的用的!天底下哪个女人比得上你!

白玉霜　(一听怔住,始而苦笑)嘿嘿,天底下哪个女人比得

上我!(继而带着眼泪狂笑不已)哈哈哈哈!天底下哪个女人不比我强?谁都可以做人妻子,唯独我不配!我成了什么东西……(哭泣)我成什么东西!(哭泣)

老太太　哼!做人老婆有嘛用?烧火做饭,拉扯着一大帮孩子,他哭着喊着,你背着抱着,大庭广众,敞胸露怀给孩子喂咂儿!(少顷)我让你红遍天下,成个评戏皇后!

白玉霜　评戏皇后?

老太太　难道你不想呀?

白玉霜　想,想,做梦都想!我想唱戏,我爱唱戏!我要红遍天下!底包不卖力气,我下了他,场面傍不严实,我下了他,我自己呢,求人写本子,请人来说戏,没日没夜练私功,我死也要死在台上!我拼着命也要当上评剧皇后!就为这个,我变了一个人!(低下头来)我什么都忍了!……(复抬头)可是我一个想唱戏的坤角,难道就不该有个家,有个丈夫吗?

老太太　天下男人有的是,任你去挑,我不拦你。

白玉霜　男人,我要的不是男人,是丈夫!

老太太　(忽然温言软语)唉,傻闺女,你呀,真不懂事。我跟你说过,唱戏靠人捧,你有丈夫谁肯捧你?你想想,大津你师姐石榴红两口子亲亲热热干吗要离婚?明明假离婚,偏偏要登报纸,这是为嘛呀?再说,就是嫁人,也得找个合适的,哪能拨拉脑袋就是一个,跟买西瓜似的。……

这样的对话传达出一种奇怪的人生理论,实在让人哭笑不得,更多的还是对于一个"做戏"之人"做人"的辛酸啊!

第六节 《评剧皇后》中的戏曲场面创作启示

著名的戏剧理论家与活动家齐如山先生曾提出一个非常著名的戏曲特征论——"国剧的原理，有两句极扼要的话，就是'无声不歌，无动不舞'，凡是有一点声音，就得有歌唱的韵味，凡有一点动作，就得有舞蹈的意义。"张庚先生在《中国大百科全书》中的"中国戏曲"条中指出"综合性、虚拟性、程式性，是中国戏曲的主要艺术特征"；稍后他又在与郭汉城先生主编的戏曲概论中，提出"戏曲实际上是一种有规范的歌舞型戏剧体诗。这是戏曲最本质的艺术品格。也因此，戏曲才具有了自己的一系列艺术表现的特点。这一系列艺术表现特点，一般认为是戏曲形态所拥有的节奏性、虚拟性、程式性"。戏曲理论家陈多先生以为，程式与行当是"舞容歌声"的具体体现，并对"舞容歌声"做了细致的解析和说明：

> 说"戏曲中有歌有舞"或"载歌载舞"，前者只是说明戏曲所综合使用的媒介材料中包含"有"歌和舞；后者的"载"字的含义为"具有"或进而为"充满"，所以它的意思也只是用来说明某一部戏曲"同时具有或充满丰富的歌和舞"。而所谓"舞容歌声"，则在内涵上和它们有着实质的不同。
> 　　演戏看戏，"戏"的"演"体现在演员的"声"与"容"上，而戏曲演员的"声"与"容"是什么呢？那即不外乎是"舞容歌声"。戏曲不只是"有"或"充满"歌和舞，而是"声容"与"歌舞"即是一事。"随口发声，皆有燕语莺啼之致，不必歌而歌在其中矣"；"回身转步，悉带柳翻花笑之容，不必舞而舞在其中矣"；"歌舞二事原为声容而设"。
>
> （李笠翁语）

戏曲的歌舞本质不仅对于理论研究者有着重要的意义，而且对于创作者有着重要的启示和帮助。陈多先生的观点实际上是提醒了我们，不要认为写唱词状舞蹈仅仅是在语言上"附加"上去的东西，或者错误地以为只要像话剧那样写出一个故事内容后,再去添加一些舞蹈内容或者歌唱内容,这显然背离了戏曲创作的本质规律。这也同时说明,欣赏戏曲剧本时,不可轻易放过剧作家创作的那些歌舞段落,看一看这些歌舞段落是如何与情节发展、人物性格状态结合在一起的。这样的场面既反映了剧作家对戏曲的深刻体察与把握,同时也体现了他们创作有戏曲特色场面的才华,正是由于这个才华,把生活化的场面与舞蹈化的场面完美地融合在一片艺术之境中。

《评剧皇后》2012版剧照

在《评剧皇后》中最能体现郭启宏这方面意识的当属第六场《田园牧歌》。此时,白与李两人已然逃出大上海,悠游在河北乡下。上一场出逃时,就有不少人对于白的这次出走既感到气恼,同时也不并不以为然,甚至认为白只是一时冲动,肯定自己"想明白"了或者耐不住寂寞还会回来。郭启宏显然是希望对这些人的猜疑做出一个回应,但是这个回应应该是通过人物的行为、场面来回应,而不能是说教式的僵硬的表现。当然郭启宏可以选择的方式很多,他既可以创作一个两人夫妻操持家务的场面,也可以编写一个在李长生家中三人"其乐融融"的生活场景,或者用一些乡村生活中的邻里、家族的来往来表现个中甘苦滋味,不过这样的话就会使戏显得分散,不太集中。更主要的是,它们都显不出人物的特色和作者的才力。郭启宏最终选择了一个非常有意思又非常动感的场面——两人赶车回家——在华北大平原广阔的乡村,两个刚刚逃出樊笼的年轻人赶着马车,这是多么富有动感、令人动容又别具意味的画面啊。它含蓄地传达出人物新生活的气质与风味!

　　　　　　〔幕后"啪啪"两鞭,蹄声得得,铃声叮当。
李长生　（内唱）鞭儿挥,
白玉霜　（内唱）马儿跑,
二人合　（内唱）人儿欢笑!
　　　　　　〔李长生、白玉霜同上,挥鞭赶车,舞蹈。
二人合　（唱）穿老林越古道,
　　　　　　　下土坡过石桥,
　　　　　　　空车兜风自在逍遥!
李长生　（唱）半年来只知老阳儿当头照,
白玉霜　（唱）隐姓名不问青天几丈高,
　　　　　　〔二人边唱边舞。白玉霜取出苹果,咬了一口,又塞
　　　　　　　到李长生嘴里。
李长生　（唱）风过柳林知了叫……
白玉霜　（唱）心似柳枝随风飘。
李长生　（唱）远望村中炊烟袅袅,
白玉霜　（唱）一鞭挥去愁千条!
　　　　　　　长生,（忽发豪兴）我来赶车!（索鞭）
李长生　我呀,就没见过女人赶车的!
白玉霜　我让你见识见识!（夺鞭,挥鞭）
　　　　　　〔话未落地,马儿狂奔。白玉霜惊慌,李长生急夺鞭
　　　　　　　控马。车翻了。
　　　　　　……

　　人物载歌载舞既有利于展示演员的表演才华——这一点对于戏曲来说很重要——同时,也巧妙地交代了许多幕后的生活,一掠而过的半年时间都通过一趟赶马的场景暗示了出来。这是一种非常高明的暗示,不知不觉中,把幕前与幕后的内容连成了一片。观剧者不可不察啊!

第七节　逆向写戏与形象画面

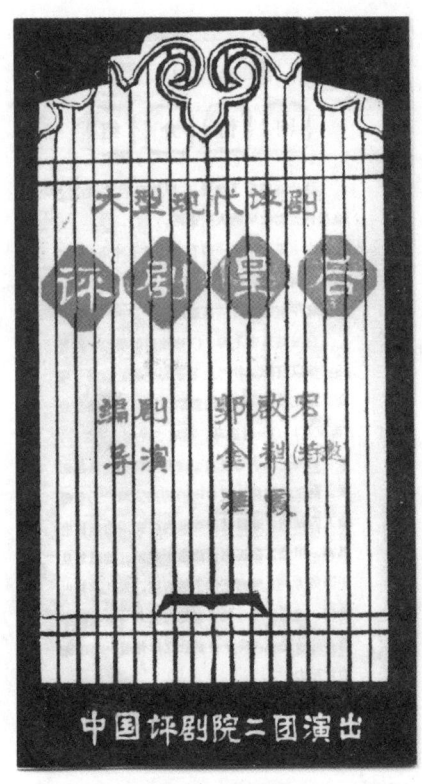

究竟如何定位、描画《评剧皇后》的画面基调，或者说，此剧有没有一个形象的种子帮助作者去表达"做戏与做人的矛盾"这个主题，是一个值得探讨的话题。舞台画面不仅仅是导演创作的必需，有时候也会成为剧作者想象的源泉。对于戏剧编剧而言，舞台画面不仅仅是他创作的结果，也可能是其创作的起点，这其中的转换关系其实是一种艺术辩证法的关系。很多时候，当戏剧编剧（戏曲编剧）进行构思的时候，其形象的种子往往是由一个激动人心的画面组成的，而且这个画面又有着极强的自我创造更新的能力，能够连续牵引生发出一系列相关的画面，并最终由这些画面带动了创作者的想象，带动了创作者的文字表达，带动了一个完整故事的整体框架的建置。

《评剧皇后》说明书

郭启宏在《追求——〈评剧皇后〉创作、演出手记》中认真地回顾了他写作《评剧皇后》时一段特殊的经历和构思过程：

在主题的簸扬下，我再度筛选素材。又过了一年，我偶从中国评剧院退休老艺人处得到第一手材料：白玉霜弥留之际曾提出与同居的情人正式订婚。言者无心，听者却大大地震动了。为什么白玉霜明知癌症马上要夺去自己的生命还忽发奇想呢？为什么白玉霜明知婚姻此时已失去实际意义还坚持要做一个"正名"的妻子呢？思想的源泉汩汩滔滔，奔腾澎湃。我构思着最后一幕：病室变作洞房，洞房又变作灵堂，"白——红——黑"是色彩的强烈对比，"忧——喜——悲"是情绪的急遽变换，在乍看起来极不调和的场面的转变之中，造成一种奇特的意境。这正是我苦心孤诣所要揭示的哲理："评剧皇后"始终摆脱不了唱戏与做人不可得兼的悲剧命运。

《洞房—灵堂》一场中色彩的运用与气氛的陡转，一直以来最为人称道。最初，白玉霜病室以白色为主："白白的墙壁白白的床，床在正中，浑身缟素的白玉霜闭目靠床坐着，仿佛冰雪世界圣洁的皇后"。与情人李长生重新相聚，她即刻办一场婚礼，白色的洞房瞬间装扮成了喜庆的洞房。这一段精彩的场面转换很有品鉴的价值，《中国当代戏曲文学史》中对比做了详细的论赞：

> 这个在舞台上不知替古人演过多少结婚场面的人，今天却是实实在在地穿上了属于自己的大红嫁衣。等到这一切仪式完成之后，白玉霜的最高愿望得到满足，脆弱的生命之弦也就戛然崩断。于是众人摘下喜字、对联等物，换上黑纱、黑绸、黑色挽联，红色洞房变成黑色的灵堂，只有白玉霜依然穿红，显得格外不协调！白、红、黑三种色调依次转变，将一个沉沦女冰清玉洁的洗涤奢望、正式结婚仪式的价值肯定和放心而去的满足意识，予以了色彩鲜明的对比和外化，也使唱戏成名人与实在做女人之间的种种辛酸，再一次涌现到每一个观众的喉头。这样广袤的大千世界，为什么就满足不了一介坤伶清清白白唱戏、实实在在做人的最低限度的要求呢？

"色彩强烈对比"的画面变换，刺激了作者的想象与感受，当然，这种色彩刺激里蕴含着人物起伏的情绪，以及故事在此时激发起来的特殊情感效果。似乎这三种颜色也对应着某种在那一时刻独特的思想表达，然而因为这是通过画面表达出来的，所以它既是含蓄的又是充满视觉力量的，这种表达方式往往比直接去叙述，更能收到好的戏剧效果。

这第八场"洞房——灵堂",虽是最后一场,其实也是该剧整个八场戏的想象起点:

白　玉　霜　妈妈,别站着呀,快打扮洞房呀!
老　太　太　(含泪应声)哎!
白　玉　霜　福子,把我柜子里的包拿出来,快给我穿上。
　　　　　　〔老太太吩咐众人,众人含泪忙碌起来。霎时间,白色的病室变成红色的洞房。小白玉霜、玉蜻蜓、赛芙蓉哭着为白玉霜穿上红嫁衣。
白　玉　霜　(看着往来张罗的人们,兴奋异常)我要穿大红嫁衣,要贴大红喜字,要剪大红窗花,要挂大红对子,还要敲锣打鼓放鞭炮,别忘了吹唢呐,凡是女人有的,我都要有呀!哎!傧相来了吗?
合　适　乐　哦!傧相来了!快赞礼呀!像戏里那样!
　　　　　　……
小白玉霜　(实在忍受不了,扑过来,啜泣着)妈妈呀,您不能走呀!
　　　　　　〔众人一齐掉泪。
白　玉　霜　(艰难地从头上摘下一朵绢花,给小白玉霜插上)福子……你将来会……会比我好的……长……生……(死)
小白玉霜　妈妈呀!(撕裂肚肠的哭声)
李　长　生　(悲痛至极,呆然站立。猛然喊出)桂珍!
　　　　　　〔众人齐声哀哭。
　　　　　　〔众人摘下喜字、对联、窗花等物,换上黑纱、黑绸、黑色挽联。红色的洞房变成黑色的灵堂。只有白玉霜依然穿红,显得特别不协调,造成一种异样的气氛。
　　　　　　〔白玉霜造型。

郭启宏正是在这些画面的刺激下，自觉地重新择取自己充分掌握的素材，把它们以一种逆向的逻辑顺序组合发展，似乎发生了一种由后往前的情节想象过程。这种由画面推动的"逆向创作"方法，听起来似乎显得神秘有趣，但也并非没有理论支撑：法国著名的编剧小仲马曾经说过，"除非你已经完全想妥了最后一场的运动和对话，否则不应动笔。"

黄宗江（中）笑谈昔日误将郭启宏（左）误作北派老者

第六章　南唐人物历史风尘:《南唐遗事》

　　1987年，郭启宏调入北方昆曲剧院。当时他可能并没有意识到，后来为北昆创作的这部《南唐遗事》，成为他创作生涯中一个标志性的事件；由此开始，他的戏曲创作进入到了一个高水准的成熟期，许多作品都在专家与普通观众两个层面中同时收获口碑与认可，几乎横扫中国戏剧的各种奖项。

　　昆剧《南唐遗事》是我国戏剧舞台上第一次成功地塑造了李后主的艺术形象，它以满票荣登第四届全国优秀剧本奖榜首，又获1988年北京市新创剧目优秀剧本奖，后又被评选为中国当代十大悲剧之一，据此拍摄的同名电视艺术片获全国戏曲电视剧金三角奖一等奖、第八届全国电视连续剧飞天奖二等奖。

电视纪录片《南唐遗事》拍摄工作照

南唐后主李煜有传奇的帝王经历和丰赡的艺术才华，在史家文人的笔下留下了大量的历史传说。众多关于这个多才多情的帝王才子的评述，实际上可以分为两种意见：一是指摘其作为君主，身处乱世，不思进取，政治上短视无能，生活上放纵奢侈，终于败国亡身，以为后世警戒；另一方面叹其为人仁厚谦和、用情至深；更因其留下的华美辞章实际上开有宋一代文学的先河，哀婉沉郁，深情慷慨，千百年来受到了一致的推崇，以至于激起人们对其身世与经历的无限同情。著名词学大家王国维曾评道："主观之诗人，不必多阅世，阅世愈浅，则性情愈真，李后主是也。"这里的"世"与"人"的关系，其实就是历史与人生的主题回响。这样一个集各种矛盾、各种评论于一体的人物，研究围绕着他的历史事件，"无论是从写人的角度，还是从传奇的角度"，都理所当然会成为一个"诱人的"创作题材。可是有意思的是，南唐后主的故事似乎并没有那么"热门"。朝代更替，才子佳人，死生流亡，身份巨变等等元素，似乎并未推动它向戏剧化方向深入发展，李煜是一个历史形象、文学形象，而没有真正成为一个影响深远的戏剧形象。

《南唐遗事》说明书

郭启宏自己对这个有趣的"冷落"是这样理解的——"据说，有人在接触这一题材之初，碰到一个令人困惑的问题：李后主到底是正面人物还是反面人物？这个问题倘若在十年动乱中提出，确实让人困惑；然而我们毕竟越过荒唐的岁月，踏入了八十年代。生活中从来没有存在过什么正面人物和反面人物，所谓正面反面的提法在理论上根本站不住脚，在实践中除了导致人物塑造上的类型化、公式化、概念化、脸谱化以及雷同和虚假之外，别无好处。"如果说，郭启宏的批驳确实指出一个有关该题材创作中的思想问题，但这个思想问题是不是导致该题材不能被很好开发的主要原因呢？

原因当然有很多，其中既有一定的偶然性，但许多偶然性的因素加在一起就可能造成这种情况的"必然"出现。比如，李后主的传奇故事并不像唐明皇、王昭君的故事这样世代累积，形成了一个良好的创作土壤，有丰厚的创作积累可以借鉴、激发；也有可能是因为，中国戏曲的创作素材虽主要来自于历史故事，历史剧占据着重要地位，但是鸿篇巨制的历史剧创作，尤其是驾驭朝代更替，重要历史人物的起伏表现的作品，真正成熟要等到明清之际。而明清之际几位最重要的历史剧剧作家他们的创作选择并没有使李后主的故事规模最终成型，这也算是一种"错过"吧；另外，虽然中华文化中戏曲占据着那么重要的地位，但它始终没有成为文学创作的主流，诗词在文艺形式中的主流地位，以及曲词被长期视为末流小技的意识影响下，多多少少也限制了人们对于这个题材的开发与发现。

唐明皇杨贵妃的故事、汉昭君的故事里都有一个理所当然的"对立面"，前者是安禄山，后者是匈奴，其中有民族大义有忠奸斗争，前者有杨国忠，后者有毛延寿；《桃花扇》里李香君与侯方域的故事，将士人与奸佞阉党的斗争贯穿到底。但李后主悲剧的直接原因是北宋的统一战争，一代雄主赵匡胤无论在政治上、生活上都成为他的直接对立面。如果对主人公李煜寄予过多的同情，那么是否会影响到人们对灭唐战争的理解？是否会影响到人们对于一代英雄人物的态度？难道要让人们因为同情去希望保留偏安一隅的"分裂"？乱世的时候，人们都渴望英雄横空出世，人们都希望有个强力的勇者来解民于倒悬，来做人民的守护神，难道要让人们分出一份感情给一个并不能带给他们这份希望的人？李后主的历史评价是"不知亡国有恨"，只思笔墨中留下怅想，也很难从正面去描写。况且，在这个故事里，似乎没有什么严酷的忠奸斗争，没有让人咬牙切齿的奸臣，没有智商低下的昏君，没有妖狐媚主的红颜，大厦如此华美，住在里面的人那样优秀，那样富有才华，却怎么一夜间呼啦啦般倾倒毁灭。在南唐故事中确实很难找到以往我们熟悉的帝王将相题材里常见的历史场景，历史如此"轻描淡写"的一场灭亡，在剧作家的纸上也就理所当然地被"轻描淡写"了。

所以，对于南唐遗事的创作冲动绝不仅仅是一种简单的激情，其中还富含有对于传统历史人物、历史事件新的角度的评价。对于历史我们传统的态度中，所谓政治对错，是非功过，有时候能够很好地帮助我们进行历史剧的展开，有时候可能会影响我们进行一些特殊人物特殊题材的挖掘，李后主其人其事便需要有这样的认识。

在《〈南唐遗事〉人物琐谈》中，郭启宏这样阐述创作的缘起：

> 我无意通过自己的作品去评价一个或几个历史人物的是非功过，也无意从中引发出所谓一代兴亡的经验教训和现实意义。如果说有所思考的话，我只是希望从不同的价值系统去重新认识历史烟尘中的几位过客，从而探索人生和人性的奥秘。基于这种人生情性的审美追求，我写李煜，是想写一种存之永恒的不完满的人生。

历史剧创作的误区是陷入某种简单的道德总结，把剧中人物简单地划分为几个对立的阵营，进行道德上的善恶区分，再根据这样的区分来试图总结历史的成败，决定人物的行动基调。这造成历史变得简单、清楚、直线、机械，同时，历史中交织在一起的人物关系也变得单一、明确、重复、无趣。在教化剧观占据主流的时代，以上的创作方法可以说比比皆是；但这种简单处理历史事件和历史人物的方法并

《南唐遗事》洪雪飞与马玉森

不能让人满意。于是，有的剧作家尝试着不轻易建立道德评价标准来评论历史人物的选择；不以历史的评判人的姿态，而是采取和历史人物平等的视角，与他们一起重新在建构起来的故事里，根据他们的性格基本内容来"共同"选择、应对、行动、经历。这样就使得同样的经历得到了某种从观众看来具有"可以兴，可以观，可以群，可以怨"的效果。换句话说，虽然剧作家不再做历史的评判人，但是通过故事的展现，实际上激发了观众去"评判"的想象力与感受力。我想，这正是郭启宏所谓"过客"的创作思路的重要启示——"至于环绕着情欲问题的政治上的是非、道德上的善恶、宗教上的正邪和审美上的美丑，只有听凭观众自家的思考了，任何耳提面命都是笨拙的。"——显然，"过客"的设定就意味着很难做出"是非功过"、"现实意义"、"历史教训"的客观评价了；"过客"化的对象也是在"过客"化了主体，这实际是直接针对"历史主义"和"古为今用"的历史剧创作原则，是对二十世纪五六十年代以来历史剧创作原则的反思与纠正，它强调了主体意识与"剧"的解放观念。对此，在《二十世纪中国学术论辩书系·中国戏剧论辩》中，田本相教授有一段非常有力的总结——其历史观有两个方面的变化：一是改变了过去历史决定论的观念，承认历史认识的相对性和局限性。过去的史剧家总是以史剧创作揭示对"整体历史"发展规律为己任。狂妄、自傲地搬用规律、套用结论。郭放弃了"宏大叙事"，理智地将史剧定位于传"历史之神"。二是改变了过去一味强调历史认识客观性做法，强调历史认识的主体创造性。将历史剧确定的目标定为"传达史剧作家在当今时代所感悟到的审美理想"。

既然历史人物的人性不再成为先天被决定的对象，而是需要通过故事来探索的对象，那么南唐故事中需要探索的人性究竟是什么样的呢？

《南唐遗事》主要塑造了三个人物：李煜、赵匡胤、周玉英。这三个人物都展示出了各不相同的个性，随着故事的发展他们之间的矛盾也在不同层面上得到发展：亡国前李煜与赵匡胤是强弱两国之主，政治上天然对立；南唐亡国后，李煜在政治上没有了对立的资本，成了北宋的阶下囚，但他的软弱与才华却组合成了另外一种难以压服的存在。李煜与周玉英看上去应该是"同一个阵营"的，亡国前展示两人的感情是情人的甜蜜、艺术的和谐，可是亡国后患难夫妻之间又难以互相宽慰，丈夫对于妻子的愧疚和对于国家的痛惜实际上都成为两人关系深处的冲突，终于到最后七巧之夜小周后被迫侍宴而大爆发。然而在这诸般重重矛盾之间，有一样东西却把三个人紧紧地"绾结"在一起，成为剧作家对于整体人物气氛的总体把握，即"不完满"感。

郭启宏说，我写李煜，是想写一种存之永恒的"不完满的人生"。其实，观罢该剧，这种不完满又岂止是针对李后主一人，三个主要人物都被一种"不完满"所笼罩、所影响，所定义。

李煜是真性情的化身。他的真性情主要体现在他的感情生活与艺术生活两个方面。在感情生活中，他以一国之君召纳小姨周玉英，但是这个过程中，他仍然保持着对于前妻周娥皇的敬意与爱意，剧作家并没有因为他的地位而使他表现得有恃无恐，反而在妻子娥皇发现了自己的情感隐私后，以一种感伤羞惭的情绪去表现。另外，妻子娥皇之死，其哭祭之文，也是痛彻肺腑，有感而发，处处见其真情（"愁千缕，恨万条，愧如川，悔似潮，心事儿难向苍天告，止不住，哭号啕！"）。剧中有两个非常有意思的情节小转折，人物之真写得极为细腻生动。一个小转折出现在第五场《丧变》。当时，李煜、周玉英及众文臣相继吊祭，陷入非常低沉的情绪之中：

    ［李煜上。

众　臣　还望国主节哀！
    ［李煜黯然神伤。
文臣甲　（默读诔文）官家这篇诔文情真意切，文采斐然，屈
    子贾生，不过如此！
李　煜　（顿时爽然忘忧）徐卿意下如何？
徐　谦　此乃四言间骚体，遗音绝响，曹孟德父子三人合力，
    也不及官家！
大臣乙　书法尤为精妙！官家独创金错刀体，遒劲如寒松霜
    竹，柔媚似艳李夭桃！
李　煜　（沉入艺境）过奖了！众卿看看，这幅挽词，用的何

　　　　　种毫管？

众　臣　（端详）不像寻常用笔……

李　煜　（莞尔一笑）是我将帛绢卷成管状，蘸上浓墨，书写
　　　　　而成！自名撮襟书。

　　　［众臣叹服，欣赏起诗书来。

《南唐遗事》剧照

　　　　这里并不是要表现李煜喜听阿谀谄媚之辞，骄傲自大；显然李煜也并不是对于妻子薄情易忘，他的痛彻是真实的，之前的哭祭仍然言犹在耳，可是在不经意间剧作家透露出这真实的痛彻中包含着另一样东西：于他而言，真正能化解生活中伤悲的只有一样东西，即艺术。一旦转到艺术的话题，他便能很快从眼前的俗世生活状态里跳脱出来，专心致志且迅速地沉浸在另一种世界体系里。这真是一个为艺术而生的生命，为艺术而真的性情。这种生命与性情的力量之大，即使是面对生活中最大的变故——亡国——亦未曾改变。从某种角度说，它是一种不自觉的力量，是人物不自觉的感受与下意识的反应。按一般理解，怎么可能还有比亡国比亡妻更让人感到沉痛的事呢？在国破家亡的境遇里，一颗多愁善感的心，遭逢人生双重的打击，往往痛苦得不能自拔，从而深陷悲苦与离愁，几乎不可疗救，可是，郭启宏反其道而行之，他要表现的是，如果国家、亲人在世俗世界里是不可随意替换的，是唯一重要的东西，一旦失去是不可缝合的伤口，那么对于李后主来说，艺术或者诗词却能够在另一个世界给予安慰，这种安慰暂时可以帮助主人公

承受那些无法承受的世俗痛苦。这样的转换会使人觉得，原本可怕的一切变得可以承受了。世俗生活中最大的失去也不再显得那样"必不可失"，至少不会再显得"不可替代"。如此力量几乎等同于宗教的力量。于是，我们可以说，艺术或者诗词或者文学就是李后主的宗教。

第二个小转折发生在第九出《论诗》，即南唐亡国后，李煜等人被掳到东京，做了违命侯。李煜终日填词作诗，寄托情怀，不想崇高的诗名却引来了赵匡胤的突然探访。

　　　　　［赵匡胤阅词，李煜、周玉英、徐谦俱提心吊胆。
　赵匡胤　满纸故国之思呀！
　李　煜　（冷汗淋漓）陛下恕罪！（跪地）
　周玉英　（亦跪地）是罪妇忽然想起江南，惹出他的乡情，陛
　　　　　下责罚我吧！
　　　　　［徐谦及流珠、漱玉等俱跪地。
　赵匡胤　这，这！（真挚地）哎，故国之思乃是人之常情！重
　　　　　光若不思念江南，真个乐不思蜀，岂不成了酒囊饭
　　　　　袋？快快请起，你我弟兄，无须如此戒备！
　李　煜　谢陛下！
　赵匡胤　（抚李煜肩）重光，词作极佳，只是过于哀伤，有碍
　　　　　身心呀！
　李　煜　（骤来精神）拙作尚未入乐，不知是否协律？

这种表现李煜对艺术挚爱的方式似乎很特别，没有选取其爱情美满，生活陶醉之时，没有选择人生得意之际，而是痛失亲人，强主威临之下，不经意间流露的艺术心肠，很符合他本性拙朴、不通世事的气质。难怪王季思先生认为"拙作尚未入乐，不知是否协律"，一笔便道出了此人心无城府不识烟火的三昧，堪称是人性之笔。

李煜的"不完满"与作者对其真性情的复杂态度有关，也与形象塑造的基本手法有关，即"将真性情置于极度的磨难之中"，"写李煜真的人性与帝王权位之间不可调和的矛盾冲突"。在李煜身上最能体现一

句古语:"国家不幸诗家幸"。一面是亡国之君,一面是杰出的词人;国家沦落了,生活摧毁了,但是艺术的境界却打开了,升华了,帝王的大不幸人生的大不幸,却正在他身上造就了作为词人的大幸!作为词人的大幸,恰恰又与其作为帝王的大不幸密切相关,何去何从,何取何舍,其中隐含着反射在人物身上的历史的残酷与悖论。从某种程度上说,李煜的一生直至结局正是这种"不完满"的体现,有着强烈的戏剧效果与动人魅力。

《南唐遗事》剧照

李煜的形象对立面是北宋皇帝赵匡胤。这位中国历史上赫赫有名的"宋太祖",一直以来都被认为是一代雄主。他结束唐末战乱,统一全国,堪称居功至伟。作为那个时代的风云人物,无人不在其掌控把玩之中。"弱弱"的南唐后主根本无法与之较量。赵匡胤在人生的舞台上是极得意者,位至人君,统领万物,李煜只不过是他阶下之囚,见了他也只有唯唯而已。可是就是这样一位至尊至显之人,却也拥有高处不胜寒的"不完满"——难以忍耐的感情的饥渴。第十出《邀宴》一开场,便有体现:

〔大内便殿书房。墙上挂《虞美人》词。
〔赵匡胤伫立吟咏。
赵匡胤 (感触万端)李煜虽然悲苦,犹能寄情诗词,更有周
　　　玉英生死与共!看他们那日情状,真如涸辙之鲋,相
　　　濡以沫,反让人称羡不已!想俺匡胤,虽有万里江

山，却未有一心之人！眼前六宫佳丽，无非红粉骷髅，从未有过周玉英那样的人……（忽然，眼睛闪出异样的光彩，那是钩沉的喜悦，辽远的往事渐次涌出）哦，有过的，有过的！好是蒲州女子赵京娘呀！
（唱）蓦地忆年少，
　　　走千里，送京娘，
　　　晓行夜宿，
　　　温玉软香，
　　　曾几度心头小鹿撞……
　　　可怜赢得美名扬！
　　　今日细思量，
　　　几多惆怅，
　　　为江山销铄了柔肠！
　　　为江山销铄了柔肠！
　　　再回头已百年身，
　　　何处觅京娘？
（一阵兴奋过后，转成悲怆）
……

曾经的美好记忆与现实的失落形成巨大落差，加强了人物的嫉妒之心，也造成了人物心理的失衡。

赵匡胤　（醉眼蒙眬，挥去舞姬，笑嘻嘻对周玉英）闻得声艺出众，清歌一曲如何？
周玉英　（冷漠）呕哑嘲哳，有污圣听。
赵匡胤　（皱眉）莫非嫌俺匡胤是个粗人？
周玉英　（依然冷漠）非也！
赵匡胤　（逼近一步）既非嫌俺，就该献歌！
周玉英　（微愠）周玉英实难从命！

赵匡胤 （仿佛刚刚认清对方）你是周玉英……（厉言正色）
君命谁敢不从！
李　煜 （降志辱身）玉英，我来吹箫……
周玉英 （倔强地）玉英非是寻常歌姬！
赵匡胤 （掷杯）大胆！
　　　　〔周玉英木然而立，李煜瑟缩不已。
赵匡胤 （大怒）哇呀呀呀！
（唱）抑不住胸胆开张，
　　　止不住青筋暴涨，
　　　俺驭得千军万马，
　　　驭不得一娇娘？！
　　　偏教你启朱唇执牙板，
　　　为俺佐酒千觞！
　　　　〔李煜惊怖伏地，拉周玉英衣袖，周玉英缓缓伏地。
赵匡胤 （见其狼狈情状，转生恻隐）呀！
（唱）她自幼锦衣玉食娇养，
　　　几曾见蝶浪蜂狂？
　　　看李煜惊惶万状，
　　　俺直是探怀大索的田舍郎！
（心生愧意，颓然跌坐，复揽镜自叹）
　　　想匡胤丰功就，心彷徨，
　　　欲复萌，鬓已霜，
　　　此生付出尽多难补偿！
　　　称孤道寡，
　　　犹输与涸鲋情长，
　　　金山银穴，
　　　换不来生死鸳鸯！
　　　不由俺积愤满腔，
　　　妒煞李重光！

110

赵匡胤的"不完满"与他的身份有着重要的关系。与李煜不同，他无论从内心还是外表都是一个高高在上的君王，是权力和地位的化身。在他身上，作者有一种对于权力的放大与思考，这种思考是围绕着一个核心问题表现出来的，即权位与人性的不可调和的矛盾冲突。简单地说，权欲导致人性的异化，"天平的一端越沉重，另一端就越轻飘，倾斜否定了均衡。"这集中体现在当他在付出了青春、情感、热情，登上了一心追求的权力顶端之后，他感到的孤独与失落。当他意识到这种失落，他会希望自己重新去获取，为此不惜采用暴力。但暴力并不能弥补精神上的空虚，越是希图通过强权通过霸道通过外力来达成，越是发现离目标更远，内心越是受到折磨。"愧意"、"颓然"、"自叹"等词汇体现的就是这种心情。

与李煜、赵匡胤相比，小周后的形象更多的来自于作者的想象与创造，而且通过她的可怜的命运，她的无奈与羞辱折射出来两个男人的悲剧。换句话说，你可以通过她看到李煜作为丈夫的懦弱、失败、挫折，也可以通过她读解到赵匡胤作为索取者的扭曲、失态、自卑。

周玉英形象的塑造分成前后两个部分。前半部，她是一个纯情的少女，重点表现了她和李煜的感情生活，在偷情、暗恋的过程中表现一个女子在感情上的执着与可爱。当然，因为这种感情比较特殊，李煜本是周玉英的姐夫，所以这样的关系与情感要表现出美好的情愫来，需要掌握好一定的分寸。李煜是风流天子，情动于衷，有艺术化的无法自制的情感追求方式；而周玉英似乎比李煜更加大胆，更加无视礼法。有趣的是，这种无视礼法，并非因为周玉英有着反封建礼教的叛逆性格，"恰恰因为她未谙礼法，才葆有那种纯

《南唐遗事》作者与导演夏淳

情的天真。"到了戏的后半部，周玉英成了李煜正式的妻子，国破被掳，周玉英也成了一个多难的妇人。她自身的命运开始失控，走向悲剧。为了突显出其中"美好的东西被强行撕碎"的悲剧意蕴，作者进行了一个重要的关目虚构，即最后一出《乞巧》，表现的是赵匡胤强占周玉英、毒杀李后主的情节。虽然据《十国春秋》载，强占、毒杀之事均出自赵匡胤的弟弟宋太宗赵光义，但出于戏剧结构的需要，以及人物性格、人物心理的内在逻辑，将之集中在赵匡胤身上未为不可，尤其是通过关目的虚构，强化了人物内在的矛盾与心理的刻画，具有"传人物之神"的独特意义。

相比于剧作家对于强占、毒杀情节的"移花接木"，更重要的情节虚构、更大胆的情节创造，其实应该是第四出《邂逅》，即两个帝王在扬子江边第一次邂逅相遇的场面。这不同于后来李煜成了阶下囚时再见赵匡胤。由于赵匡胤乔装改扮到江南打猎，而李煜正巧在巡游祭江，从实际形势上看，相见的强弱之势正好与后来的情势形成了一个颠倒关系。这是一种有趣的场面关系的对比，在这个对比中间蕴含了作家对人物性格的刻画。那么，他们是如何相遇的，又在这场不期然的"遭遇"中，因其性格差异表现了怎样的人物风貌呢？

  赵匡胤　（倏然醒转，泰然自若）俺赵匡胤，这二位赵普、
      曹彬。
  李　煜　（离座）呀！
     （唱）他果真神威天表，
       更骏马秋风胆气豪。
       俺一如泥塑木雕，
       惶惶然心惊跳，
       茫茫然失落荒郊……
     （强作镇定）呃，不知中朝皇帝驾到，有失远迎……
     ［徐谦欲下，被曹彬缠住。
  赵匡胤　不必客气。哈哈哈！
     ……

徐　　谦　萧老将军，（指赵匡胤）这位是……

萧焕乔　打猎的！

徐　　谦　（焦急地）他不是……

李　　煜　（急拦）徐大夫！……萧老将军你巡江去吧！去吧。

萧焕乔　遵旨。（下）

李　　煜　陛下，萧将军是个粗人，出言不逊，多有冒犯，还望海涵。

赵　　普　不知者不怪罪。

赵匡胤　无妨，无妨。

李　　煜　两国其实唇齿相依，巡江不过搜捕小贼而已……

赵　　普　陛下，时候不早了！

李　　煜　呃，陛下回朝，李煜派人为陛下领路。

赵匡胤　不必，不必……

〔大太监慌张跑上。

大太监　官家，国后突然病重了，只怕……

李　　煜　（一惊）啊？（转向赵匡胤）内人病重，容李煜先行一步，告辞了！

赵匡胤　告辞了！

〔李煜一行急下。赵匡胤等三人望着李煜远去，长吁一声，擦去冷汗。

赵匡胤　（唱）莫道是履大江一如平地，
　　　　　　　小河沟也淹得弄潮儿！
　　　　　　　今朝偶遇李重光，
　　　　　　　俺对他竟有些儿欢喜。
　　　　　　　看他阅世无多，
　　　　　　　一脸儿书卷气，
　　　　　　　似白璧无瑕心地，
　　　　　　　只为着偏安一隅。
　　　　　　　倒叫俺销了豪气，
　　　　　　　直觉得伐无罪心游移……

《南唐遗事》曲谱

《南唐遗事》曲谱

本来是敌对的双方，此时此刻却跳出了现实的利害关系，变成了一种"超然物外"的审美，以至于竟互相赞赏起对方来。这个虚构的场面非常特别。野史中曾载，李煜派人入宋绘制过过赵匡胤画像，观瞻之时，他竟为赵匡胤的"神威天表"所慑服，"忧惧不知所为"（参见《十国春秋》）；赵匡胤亦曾在品味李后主辞章之时，发出过"好一个翰林学士"的由衷赞美。另，通过这样突发的特殊情境下人物自发的情感反应，实际上也表现出人物内在性格中不太为人所知的一面，或者说人物精神世界里很难在正常状态下表达的内容，通过非正常的情境营造激化出来，使观众产生出某种信服感。

　　另外，这两处重要的关目构思，还不仅仅是剧作家创作技巧的运用，它根源于郭启宏本人重要的戏剧思想，即创作"传神史剧"，及如何实践史剧"传神"的方式。郭启宏将新中国成立以来我国剧坛上的新编历史剧创作概括为这么几个阶段：演义史剧、学者史剧、写真史剧等等（具体内容在第八章里将重点阐述），他以为，进入到八十年代，在新的历史观与戏剧观观照下，史剧创作会进入一个新的阶段，郭启宏将之命名为"传神史剧"。传神史剧简单地说，就是要求内容上熔铸剧作家的现代意识和主体意识，在形式上则寻求"剧"的解放。分别体现为传历史之神，传人物之神，传作者之神。这两处关目的处理，尤其是第二个虚构，很能够体现传历史之神与传人物之神与具体历史、具体人物在创作中的辩证关系。应该说，它是剧作家史剧创作的传神理论的重要实践。

第七章　诗歌精神剧中人生:《李白》《司马相如》

第一节　《李白》是一个心结

在中国传统文学、古典诗歌史上,有一个名字几乎就代表了文学与诗歌本身。在很多人看来,他本人就是诗歌与文学的化身。这个人就是李白。李白是诗,是酒,是月,他以他一身浪漫的行迹与诗篇成为浪漫派的经典形象,他也以这个形象成为千百年来无数中华文人心中的梦想。放达、洒脱、笑傲权贵、才情通天——这既是生性浪漫的文人追求的境界,也是人们对李白寄予的最重要的想象——无论真实或是妄想,无论成功还是挫折,李白是千百年来文人共同的精神生活的象征。

《李白》主演濮存昕

郭启宏心中也有这么一个心结:

> 我落生在书香门第,从小熟读诗词。在古典诗人中,我最崇拜的是李白,不但可以把他的许多诗篇倒背如流,而且十分敬佩他的人格。……在我的想象中,李白是一个佩带长剑的伟

丈夫，浓眉大眼含秀气，锦心绣口有侠气，吟诗时旁若无人，醉酒时玉山倾颓，青眼向朋友，白眼对高官，我钦敬之至！

但是作为一个创作者，郭启宏并没有仅仅停留在一般化的崇拜上。他对李白的理解有一个"否定之否定"的过程。第一次"否定"来源于李白所写的一些含有谀词的文章及一些负面的史料。比如李白的《与韩荆州书》，大唱赞歌有过分的奉承，另如唐玄宗对李白本人某些较为"客观"的评价："此人固穷相"，"非廊庙之器"，等等。甚至李白后半生里不识时务、不察秋毫，成为永王政治斗争的牺牲品等等，郭启宏最初接触这些史料时，心情非常郁闷，好像它们"有意"破坏了一个美好的梦想。不过等沉下心来，渐渐能够理性地面对时，反而增加了他对这位大诗人内在心灵的理解，并真正走进了李白的世界。王国维说

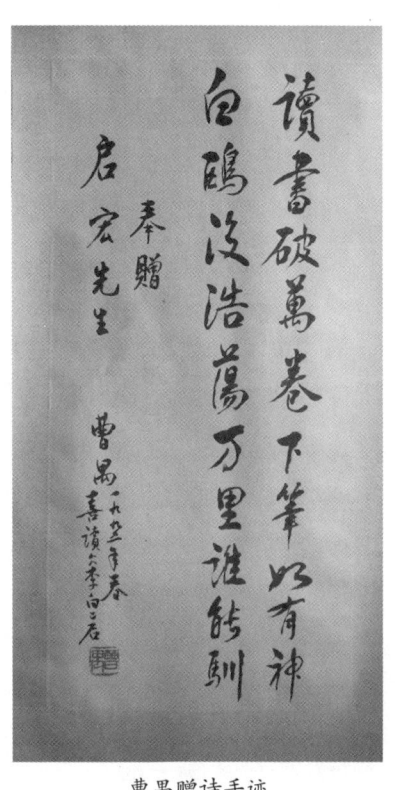

曹禺赠诗手迹

"诗人对宇宙人生，须入乎其内，又须出乎其外，入乎其内，故能写之；出乎其外，故能观之。入乎其内，故有生气；出乎其外，故有高致"。郭启宏对李白的认识正是在此，从"入乎其内"进入了"出乎其外"。

该反省的是我自己，是我自己陷入认识的误区，眼里只见表象上的飘逸，看不见实质上的沉重，是我自己心造了一个完美无缺的李白。李白有着人们不曾注意到的另一面原本很自然。我反躬自省，难道自己不曾言不由衷地阿谀奉承过？不曾热衷过功名利禄身外之物？不曾由于缺乏自知之明而做过蠢事？不曾心造过自家飘然的幻象？经过否定之否定，我自觉理

解了李白，理解了他的生活形态、思维方式、行为准则以及立身处世的种种正常和不正常，理解了他的美点，也理解了他的瑕疵。

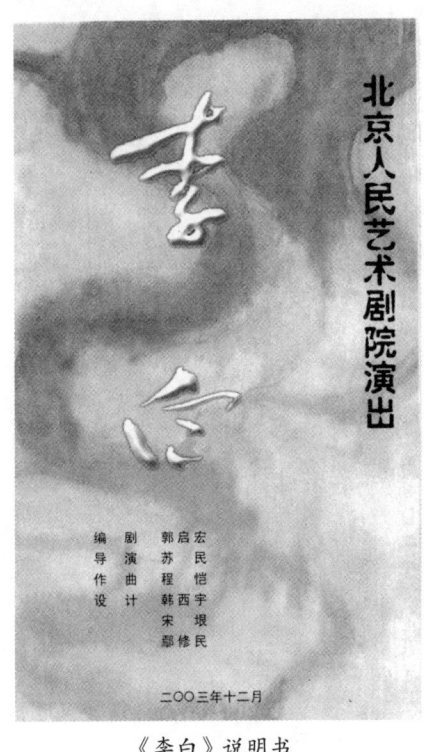

这一段认识李白的心路历程郭启宏写得非常真实恳切，因为它不仅是一个把认识人物与认识自己相结合的过程，也是一个把认识历史与认识现实相结合的过程。郭启宏曾言："过了一段时间，现实生活中的一次不期而至的契机使我看清知识分子原本是如此脆弱，我猛然醒悟了！"——我想，知识分子认识自我的"契机"，从来都不缺少。它始终存在于我们的身边，随时提醒着我们警醒与反思。正是有了这样的思想基础，李白已经不仅仅是李白了，郭启宏已经开始感受到，在李白身上折射出来的中国自古以来的文人品质与命运元素，这将会是戏剧李白的形象的种子。

《李白》说明书

想一想，李白是一个极富性格的人物，这样的人似乎是天然的故事主角。唐代以后他成为诸多演义、小说、笔记、戏曲传奇里的主人公。用李白事迹作为题材入剧，元明清三代保留下来的戏曲作品约有26部，其中不乏我们熟知的大家、名家，如马致远、郑光祖、乔吉洪昇、尤侗、杨潮观等等。郭启宏在做案头工作时便已发现，这些创制有一个共同的问题："没有一部从永王璘切入，这让我感到深深的遗憾。究其原因，大概是把'从璘'当作'从逆'了吧？"（郭启宏《重排〈李白〉感言》）——其实也未必都出于政治原因，还有一部分原因可能跟文人们的需要和人们的想象有关，即人们更需要也更愿意去想象一个浪漫化

的李白，而有关李白的诸多事迹中，他前期的生活更适宜于这样的想象。如《沉香亭》《清平调》之类，便是集中去表现其从奉诏进京到赐金还山的过程。沉香亭畔醉草《清平调》

与濮存昕、陈小艺等在上海

三章，高力士脱靴，杨贵妃捧砚，让人津津乐道。不过人们熟悉的那个"醉醺醺的李白"与郭启宏此时重新检讨历史后在心中建立起来的李白形象已经大相径庭，貌合神离。他不想创造一个轻轻飘飘的浪漫文人的形象，甚至渴望打破别人心里和他原来一样拥有的那个极为浪漫的形象，击碎那个"仙风道骨"、"飘然出世"的文人神话，这就是郭启宏的创作"野心"与胆量，而他就是这么做的：他一改过去对李白后半生的"漠视"，选择了李白晚年大约六年间的一段生活遭遇："从李白再度出山入永王幕写起，中经浔阳狱、长流夜郎、白帝城遇赦、隐居当涂、请缨从军，至捉月沉江止，其间跌宕起伏，交错着入世与出世的哀乐悲欢，这一条'戏剧链'适足表现我心目中的李白。"应该说，郭启宏要创作一部以李白为名的话剧，创新思路自开格局，会激起多少的议论，带来怎样的批评，他心里是有准备的。他知道，写李白就是一次挑战。

  有说是只写后段放过前段不免让人遗憾，我以话剧的长度有限，只能截取最有价值的部分为由作答，心里却想，即使有了更长的篇幅，写前段也只是为后段作铺垫。我写作前曾遍查历代杂剧传奇，写后段的仅有元人王伯成杂剧《李太白贬夜郎》，而且仅写其中的一小节。看来这个后段仍然是等待开垦的榛荒之地，我私心里更愿意接受"拓殖"的挑战。

第七章 诗歌精神剧中人生：《李白》《司马相如》

119

就这样，1990年，50岁的郭启宏写下了一个同样知天命的李白。

第二节 《李白》的结构之辨

用心的剧作家没有不关心戏剧结构的。
郭启宏深有感触地回忆道：

> 由思想（或曰念头、想法）而素材，由素材而题旨，由题旨而事件、情节，演绎成戏，靠的是结构。结构的艰难非此中人无法想象，仅就工作量而言，至少占一半以上。在创作过程中，我朦胧地感到，这出戏的结构将迥异于我以往任何一部戏剧作品。或许只有事成之后才能理性地进行总结，乍看来，仿佛开放式结构，实际上是轴心轮辐式或曰主干分枝式结构。轴心或主干是李白，轮辐或分枝是其他人物。

《李白》上演之后引起了很大的社会反响，不仅观者如潮一票难求，也成为北京人艺的代表剧目。在有关该剧结构的各种讨论中，郭启宏最认可评论家蒋星煜的观点"所有框架结构几乎完全不同于一般的话剧，而是较接近于戏曲或西方歌剧"他说："蒋先生的文章使我想起李笠翁的戏'为一人一事'而设，'立主脑'的旧论转出新生面，又使我想起西方歌剧《茶花女》和《弄臣》来。这倒是始料所不及。"

其实，认为《李白》接近于"戏曲或配方歌剧"，其是一种大致的感觉，还需要进一步的辨析。简单梳理一下戏剧结构的发展历史，可以看到，人类戏剧大致形成了这么几种结构样式：

一为纯戏剧式结构，又可称为古典戏剧结构。此类戏剧结构在西方戏剧的发展史上占据着最显赫的地位。它开创于古希腊悲剧，经17世纪法国古典主义悲剧严格且系统地规范化后，在19世纪易卜生的"社会问题剧"中更加完备。纯戏剧式结构简单地说，非常生活化、讲究情节、地点、时间上的统一性，人物设置经济，大都贯穿始终。往往以一家人为主，"围绕着一个处于全剧焦点的结——或是重要的秘密，或是紧急事件——展开冲突，不仅全剧是一个集中的冲突，大部分场面也都由人物之间的冲突来表现，将亚里士多德所谓的'行动的统一'表现得特别突出，剧中交代、发展、必须场面、高潮、结局各个层次较为分明"（孙惠柱《第四堵墙：戏剧的结构与解构》），浑然一体不可分割。

二为史诗式结构。这类结构是文艺复兴时期西方戏剧最有代表性的结构，代表人物就是英国的莎士比亚。史诗式结构往往以一人为主串起许多零散的场面——"一个主人公，主干明确，而依附于主干之上的枝蔓却很繁杂。主人公和他的对手多有冲突，这冲突或是忽隐忽现地贯穿始终，或是过五关斩六将如走马灯一样变换。整个过程都比较长，可以较为自如地展现各方冲突的准备和结果，而不一定以冲突的正面表现为主。"（《第四堵墙》）正因为史诗式结构较少受舞台时间、空间的限制，大都在二十场以上，场景自由多变。到了20世纪，著名的德国戏剧家布莱希特的戏剧理论中"叙述体戏剧"可以说是该类戏剧的在新的时代一次重要的发展。

三为散文式结构。此类结构成熟于19世纪末20世纪初的俄国。代表作家是契诃夫。这种新型结构在"线索多而松散这一点上是继续了对纯戏剧式结构的反动，而比史诗式结构走得更远；但在场景少而集中这一点上又是对史诗式结构的反拨"，看上去它像是用纯戏剧式结构的集中场景来表现史诗式结构的人物感觉与生活内容。散文式结构的一般特点是："场景集中而无须多变，人物较多而关系不必紧密，人物之间错杂有各色各样的矛盾或冲突，分散而不集中，多片断而少贯穿；剧中往往难以找出逻辑高潮，但可有情绪高潮，因为全剧的主题在一个统一的气氛和情调中体现出来，其着眼点是从整体上反映出一个社会局部的面貌。"（《第四堵墙》）

还有一种可称为诗式结构。此类结构的源起是梅特林克所倡导的一种"静态剧"的理论。战后在风起云涌的荒诞派戏剧运动中蔚然成风。其结构特点是，"不讲究人物和故事逻辑，主要根据作者的意念和情绪，自由地组接一系列连贯性少而跳跃性大的符号"（《第四堵墙》）。该类型弱化情节但强化气氛和情感状态，甚至会故意不要情节或者性格刻画。

虽然有关戏剧结构的探讨还在进一步深化延展，总体而言，这四类结构基本概括了戏剧结构的主要形式。蒋星煜似乎是将《李白》归之为第二类即史诗式戏剧。因为该剧同"戏曲"的表现方式非常相似，场景转换不拘，又同时像莎剧一样有着大量精彩的内心独白与抒情式的人物性格刻画。除此之外，《李白》又有很多地方很象诗式结构，情节弱化，强调内在予值的发展，外在冲突居于次要地位。这就是郭启宏称《李白》为"心理剧"的原因所在——虽然全剧也展现了李白与宋康祥、惠仲明、永王、妻子等人在观念、道德、政治上的分歧，但是更重要的矛盾还是在"此李白对彼李白"，在李白自己对自己的矛盾心态中，从儒从道，入世出世是所有矛盾的本质，那些牵涉到的忠奸、善恶的斗争只是局部与表象问题。就这样，结构的问题被深刻地反映在了人物问题上。正是因为此，郭启宏对于此剧中人物阵营的划分和一般的看法是截然不同的：

作为《李白》编剧的郭启宏与导演苏民、评论家蒋星煜

全剧人物众多，除李白外，其他人物可依入世与出世两种人生态度，大致分为两拨：前者为永王、惠仲明、宋康祥、郭子仪，包括栾泰和幕僚们；后者为宗琰、吴筠、腾空子、韩娘、孙二，包括纪许氏和渔翁等。必须说明的是我以人生态度划分，不必政治态度甚至不以道德品质划分，这应该是主题之所划定。比如郭子仪与永王，政治上敌对，道德上相去甚远，但他们在入世这一点上是相同的。

我认为以上这段话非常重要，不仅仅在于他揭示出该剧的主旨——"进又不能，退又不甘"，"悲剧在进退之间"（何西来），无法在人生理想的安顿与社会理想的实现之间求得诗的平衡，只能求得诗的表达——更重要的是，它使我们意识到，该剧的人物刻画一定不会有非常明显的善恶报应、道德评判，该剧无论正面一点的人物或是负面一点的人物都会最终服从结构的要求，把真正选择交给主人公自己，给李白的进退留一条不是社会决定的而是自己内心意识决定的人生境遇。对于道德上有亏的人，也许作者会想办法通过情节来减弱这种"亏欠"的色彩；对于有恩有助行善之人，也许作者又会让其显得有些行为未必对主人公"完全合宜"，甚至有可能好心办坏事。等这些行为都"扯平"了，主人公的那颗历经动荡的心才会做出一个值得回味与思考的选择。所以"不以政治态度来划分"，而以"人生态度来划分"这是一句非常重要的断语。人物的问题反映的实质是结构的问题。正是基于此，为了减少人们在"好官"或"坏人"问题上纠缠，而失去对问题本质特别是李白内心纠结的关注，郭启宏一直"耿耿于怀"原稿中对宋康祥与惠仲明的一些重要的特别的刻画被最终删去了。

宋康祥在郭启宏的设计中是一个城府极深的大吏，并不是一般意义上的好官。在《〈李白〉梦华录》中，郭启宏保留了一小节原稿中的被删的"触及灵魂深处的"戏。在这段戏里，作者主要是说明惠仲明以宋康祥为了减轻李白的罪名而窜改"随行"为"胁行"的行为相要挟，希图宋能够给他升官。后来惠仲明果然得到升迁，但没过多久，便被宋杀了头。实际上这段戏被删掉是为了使宋的面目"正面"许多。惠仲明虽是道德上的小人，但作者在初稿中却要写他向李白忏悔：

   ["太白兄！等一等！"惠仲明高喊着，他披枷戴锁与
   押差一现同行来。
 李　白　（一惊）惠仲明？
 惠仲明　见到你太好了，免得我把话带到九泉下！
 李　白　（心中泛起悲凉）李白洗耳恭听。

[老渔父见状端酒上岸，吴筠为惠仲明斟酒。

惠仲明　太白兄，那首害得你长流夜郎的诗——《永王东巡歌》第九首，是我无心的伪作！你一定要公诸世人，你李太白没有那样劣败之作！

李　白　（恩怨俱泯）不必了！李白也常有败笔！一些看来文采缤纷的文字，像《与韩荆州书》，简直就是拍马屁，那不更是劣败之作吗？

惠仲明　（恳切地）先生如果不公诸世人，后世千秋就说不清楚了！

李　白　（喟然长叹）古往今来有多少说不清楚的事啊！青史上留下的不过一停，好九停呢，知道它的也许只有头上的明月！

吴　筠　（呷了一口酒）明月也只知道一半。

……

惠仲明　太白兄一定觉得仲明为人奸刁狡诈吧？仲明出身贫寒，小时候受尽权贵欺凌，立志翻盘。我发愤读书，到底中了，总算跻身官场。这些年我心中抱定一个忍字，蒙污含垢，计谋用尽，可到头来还是落得……请相信一个死囚的话吧！……

《李白》剧照

这样的戏之所以最终因为"枝杈"而被删掉，显然是由于它不利于"反面"地表现惠仲明这样的人物，正如之前的戏不利于"正面"表现宋康祥一样。它看上去像是要让李白与他的敌人——一个道德上有亏的人合好似的，自然"应该"去掉，可是没有它实际上是回避了原剧本质上强调李白的内在矛盾，不纠缠于李白遭遇的政治、道德冲突这个特点。

所以本戏虽看上去还保留了戏曲故事中常见的忠奸善恶之争，但是骨子里并不是戏曲的套路。他强调了人物内在矛盾对于故事展开的结构上的意义。虽然总体来看，它接近于西方戏剧理论中提到的史诗式结构的特征，但在情调与气魄上又带有不少诗式结构淡化外在冲突、淡化情节要素，强调并且夸张表现出某种情绪气氛的特色。这突出体现在本剧最后一场即第九场的设计上：李白虽然因为郭子仪的到来一时兴起又想要以六十高龄投身行伍，可是却一瞬之间，遽然梦醒。从第八场无言独立，剧情突然跳跃到了第九场李白与渔父豪饮，科头跣足捞月投江的场面中。看上去第九场就像是突然"跳"出来的一场，并没有连贯地企图去为之前八场的内容收尾，也没有为那样的人生困顿去做一个悲剧性的收场，而是猛然把李白放在一个空灵的境界——或者可以说是把李白放了李白自己的诗里——去单独表现之前一直压抑又时时绽放的诗人情怀。这种情节上的跳跃，如果说仍有着剧的内在连贯，也是因为诗式戏剧那种情绪的连贯、情感气氛、诗性哲理表达高于情节一致的要求产生的。也因为此，在第九场中可以大量地自由地运用想象、幻觉、独白、无理混乱的语言、自在超脱的想象、不羁夸张的行为以及各种层层叠加的象征性极强的道具——这些都是极强的诗式戏剧的特色：

《李白》排演场　濮存昕和顾威

老渔父　天地都爱酒？（笑着摇头）
李　白　天若不爱酒，酒星不在天；地若不爱酒，地应无酒

泉。天地既爱酒，爱酒不愧天！三杯通大道，一斗合自然。但得酒中趣，勿为醒者传！（哈哈大笑）

［明月的清晖洒落在水面上，漫江如霜如霰，如玉如银。江心分明一轮圆月，格外明亮皎洁。

［李白倾杯豪饮。一阵燥热，除去乌纱幞头巾，脱却金钱盘花官锦袍，露出紫道袍。

［隐约间，吴筠画外音："锦袍其外，道服其里，既可合，又可分，太白兄练达得多了！哈哈！"

［李白大笑，脱下紫道袍，干脆连靴子也脱了下来，浑身上下一色素白。

李　白　（立船头举杯邀明月）明月！明月！你是玉盘？是冰轮？是天庭的灯？是瑶台的镜？是有形的诗意？是无声的歌吟？我在问你呀，明月，明月，你说天地间什么最公正？

［万籁俱寂。

［忽起吴筠画外音："三界内外，惟道有尊，道最公正！"

李　白　不！光阴最公正！它对所有人一视同仁，它不会因为你权势显赫而低眉奉献一分，也不会因为你道德高尚而额外加恩一寸！（大笑，复倾杯）

［水拍长天，雁叫芦花。

李　白　好一片芦苇荡呀！噢，原来是月亮里桂树的影子！

［宗琰画外音："夫子你看长江边的芦苇，风一吹来，芦花随风摆动，聚了又散，散了又聚……聚也是散，散也是聚！"

［木鱼声轻轻飘来……

李　白　（复举杯邀月）腾空子！别来无恙！

［腾空子画外音："我很满足。"

［李白在听月。

［腾空子画外音："大悲凉和大欢喜一样教人满足，就像今晚这满圆的一轮！"
［复归寂静。
［李白把剑插入水中，轻轻搅动，只见一轮皓魄，散了又聚，聚了又散，波光与月色齐辉，一片粼粼……偶尔传来轻吟低啸的风声，不时响起柔波拍舷声，泼喇喇鱼儿跳浪声，隐约可闻诗的格律声：平平平仄仄，仄仄仄平平，仄仄平平仄，平平仄仄平……

第三节　如何"空灵"

《李白》初稿写成后，原本由著名表演艺术家于是之出演，不想事与愿违，因病错过。可是于是之对于该剧风格的最终形成有着重要的影响。郭启宏曾多次回忆于是之初读《李白》初稿，对导演苏民与郭启宏说的那番话：

> 我只有一点不满足，这个戏少了点空灵。看着我发呆的样子，他补充说：我这是难为作家啦，我只是觉得，这个戏和别的戏不一样，李白和别的人，别的诗人比如杜甫，也不一样。空灵，好一个空灵！我为之辗转反侧，食不甘味，修改复修改，苦苦追寻了 12 年！

（摘自郭启宏《寻找空灵》）

熟读中国古典典籍的郭启宏知道，"空灵"其实是中国古典美学的一个概念。它来源于古代诗论中的意境说，所谓"境生象外"、"象外之象，景外之景"，"味在盐酸之外"，等等。不过这些都是诗论，不是剧论。而且显然"戏剧的现实与空灵的追求是相互矛盾的"。难道是于是之先生的观点错了吗？应该相信并且尊重艺术家的直觉，特别是那些有着丰厚阅历与极强艺术感受力的艺术家的直觉。郭启宏知道，于是之是

《李白》剧照

在"出难题",但是这个难题恰恰对于《李白》很有价值,是以一种高屋建瓴的方式希望这样一个以中国第一诗人为主人公的戏能够表现出中国文化的神韵内容,尤其是表现出中国传统文学的代表——诗歌的神韵来。换句话说,郭启宏最初所考虑的李白身上反映出来的那种共性的内容:传统知识分子的困顿与忧虑之外,于是之更关注作为李白这样一个人物的特殊性。可能于是之先生这种艺术直觉的潜台词里还包括这样的内容:如果是写其他古代诗人、学者,这种共性的关注可以多一些,但是如果是李白,恐怕就不行;对于李白而言,不能忽视这个人物在中国普通老百姓心中那份象征意义。即使是写李白"不太光彩"的后半生,即使是写李白并不如意并不风光并不潇洒的困顿生活,也不能绕开那个基本的形象。总之,不围绕着诗来写李白,对于这个人物有些说不过去,对于这个戏的总体感觉也会缺些什么。应该在这个永远占有特殊地位的中国最著名的诗人的戏里,写出中华文化最基本的美学追求,最理想的美学境界,如果《李白》剧都不能做到这一点,那不是太可惜了吗?

于是之的提醒看似"轻灵",实却沉着,令人沉思。郭启宏知道自己的创作要有一个大的飞跃了。

他首先意识到,应该使该剧的结构适合去

与于是之夫妇在汕头

表现"空灵"。而以李白为主干,"两边枝丫是出世和入世的人物,这两边的人物既是他们自己,同时又是李白思想的两翼,也就是说,主干的自我矛盾,即此李白与彼李白的矛盾,决定着参天大树的走向,时或外化为枝叶的纷披与婆娑。这种结构使得《李白》成为一部有着强烈矛盾冲突的心理剧"。同时,应该在每个戏的情感关节处,让李白有一个尽情抒发的场面。

比如,当李白得知赶走了腾空子是赶走了唯一的希望后,内心的愧悔无以复加。他木然地说:"今晚上不会有月亮了!"然后仰天长啸:"雨,你是什么?你是苍天的泪,还是我心中的泪?啊不,你不该是泪,你要变作洗冤的水!"

再如,李白白帝城拜别长江,戏剧冲突已经营造了一个诗的意境,面对长江,李白念出的一段二百六十多字的大段独白有如长江之水浩浩荡荡,一泻而出。当然更有那段最后一场戏里,李白对月

《李白》剧照

抒怀,在诗酒月之间尽情畅想,诗性酒性相融合相迸发。

由此基础,郭启宏进一步思索戏剧的空灵——"心理剧不等于大段独白或者即兴朗诵,心理剧不能成为拒绝戏剧动作的'盾牌'。"它更重要的表现是一种对于特殊戏剧感受的整合和驾驭能力,具体地说,它能将戏剧情境中的虚和实在某种场面中实现一种不可思议的统一。比如李白与妻子宗琰分别的戏。当李白决定再次出山,六十高龄仍要追求那驰骋沙场的政治梦想,妻子宗琰见阻拦无用,决定放弃劝说,并且主动离开他入山求道。因为同时作为现实生活的文人李白无法克服那个心结,即使有再多的挫折他也不会真正失去那个梦想,于是便有了一场叫作"情投意合的诀别"——"分明是诀别,偏又是情投意合!这显然有别于一般戏剧高潮的设置,它可能创造出一种意境,由实境引入虚境,使象与境即实与虚、有限与无垠、个别与一般得到辩证地统一起来。当宗琰说到'你身在仕途的时候,无法忍受官场的倾轧;一旦纵情于江湖,你又念念不忘尽忠报国。你是进又不能,退又不甘'的时候,李白颓然长叹:'入木三分,入木三分啊!'戏剧到此,思想的高潮已经呈现,动作似可打住;然而,宗琰由此生发出的'字的灵性'的余论、芦苇聚散的禅语,还有李白舞剑高唱的《大鹏歌》,更把观众引入一种含蓄蕴藉的境界,这是一种情景交融的艺术形象和它所引发的想象的形象所构成的虚实结合的境界,于是观众欣喜地发现并品味着'思与境偕'之趣。"

值得一提的是,此处"情投意合的最后诀别"乃是作者仔细比较了数位文学史家的考证推测后,采信的是郭沫若的假说。我想,这样的比较与考证,并不是因为它有多么准确或者多么符合历史,对于郭启

与苏民、濮存昕父子同获奖

宏而言,更重要的原因在于它很能体现出一种特殊的戏剧性——"最后诀别的必然性与情投意合的暂住性形成强烈的矛盾,这正是戏剧性之所在!""这也决定了戏剧高潮的形成不仰仗于强烈的外部动作,而须借助于人物的内心冲突与业已外化了的性格之间的碰撞。"

另外,细心的观众也不难发现一个现象,在《李白》的舞台演出中,不仅运用到了灯光、舞美效果、舞剑、歌唱、吟诵等各种方式来表现诗歌的形式美,以及由于诗歌的魅力所造就的身段美;同时,又能够将这种"空灵"的诗与李白实际展现出来的人生过程相结合,使其底蕴中能够揭示出命运的本质。

我们可以去反复体会戏在这段高潮处特意"闲笔"（郭启宏语）所写的夫妻论诗的戏。

其一：

宗琰　……我总觉着与其说是诗，不如说是字的灵性！每个字都有灵性！它们借着诗人的手，一个个从笔尖跑下来，排成队，列成行！

李白　是这样的！你还记得滟滪堆上"朝我来"三个字吗？那三个字排在一起就是诗！仿佛主宰天地的神灵！可以让你流波顺轨，也可以让你葬身鱼腹！

宗琰　怪不得远古时候仓颉造字，天雨粟，鬼夜哭呢！原来天地鬼神都怕字的灵性让人得了去！所以杜子美又说夫子"笔落惊风雨，诗成泣鬼神"！

韩娘　（按捺不住）阿琰！都什么节骨眼了，你还有心愿说什么干呀湿呀神呀鬼呀！

其二：

宗琰　……你身在仕途的时候，无法忍受官场的倾轧；一旦纵情于江湖，你又念念不忘尽忠报国。你是进又不能，退又不甘！

李白　（颓然长叹）入木三分，入木三分啊！也许我这一辈子注定这样来回走着！（痛苦地低下头来）

宗琰　（复归平静，取出诗稿）如果没有这样来回走着，也就没有李白的诗了！富贵没有诗，隐遁没有诗，只有那颗不能安静的心，浇上醉人的酒，才能挥洒出不朽奇文！古往今来，能有几个人得到字的灵性？夫子你得到了！你让我把这些诗稿编成集子，就叫青莲集吧？人走了，字的灵性陪伴着我……也希望夫子成全我。（意谓上庐山屏风叠入道）
……

李白　（猛然发喊）不！不能！

既有虚的形式美，也有实的人生味，这种"空灵"就不会显得空泛，它必将带着一种回味无穷的戏剧感呈现在舞台，这种空灵就是一种属于舞台的空灵，属于戏剧的空灵。

第四节　《司马相如》的创作谈

《司马相如》创作于 1995 年 4 月，并由上海昆剧团首演。这又是一出给剧作家带来无数荣誉的昆剧名作。(《司马相如》先后获得了如黑松林杯全国戏曲文学奖、上海宝钢杯高雅艺术奖、第五届中国艺术节荣誉奖、第十二届田汉戏剧奖剧本一等奖、文化部第八届文华新剧目奖、北京首届老舍文学创作奖，据此改编的昆曲电视剧获第十八届中国电视飞天奖一等奖。昆曲电视艺术片《司马相如》获 1998 年第 18 届"飞天奖"一等奖)。

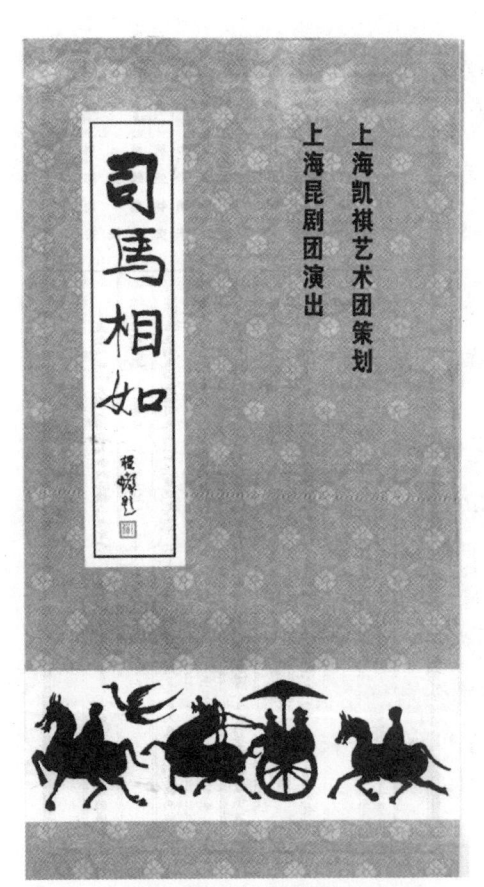

《司马相如》说明书

全剧一共六折：

第一折，桥会。仕途不得志的司马相如经过青云桥，怀才不遇的他郁闷不已。遇见了小人得志的杨得意，更激发了心中的愤懑。万般无奈的他愁苦不堪。司马相如被当地大富豪卓王孙宴请。他本想只与朋友王吉相聚几日并无心赴宴，但又听说卓王孙的女儿天生丽质是有名的才女，终于欣然前往。

第二折，琴挑。卓文君仰慕司马相如的才气，佩服他的《子虚赋》，却不知他本人原是个年轻的才子。在宴会上司马相如以一曲《凤求凰》赢得了美人心。卓文君在见了司马相如后，一见钟情，甚至忘了自己刚刚守寡的身份，不顾礼教束缚，大胆地追求自己的爱情，当晚便与司马相如私奔而走。

第三折，奉使。卓文君本是大家闺秀，生在富裕家庭，为了爱人，为了爱情，她甘愿放弃一切，做个清贫乐道的小妇人，并且勇于屈身卖酒。可是父亲卓王孙嫌弃司马相如家贫，既对女儿离经叛道的行为不满，又恨司马相如诱拐了女儿，于是决定带人砸店。正当卓王孙砸店之时，皇帝封官的诏书来到，改命了人物的命运。

第四折，郊迎。逞志封官的司马相如又一次来到往日的青云桥。司马相如封中郎将安抚西南回都，却遭诬陷丢职罢官。卓文君不离不弃，不以为意。卓文君的一席话点出了司马相如的真实心境：身隐而心不隐！

第五折，卖赋。陈阿娇失宠甘泉宫，于是派出内侍（杨得意）以千两黄金买赋，司马相如最初觉得有伤体面想要拒绝，但一想到一篇赋能换来锦绣前程，便毫不犹豫地接下了这单生意。当完成了这篇惊世鸿赋后，交不交出这篇赋司马长卿也还是经过了一番思想斗

《司马相如》剧照　又一对司马相如和卓文君

《司马相如》剧照

争：交出意味着高官厚禄，也意味着自己人格尊严的沦丧；不交则会一辈子碌碌无为终老田间。在唾手可得的成功面前司马长卿终于交出了《长门赋》，也交出了自己的尊严。

第六折，断弦。当初，司马相如与卓文君因一张琴结缘，未曾想最后，琴弦断裂，宣告这段情感的终止。卓文君说：司马相如已经不是当年的司马相如。这或许才是他们分手的真正原因吧。卓文君回了家，司马相如靠裙带关系换来的孝文园令，也随着陈阿娇的再次失宠而丢了。剧末，形单影只的司马再回青云桥，已经物是人非，想再去找寻人间真情，晚了。

司马相如一生跌宕起伏。从景帝身边的武骑常侍，到梁孝王的东苑贵客，直到成为汉武帝的宫廷弄臣，其一生政治经历起伏变幻。

郭启宏说，司马相如是个集文人的正面与负面于一身的人物。他有文人的天赋才华，辞赋曾经让汉武帝赞赏不已，感叹"朕独不得与此人同时哉"；他的辞赋又让闺阁裙钗崇拜得五体投地，与卓文君演出了"夜奔都亭"的佳话，让陈阿娇又演出了"千金买赋"的悲喜剧。

要写好历史人物就要选好切入点。人物越是有坎坷的人生，复杂的经历，越是要去粗取精，找到能够最快最强烈反映性格的事件，在刻画性格的过程中，展示灵魂的本质。

郭启宏曾说："作为戏剧创作，重要的不是附加上什么思想标签，而是揭示人物内心世界，从而释放出形象的意蕴。而最为赤裸裸的显示，则体现在男女情爱上。就司马相如而言，一个传统文人在种种政治的经济的磨难，尤其是进与退、仕与隐的痛苦抉择中，大概只有两样东西最有价值：一是时间，时间永远是疗救痛苦医治心灵的药石；一是女性，女性以其百倍于男性的韧，以其水一般的温柔，滋润着干涸龟裂的心田。因此，司马相如受了挫折而寄情于石榴裙，是可以理解的，甚至是值得称许的，是另一种意义上的反叛。"所以，此剧以一场爱情为切入点，试图剖析的却是一个文人的灵魂。

剧中一共写了两个"卖"的事件。一为卖酒，一为卖赋。虽都是"卖"，可是卖的性质却截然不同。卖酒，是司马相如与卓文君坚守爱情的体现。虽然清贫，可是他们仍然相濡以沫，不离不弃。卓文君愿意为了爱情而委屈自己。这一"卖"升华了两人的感情。这次"卖"是他俩共同经历磨难，共同创造美好生活的努力，叫人看着有些感动。而第二个"卖"是卖文、卖赋。司马相如为了换回高官厚禄，而忘了文人的气节。作者巧妙地让司马相如当场写赋，一方面表现了他的才气。一方面也让司马相如与陈阿娇形成了一个富有深意的"类比"：一个是不得志的文人，得不到赏识在贫穷中"守望富贵"；一个是失了宠的皇后，得不到宠爱只能靠花钱买赋来赢取皇帝的心。

司马相如卓文君听琴图

当场作赋，固然可以表现司马相如的"七步之才"，但更是通过这种手法深刻地表现出人物才华的本质境遇。总之，剧情中的"两个卖"，前一个是卖出了情投意合，后一个则是卖出了心分神离。这种剧情设置中的巧合与对比，是剧作家巧妙地运用戏剧结构实现主要人物人格的揭示。

昆曲有独特的声韵之美。反过来，热爱声韵之美的不爱昆曲，鲜矣！

郭启宏有深湛的古文功底，善于美文之中遣词造境。尤其他对于中国文字的喜爱，可以用痴迷来形容。其于《声韵随想录》中说：

> 我对汉语的声韵有一种特殊的感觉和喜好，有时近乎痴迷。

> 我希望自己的创作能够激活声韵之美，而且这种激活不能止步于一般的平仄相对，更要涉足声韵的险远处。

> 写戏曲当如是，写话剧也无例外。十年前，我在话剧《李白》里，虚构了这样一个情节……林檎、榴梿夜郎不产，显然是编造，观众只当虚诞话听，并不深究。我选用林檎和榴梿，实在颇费苦心。明知秒把钟的台词一闪而过，却也不肯信手玩忽。我之所想，不仅因为它们是奇异的佳果，更缘于它们有着奇特的声韵之美——榴梿是双声，林檎是叠韵！

> 我由双声叠韵想到记录和传达它们的书写符号，我总觉得象形的汉字是有灵性的存在，那一个个汉字便是一个个精灵！要不然，仓颉造字怎么教天地鬼神为之动容？在中国文字史上，只有毕生求真、全身心投入的人，才有可能偶尔发现汉字闪烁的灵光。我想，人们在审听双声叠韵这声韵之美的时候，可曾审视它们的书写符号那象形之美？比如说，那个林檎和榴梿，仔细一看，竟然是同一个偏旁部首！

我想，循着文字的足迹，亦可走到郭启宏为什么进行昆曲创作的曲径中来。司马相如文人才子，纵情辞赋，加上与卓文君浪漫的爱情传奇，两相结合，用昆声韵唱演出来自然是平添风韵华彩异常。可是，又不得不提的是，本剧中出现的一些现代词汇，如"牛仔裤"之类，实在感觉突兀，略有不足。在戏曲的舞台上出现一些时尚的现代词汇已经不算什么新鲜事。用现代词汇有一定好处，但也要小心谨慎。用到恰当的语境中才能起到好的作用，否则不但没有起到幽默的作用，反而成了败

《司马相如》剧照

笔。另就念白而言,也不一定皆归为"雅",关键在于适合人物的身份与性格。念白与唱段都是为了塑造人物而用。郭启宏在《新编历史昆剧的现代化追求》一文中指出,上海昆剧团演出的《司马相如》,在卓王孙等丑角身上使用川白是个有益的尝试;而且很符合地域特色。在插科打诨时,剧本中不时出现现代词汇,在演出时还有大量临场发挥。昆剧需要插科打诨来活跃舞台,吸引观众,但要适度合理。我们不提倡浅薄的搞笑,而需要真正的幽默。真正的幽默要靠故事情节、场景以及人物言行的自身逻辑发展产生,幽默一旦产生,往往能够很好地作用于人物形象的塑造,起到画龙点睛的妙用。

第八章　仓皇路途莫问前程:《知己》

如果说昆曲《南唐遗事》与话剧《李白》分别代表着郭启宏在戏曲与话剧领域所取得的最高成就,那么辉煌之后他自我确认的艺术突破就是话剧《知己》。

《知己》上演

郭启宏对《知己》这个剧的期待是很高的。出于艺术家的本能与自觉,他强烈地认同该剧的创作过程中所激发的反省力量,尤其是其中蕴含的不同于以往作品的特质:不再仅仅关注于某一个历史名人的沉浮遭际,或者努力将这种遭际"虚化",而把所有历史上文化名人都要面对的那个"制度"与"环境"突显出来。生存的本质是什么?文人乃至知识分子、自由思想者一脉相承又抛舍不掉的劣性与他们的生存是什么关系?知识者的生存会与权力者发生哪些关系——这些萦绕了作者大半生的问题直直地迎面而来,不再躲躲闪闪,不再有意无意地隐晦。所以郭启宏说:"《知己》触及了关于社会制度和本质的内容,我对吴兆骞这样的人物是有自己的看法的,但我批判的矛头指向的不是吴兆骞,而是宁古塔——它是其所在的制度的象征性符号。我最后对吴兆骞持一种宽容的态度,这是通过顾贞观的口说出来的:我们要是都在宁古塔,谁能保证自己不变成畜生?"

2009年4月,《知己》由北京人艺上演,引起了人们强烈的关注和热烈的探讨。有人将《知己》与之前的《李白》、《天之骄子》联系起来,认为,三部剧作"同声相应,互证互补,对中国传统知识分子的人生命运进行了深入而全面的剖析,却又各有角度,各具面目,从汉魏写到盛唐和清初,交织成一部文化人的沉沦史"(《大舞台》)。也有人结合自己观戏的当场体验谈道:"启宏热爱祖国的灿烂文化,也同样热爱缔造中华文化的士人。他们是作者的莫逆之交,故人挚友。他们给作者以慰藉,作者为他们传神。看以前启宏写的这些戏时,我欣赏他的华彩,佩服他的才情,更羡慕他穿梭于往昔、神交故人的那份雅致与情怀。但应该说,我还从来没有像这次看《知己》那样,有着毫无距离与隔膜感的切肤之痛。这次启宏以其如椽之笔,毫不客气地撞开了我的心扉。看《知己》时,我痛快,解气,过瘾,悲愤,郁闷,会心……真个是打翻了五味瓶。"(《中国戏剧》);安国梁在评论文章《逢人说〈知己〉》中提到了郭启宏自己强调的关键词"异化":"强调专制权力的强大的'异化'力量,强调使人'异化'的专制权力存在的不合理性,作者这种深刻的思辨力赋予了作品思想深度,也为作品赢得了强大的生命力。"郭启宏本人也在许多研讨剧本的场合,阐释过剧本立意与构思:

> 《知己》是我"传神史剧"戏剧主张的一次实践。该剧酝酿近二十年……于1999年写出初稿,近期又作了一次修订。这部作品的意图大概是表现人性的执着和异化。我选择的还是中国传统的文人,但切入的角度显然不同于《李白》和《天之骄子》。我希望自己能够做到,不但从批判的表层而且从自省乃至忏悔的深层去开掘人性。……从污秽中拷问出洁白来。
> (摘自《关于〈边缘人〉和〈知己〉》)

《知己》灵感源于清代顾贞观所作的《金缕曲》——因此这两阕词也成为该剧不断诵吟的主题表达。故事围绕着一对南方士子之间的友谊展开:顾贞观与吴兆骞同是清初南方士人。康熙年间天降大祸,吴兆骞因丁酉江南科场舞弊案获罪,流放宁古塔。顾贞观身为吴的挚友,欲赶

《知己》海报

在吴离京之前见其一面。在茶馆，他被权相纳兰明珠看中，招入府中教书。顾贞观欲寻找良机，求明珠营救好友吴兆骞。不料明珠假意应承并无诚意。其子纳兰性德仗义挺身却又效果甚微。康熙平定三藩后，提出"满汉一家"。明珠见风使舵、借机进言，吴兆骞得以赦还归京。可是此时当年一身傲骨的血性男儿，已经蜕变成了只会溜须拍马的麻木小人。顾贞观看到当年的"知己"如今已"形神两异"，无奈痛苦中独身南下。与此同时，留在京城的吴兆骞在官场权力变幻交替之中，继续追寻着依附权贵的梦想。

在这段对"污秽进行拷问"的历程里，有两处无法绕开的剧情关结尤其需要探讨：一，同样的素材、同样的立意与主题，主体呈现事件应该说至少有三种安排方式，为什么选择了把故事的重心放在顾贞观"难有作为的营救"上

聆听曹禺教诲

——表现制度对知识分子人性的异化。这个故事至少有三种主体事件呈现方式：要么把故事重心放在吴兆骞上，让观众在"舞台画面"里最直截了当地看到宁古塔下生活的真实状态与苦难，那些非人的刑罚赤裸呈现，同时把顾贞观等人的营救放在幕后交代；或者安排两条故事线索双线发展，让观众同时交替地看到那些苦难场面与后方的营救场面；可是作者选择的却是把那些"异化"的过程"隐去"，深重的苦难似乎没有"细节"但有结果，即吴兆骞回京后的麻木不仁与彻底沉沦。观众看到的只是顾贞观不断失败的营救！为什么不把直接的"异化"过程呈现在观众面前呢？如果不展现异化的过程，观众会不会难以较快地接受那个异化的结果？如果直接表现出那个"非人"的折磨过程不是更让人容易留下惨痛教训的感受吗？

面对这样的疑惑，可以有三种回答。一种观点认为，那样的刑罚场面不容易表现，所以不如隐在幕后，让观众展开想象去联想；另一种观点认为，那些场面肯定非常不堪，过于刺激，刑罚的过度展示会影响对制度本身的反思，艺术与纪录两种角度应该有所区别；更有一种观点以为，剧作家本人的知识分子身份会让他有一种知识分子的视角来看待这种取舍。虽然本戏有着对知识者从骨子里的揭痛与批判，但未尝不会存念着一种希望，这是一种精英意识下的自我疗治：尽量地给知识者以一种希望，保留一丝尊严，就会存有痛定思痛的余地。虽然这三种观点各有偏颇，很难确证，但确实是基于作品本身又一定程度上参考了剧作家本人的主体意识，分别从不同的角度回答了艺术家剧情

与《知己》导演任鸣

构思的谋划苦心。

　　需要探讨的第二个关节是，在物议纷纷之下，顾贞观为什么能够理解吴兆骞的"变节"。吴兆骞放归后的表现猥琐不堪，耻笑者有之，抨击斥责者有之。这些抨击者中既有以吴文柔为代表的亲人，也有那些以茶客为代表的一般士绅，甚至还有一些闲人游民，简直"人人皆谓可杀"。可严格地说，他们虽然"骂"得很凶，但他们并没有什么"骂的资格"，而"最有资格"骂的人其实是顾贞观——为了营救友人付出的心血、等待、时间与屈辱，换来如此结局——他却没有雷霆愤怒，而选择了沉默。只是当他看到众人对朋友肆无忌惮的挖苦嘲笑时，才终于表态："各位未必熟知吴兆骞！沧海桑田，世事难料，那层出不穷、花样翻新的谄媚、倾轧、猥琐、骄狂，既自轻自贱，又趾高气扬，岂止一个两个文人！宁古塔是个摧毁志气的地方，是个剥夺廉耻的地方，宁古塔把人变成牛羊，变成鹰犬！如果你我都在宁古塔，谁能保证自己不是畜生？"

　　顾贞观对朋友的这种"宽容"是因为他心地善良么？对于自己如此大的人生失败，他却能这样较快地理解，会不会显得有些突兀？对于同样有着人生自负情绪的古代文人，同样有着多少才气与傲气的文人，面对朋友的"变节"，难道不更加应该迎头痛击、当头棒喝吗？为什么对待如此不堪的道德沦丧，他选择了沉默而不是愤怒？这些疑问将逼迫我们重新梳理顾贞观及其面对的环境体制。

　　其实，顾贞观的"理解"并不是空穴来风，这"理解"正是他几十年营救生涯的一个总结。首先，这几十年寄居在豪门府中的教馆生活，使他充分感受到"权贵的压力"。权力之威吓、豪门之盛气不仅使主子凌驾于一切之上，还可以使奴才变得高人一等。文人在权贵的压力下有着巨大的心理阴影与现实落魄。具体而言，剧本不仅展现了顾贞观如何受到明珠这个权相的戏弄，而且还不时地受到权势管家安图的压迫。剧本一开场在茶馆里，顾贞观谈笑间用诗词调弄了那个豪奴，显得机智又解气。可是时间久了，观众发现，那可能仅仅只是一时的胜利。一个突出的表现就是作为朋友的公子纳兰性德看到营救者们势单力孤，情急之

《知己》演出照

卞居然向顾贞观谏言"曲线救国",让他向安图求情:

性　德　我的话在我阿玛那里,不占分量,倒是有个人的话,我阿玛言听计从!

顾贞观　哪个人?

性　德　安图安总管!

顾贞观　安总管……

性　德　希望你能结交安图,让安图也去说服我阿玛。嘿,你我做不到的事,安图做得到……

顾贞观　(猛然站起)别说了!我原来以为你是翩翩佳公子,想不以你如此尴尬!你不肯尽力,我不勉强;你居然叫我去巴结安图,当奴才的奴才!

性　德　(急忙解释)不是这样的,不是……

顾贞观　纳兰公子,我不是为了混一口饭,才到宰相府当差的！我一生讨厌当幕府，痛恨打秋风！读书人迂腐、不谙世故，可是读书人有读书人的骨气！

《知己》剧照

纳兰性德不是一个无行文人，他的劝说虽然鲁莽，却有着对朋友处境的真诚理解与两心相惜的共同无奈。这一点在顾贞观发完脾气后其实就体会到了。但我们由他的行为应该设想的是，就连身为宰相之子的公子也不得不出此下策，这不能不使人对生活于权势之下的文人处境及生活感到揪心。安图是个奴才，它是权力的另一种表现的样本，通过奴才这样一个扭曲的权贵形象反倒比明珠更让人印象深刻。"纳兰性德的劝说"这场戏显然不是为了故意去制造一场朋友的误会，而是刻画出了生存在权势周边的文人感受到的无可名状的压力。

顾贞观能够理解吴兆骞的第二个理由也许在于他有对文人消磨的清醒认识。这种认识显然来源于他亲身的经历。长期的相府教馆生涯虽然不像塞外边疆那样艰苦，可是对人心灵的消磨作用一点也不轻。那无法触及的宁古塔之威力更不必待言了。明珠曾专门派了一个歌妓即称为"扬州瘦马"的云姬服侍顾贞观——云姬也成为这个通篇讲述男人友情为主的"男人戏"中最柔情的一抹风景。某次夜深人静之时，两人谈心互慰，不觉渐起情愫，正欲在草地上云雨，却被一个突然的"反应"打断了：

顾贞观　（忽然一激灵，放开云姬）马车声！明珠回来了！
云　姬　（谛听，摇头）鬼声！明珠坐轿子不坐马车！

顾贞观 （复抱云姬，忽愧赧，叹息）我……（低下头来）平时好好的，今天不知怎么啦………
云　姬　（悻悻地）没事的。（意兴阑珊）你到底怕官！（缓缓穿衣）
　　　　［顾贞观羞惭无地，亦穿衣。

这是一个小插曲，但插的可不是可有可无的闲笔。顾贞观的"羞惭"显然是认可了云姬对他身上劣性一针见血的评价：到底怕官！这个弱点也许在顾贞观早期入馆时也有，不过显然长期的教馆生涯

与吕中交谈

已经使这个劣性成长起来，成为他对自我"羞惭"的一种意识。有趣的是，这个怕官不是一般性的"怕官"，作者把"怕"放在了一个男人情欲释放的时刻——它破坏的可是一个男人性的本能！你可以想象这种"怕"是如何的具有破坏力了：它在腐蚀一个男子最基本的东西！这是一种很可怕的"怕"，顾贞观的"羞"感与"痛"感是可想而知的。基于此，他对自我可能产生的各种认识，也足以促使他在吴兆骞身上看到自己的各种可能性。

当然作为一种编剧的技巧，郭启宏在情节设计上也铺垫了顾贞观的"理解"之路。早在顾贞观见到吴兆骞之前，他就运用黑白棋子以及意外偷听等手段来预示着一个可能的可怕结局。

纳兰性德刚从边塞回来，第一次带来了吴兆骞的消息时，就已然出现了几个"意外"细节：

性　德　（穷于应对，忽又想起）哦，他让我捎来两盒棋子！（取出）这是汉槎用混同江石子磨成的，打磨了整整三年！青如黛，白如玉，我给起了个名儿，叫青白双丸！（松口气，总算有了交代）

顾贞观　青眼白眼，青眼对友人，白眼对苍天，妙极了！汉槎送你的？

性　德　不是。

顾贞观　送我的？

性　德　也不是。

顾贞观　那……

性　德　送我阿玛的。

顾贞观　（沉吟）有道理！中堂大人日理万机，偶来清兴，正好用青白双丸消遣！

　　其实我们都能听出来，顾贞观后面这句强言分辩，带着明显的自我解嘲或者为友解嘲的意思。他越是说得如此振振有理，恰恰表明了他此时内心的困惑、内在的不安。

　　后来，纳兰性德误以为吴兆骞已死并责怪其父故意拖延营救，明珠嘲笑儿子不懂政治只知读书，并说出吴兆骞给他写诗词、写奏章的事，顾贞观都无意间听到了。这些闪烁的情节不会不引起一个敏感读书人的猜测与联想。当然他可能不断地说服自己不要去相信那些莫须有的东西，但这些东西将能够在残酷事实面前使他仿佛有接受的余地。

《知己》剧照

综上所述，顾贞观能够比其他人更多地"理解"本来不能理解的事实，确实有许多心理的原因和剧情的预示。但必须强调的是，他的理解是"有限的"：可以理解但不能原谅，所以最后不得不远走，不得不分手，且不忍再见。

吴兆骞是顾贞观"知己"的对象，也是该剧批判命题的重要体现者。不过对于他的理解，不可只是落寞于一般意义上的谴责，它并不是戏批判的本质对象，而是一个批判对象的镜子。剧作者是要通过这个活生生的人体镜子，让观众看到它照出来的真实且血淋淋的制度现实。不过正如此戏的主体呈现事件放在了顾贞观的营救上而不是吴所承受折磨的"罪与罚"的现场，让那二十三年的流放生活虚写出

与濮存昕、沈铁梅等

来，似乎反倒可以暗示出那种"罪罚"的某种"无穷尽"！观众眼前看不到悲惨，也听不到哀呼，没有细数出来的受难细节，反倒使得那些受难变得没有穷尽。这是其一；另外，通过情节的详略安排，作家似乎也在表达这样一种观点：重要的不是过去的遭遇，和残忍的细节，而是现在的理解与当下的评判。大多数历史已经不能复现，但我们却不得不生活在对历史的不断评述当中，那么这些众说纷纭的评判，我们需要有一些立场来检选。

吴兆骞具有古代传统读书人气质中最有传承性的特点即狂狷。不过，郭启宏对这个最"传统"的特点却有着富有意味的场面表现。在开场时，被流放的吴兆骞茶馆侯友，这是他狂狷性格与不羁才情的最集中展现。

德　甲　甭看着眼热，只怕你家大官人徒有虚名吧！

吴兆骞　（走了过来）要讲出身，这位爷不会是势利小人！（失笑）徒有虚名？吴兆骞十岁时候就写过一篇五千言长文——《胆赋》！

德　甲　（阴阳怪气）只怕在瀛台把胆给吓破了！

　　　　〔众人一笑，看着吴兆骞。

吴兆骞　（冷笑一声）无妨当场试试！

　　　　〔一言既出，满座骇然。明珠、安图还有掷骰子的二闲人都停手观望。

德　甲　好！（一想，顺手拾起骰子）这是什么？

吴兆骞　骰子。

德　甲　晓得来历吗？

吴兆骞　当然！相传是三国曹子建所创，本来只有两枚，叫作投子，取投掷之义。用玉石制作，又叫明琼。到了唐代，由两枚加到六枚，改用骨制或者象牙制，才叫这个骨旁的骰子。唐人温庭筠有诗："玲珑骰子安红豆，入骨相思知不知！"

　　　　〔众人不由得点头。

德　甲　京城为什么又叫色子？

吴兆骞　那是因为么四点涂红，其余皆墨，投掷之后，以所见之色赌胜负，故此又叫色子。

德　甲　如今朝廷新开博学鸿儒科，偏重作诗，就以色子为题，怎么样？

佟　大　（凑热闹）等等！（指斜对过纱灯）那儿！

老小孩　窑子！

佟　大　以青楼女子的口气咏色子，怎么样？

　　　　〔满座备感兴趣，轰然叫好。

吴兆骞　（轻蔑地）想看笑话？（拿起骰子，把玩着，脱口而出）一片寒微骨，翻成面面心……

　　　　〔满座悄然。

吴兆骞　（高声）自从遭点染，抛掷到如今！（用力将骰子
　　　　一掷）
　　　　［众人面面相觑，叹服。
佟　大　（赞赏）妙！（感慨）其实不光青楼女子，文人何尝
　　　　不是这样？好一个"自从遭点染，抛掷到如今"！吴
　　　　先生不愧江左凤凰……

如此高难度的"考试"足足地刻画出了吴兆骞才情之高与性情之傲。不过，体会这番才情的展示过程与表现方式，并不让人觉得舒服，反而有一种说不出的别扭。佟大那句"文人何尝不是这样"，歪打正着的点评似乎反倒说出了某种"真相性"的东西。一个文人如此惟妙惟肖地模拟着妓女的心态与口气，在这里也许并不是要表明他文学上想象力与创造力，倒像是在暗示着这两个完全不同身份的人某种相似性或关联性。文人与妓女仿佛成了一枚硬币的两面，因为他们都在那个时代缺失着一种独立性，他们对于某些东西有着强烈的依附关系，区别也许只是在一个是对金钱，另一个是对权势。中国传统文学中有着"香草美人"的文学遗产，许多失意的文人往往学着屈原的样把自己比作失宠的美人，而把君王比作无情的男子。从文学上讲也许这有着某种独特表达技巧，不过从心态上讲，很容易过渡到去模拟失意女性尤其是妓女的生存心态。吴兆骞乃至那些看客们可能觉得，在如此短的时间内写出如此有韵有辙有比有寓的诗句来，实在高妙，但是这种高妙之中却蕴含着一种卑微的心态。这种心态又与人物外在那种骄傲的姿态形成了很微妙的图画，让人不得不琢磨反思。所以这一开场的"狂"是一种极富"意味"的狂，它无形当中借用"文人与妓女"这样一组命题使得"狂"的褒奖成份似乎打了折扣，已经脱离了一般意义上古典文学中对"狂狷"的欣赏眼光。当然，如果联系后来人物的命运仔细品味这首诗，还能体察出剧情中透露出来的某种"一语成谶"的悲凉：自从遭点染，抛掷到如今。

从开场始，由吴兆骞作诗所提示出来的文人这种依附关系随着戏的发展得到了不断强化。不同的人可以抗拒可以挣扎，却无法摆脱。如果

说由"文人与妓女"这组命题发展出来的另一个更重要的命题是"文人与权力"的话，这个命题在顾贞观那里是诱惑与取笑，那么在吴兆骞就是遗忘与记忆。

郭启宏在《〈知己〉的某次构想》

《知己》剧照

一文中梳理过自己构思该剧的情节脉络。其中共列十一条情节线索，在第六条中云："岁月悠悠，吴兆骞在宁古塔已过了数年，昔日的狂傲之气丧失殆尽，居然学会了一套求生活命的本领，连小狱卒他都巴结。是时已为康熙朝，康熙皇帝巡边，吴兆骞喜得机会献诗献策，其中若干条陈甚有见地，如指出沙俄之威胁等，康熙颇重视。然而康熙还京，也就忘了边陲还有那么一个人才。"第七条又云："纳兰性德侍从之际，对康熙谈及顾贞观，又谈到吴兆骞，康熙才记得宁古塔好像是有个'很温良'的囚徒"。作者细细梳理出来的这种需要不断唤起统治者对自己的关注才能实现自我价值的处境，正是文人对权力依附的又一写照。

所以，虽然作者主要是在"狂"与"卑"上用足了功力，没有细写那二十三年囚徒生涯，直截地展现人性反差的"结果"，表面情节似乎略显突然，但却有情节转换的依据，这依据的外在是情节的呼应与铺垫，其内在依据则是"狂中有卑"的寄托与互文。

戏中还有几个有着不同身份与处境的文人形象，怎么看待他们与"知己"主题的关系呢？纳兰性德被顾贞观称为"佳公子"。他在历史上也是一个才情见称的词人。他古道热肠地想帮助孤立无援的顾贞观，不惜向皇帝谏言，求父亲援手，但都见效甚微。甚至逼得他不得不建议顾贞观去结交奴才安图，可见其失望之极。他对自我的评定是：

其实我也是一介狂生，只不过偶然落生在巍峨的京城、显赫的门第。红尘滚滚，冠盖如云，谁能知我心胸？只有你这位圈外人，一见如故，相知恨晚！（苦笑）说什么两个世界！（摇头）物以类聚，人以群分，君子之交淡如水！即便千灾万劫，今生无悔，来世有期。（悄悄退出）

可以看出，在性情上他与顾贞观及前期的吴兆骞有着一致性，所以他们能够结交在一起。但显然他又感到，顾贞观并不能真正像对吴兆骞那样对待他。虽然以上的话是出自顾贞观对他产生了误解，委屈之余做了如此的自剖，但多多少少说出了他对自己门第高贵的身份不以为然。他可能羡慕文人的任意使气，感叹平常之人的自由自在，他生下来便不得不接受大家族的限制与管束。作为一个文人化的公子，他自感真正的文人生活是他想得又无法真正获得的东西。纯粹的知己，摆脱家族势力与权贵身份干扰的"知己"关系，也许正是他苦苦追寻的东西。他最终没有获得圆满实现。那么原因是不是真的如他所说，是那个无法改变的身份造成的呢？

《知己》剧照

徐乾学，一个富有城府游走在明珠身旁却最终代表南方文人参与权力势力重建的人物。从吴兆骞与他的几次对话，及他在明府中的表现来看，他并不是一个打秋风的清客，而是善于交际应对，时刻谨言慎行的老江湖。他毕竟也是文人出身，同样有着不错的才学。顾贞观想要营救吴兆骞的辛苦努力他都清楚。同样，明珠耍弄权术玩弄顾贞观，让后者以为是他出力救出了吴兆骞他冷眼旁观这些感恩戴德的文人在政治面前的单纯与无知。

明　珠　（自斟三杯酒，饮尽）武英殿大学士纳兰明珠为满汉和好，擢拔英才，指天发誓，绝塞生还吴兆骞！倘若食言，有如此杯！（掷杯于地，嘭的一声，酒杯粉碎）

顾贞观　（大感动）中堂大人在上！请受布衣顾贞观三拜！
　　　　（庄严地行满礼，三度跪拜）

明　珠　（受拜之际）顾先生，一拜足矣！何必再而三？

顾贞观　一拜是顾贞观感谢中堂大人，再拜是替吴汉槎感谢中堂大人，三拜是为天下读书人感谢中堂大人爱才惜才的博大胸怀！

性　德　（含泪）阿玛！
　　　　〔一座无不动情，唯独徐乾学漠然旁顾。

与苏民

剧中，徐乾学称得上也是才学之士。当吴兆骞刚回时，他向众人建议："今日乾学假座渌水阁，为汉槎接风洗尘，文友雅集，清茶一杯！可以效法柏梁台联句，可以效法兰亭曲水流觞，也可以玩玩诗钟，或者嵌字、回文、连环、离合！诸位意下如何"。当吴兆骞向明珠卖力地解释野草的野名知识时，他也会"不觉技痒"地"炫耀"道：《本草》叫苔耳，《尔雅》叫苓耳，《楚辞》叫葹，巴蜀人叫羊负来，一年生草本，春夏开花。苍耳籽可以榨油，苍子油，可以入药，虽无大效，能治癣。宋人诗云：'秋夜苍苍秋日黄，黄蒿满田苍耳长。'说的就是这个苍耳！"这便引来了吴兆骞忙不迭地谄媚："徐大人一代宗师，道德文章冠绝古今，名不虚传！光是徐大师考据这门学问，吴兆骞再活三辈子也学不来皮毛！"吴兆骞话说得虽然过了头，但多多少少是有些依据的。徐乾学算是戏中诸多官宦中较为"接近"顾、吴等人的官员。但很明显，徐乾学的接近只是一种才学上的接近，并不是精神气质上的接近。徐乾学不会成为顾贞观、纳兰性德他们寻找的"知己"，尽管在才学上他们有着某种共同语言，这是为什么呢？关键在于他没有顾贞观、前期吴兆骞及纳兰性德身上的那股性情。他的城府使得他始终让人感到冷漠。他无时不在观察着且随时伺机权衡。所以，虽然纳兰性德拼命地在朝野上下里里外外筹款营救吴兆骞，我们从来没有听到丝毫关于徐乾学也参与其中的信息或者暗示，没有听到他为之捐出一厘一分；作为一个最有可能帮得上忙的官员，他却在营救吴兆骞这个剧中最重要的行动上"缺失"了，这不是一个意外！徐乾学显然深悉为官之道，在明珠最有势力，皇权对读书人最为敏感的时势下，他选择了明哲保身；一旦发现风势有转，朝政会改，便积极地表现出某种"营救"扶助的姿态。你看吴兆骞是在谁的陪同下带到了顾贞观面前，是纳兰性德和徐乾学。他的选择与行动都是悄然进行的，背后有一种冷观的心态。所以，虽然他有才学，他也不满明珠逞权弄权，甚至到了尾声他还狠狠地教训了一番豪奴安图，将其赶得夹尾而逃，但这并不能说明他就是一个正面形象，更不能将之视为诸多失败文人里的理想形象，他并不比有着这样或那样缺点的顾贞观、吴兆骞、纳兰性德更让人倾怀、更值得认可。顾贞观、纳兰性德身上至少还看得到一些让人感觉温暖的东西，那是人性中可爱的一面，比如他们的争吵，比如顾贞观酒醉后大梦在松花江上的驰骋；但徐乾学则不然，他根本不可能做那样在冰天雪地一派自由的场景里放浪形骸的梦，只因为他现实，或者说他是一个冷酷的人——也许那是另一种"异化"的形态！

  对于《知己》的理解与接受，或许也可以不局限于顾、吴之间的聚散离合，而将其看成是一系列传统文人之间的友情选择与确认。"人生得一知己足矣，斯世当以同怀视之"——知己难得。做一个知己的先决条件是才学见识，但是这还远远不够：从吴兆骞的沉沦中我们知道人性的环境与人道的制度对于"知己"的重要意义；从纳兰性德的悲叹与无奈劝说中，我们可以看到出身、门第身份给文人交往相待带来的天然限制；而从徐乾学的处世与游走中，可以看到性情如果缺失了，很多可贵的东西将无所依傍，也无法真正获得理解与坦诚之交，任何人任何事都显得安全但"遥远"。

郭启宏

　　这也许是一个非常有意思的结论：要想达成传统文化理想中的"知己"至少需要满足四个方面的因素——环境制度、平等身份、自在性情以及相应相和之才学。当然这不是此戏让人回味的唯一结论，甚至不是主要结论，但却是一出让人颇感义愤、悲凉、失落的悲剧黑幕下让人可以见到微光的所在——至少人们知道可以到哪里去寻求古典意义上最完美的知己。所以，讽刺与批判是在做着摧毁的大功，但一点点积攒的希望与理想倒不妨看作是做着重建的事业！

第九章　史传悲喜女性情真：
　　　　《花蕊》《安蒂公主》

（一）

《花蕊》是郭启宏历史剧创作进程中一个特殊的存在。

这部大约创作于20世纪80年代中后期的作品，原名叫《原情》，最初发表于《大舞台》2005年第三期。后决定扩展为一部大剧，更名为《花蕊夫人》，由天津人民艺术剧院搬上话剧舞台。未承想，由于江苏京剧院对此题材兴趣浓厚，再次修改成了京剧，更名《花蕊》。

《花蕊》的特殊之处并不在于其主要人物是一个文人化的女性形象，也不完全在于同一个题材被三度改编，而在于从话剧到戏曲的改编过程中，作家对于体裁与题材关系的一种感悟：

> 面对两个版本，我意外地发现，我在话剧与戏曲之间，完全做到了自由的转换，尽管内容大体相同，样式却迥异，话剧的精神渗进了戏曲的表演，戏曲的手段也能丰富话剧的叙述。我看到两种艺术样式的差异和矛盾，更看到它们之间的互动与互补。
>
> （摘自《一生能有几回眸——我的编剧生涯》）

话剧与戏曲能够形成自由转换的奥秘之一在于作家对体裁本体的进一步确认。

  戏曲遵从"一人一事",已成正体定例,偶有突破之者,或称"别一体",如《十五贯》之"双熊梦",最终犹然回归单线结构。不主故常若鄙人者,只好仰天太息,或许"突破"就不是戏曲了!于是,正本清源,修枝剪叶,还有场面关目、曲文宾白……此外,"以歌舞演故事"的艺术规范,"将舞台假定性推向极端"的审美观念,"写意"、"虚拟"、"程式化"等手段合力造就的舞台样式必将彻底扫荡话剧存留。

(摘自《美哉,花蕊》)

  从话剧到戏曲能够自由转换,这充分地说明,郭启宏对各种样式的创作已然纯熟在胸、焕然在手,最好的标志就是其在语言上的"从心所欲不逾矩"的感觉。

  戏曲美趣多多,就话剧转换戏曲而言,唱词与道白的写作自不可少,就中最切要的是节奏感。有客问难,唱白交替之道若何?我谈及抒情与叙事,心理与动作,似乎未能谙尽其间三昧,干脆直说,全凭感觉,此处唱比白效果好则唱,反之则白,客拊掌。《花蕊》一剧最能体现节奏感的是——全剧唱念体例全面的继承与创新。以唱词论,固以传统的七字、十字句式为主体,更兼具诗词曲乃至新诗各体例,务使行腔丰富而多彩;以念白论,则全剧采用韵白体,务求准确、形象、生动,而且典雅。

(摘自《美哉,花蕊》)

  这段颇有《赤壁赋》中主客对答妙趣的文字,将其创作中那奥妙天成的感受力与想象力表达得很有诗性与趣味,尤其是有一种剧作者独有的乐趣藏于其中。孔子云"知之者不如好之者,好之者不如乐之者",信然。

  郭启宏曾坦言,《花蕊》之作是其创作生涯中"值得一书"之事。除了以上剧作者提到的创作能力的提升、创作感觉的乐趣,似乎其中还凝结了一些重要的创作"信息"——可以简括为"三大创作试验",这似乎也预示,郭启宏的文人史剧创作将进入一个新的阶段,将会有许多新的展开与尝试。

第一大创作试验是语言的试验。该剧极为追求声音之美。不仅追求歌唱的音乐之美,甚至追求宾白、对话的音乐之美。也就是说,他要在一般人不太重视的宾白对话上渗透进音乐性的节奏、韵律,使人产生出"说的比唱的好听"的效果!

且看孟昶初登场,他和赵匡胤的对话:

赵匡胤　秦国公……

孟　昶　(这次反应神速)臣在!

赵匡胤　(仿佛自语)桃植道旁无剩果,兰生幽谷空流香。匡胤常想,鱼和熊掌难兼得,世间好事不成双!就说你我吧,你锦心绣口,却不能治国安邦;我扫除天下,偏少些文采华章!

孟　昶　(不知如何应对)呃,呃……

赵匡胤　再比方说,当上了九五之尊,至高无上;又不比市井细民,口无遮挡!(忽然转向花蕊)哎,蜀地叫摆龙门阵吧?

再看这段谈女性误国的争论之辞:

赵匡胤　……说起西蜀,我倒有一事商量。蜀地四十五州,百九十八县,天府之国,千仓万箱,素称天险,固若金汤,甲兵十四万,战将百十双,如何六十六天,旗倒国亡?

孟　昶　孟昶原本昏庸……(低下头来)

赵光义　(冷不丁插话)只怕痴迷色相!

孟　昶　(顿觉难堪,不敢仰视晋王赵光义)这……红颜本是祸水……

赵匡胤　哈哈哈！（意兴盎然，注视着花蕊）古人云，饮食男女，大欲存焉！都说红颜能亡国，我偏不信纸包火！依我看英雄美女，天作之合，唯有大英雄，方能真好色。

……

赵光义　（侃侃而谈）兄皇有所不知，后宫只有颜色，未必定能亡国；如果颜色之上，又有柔情婉约，柔情之上，又是诗家词客，那时节，蛾眉定能惑主，妖姬必将误国！

即使是在激烈的争论与快速的对答之间，剧作者仍然化用了大量富有韵脚的骈语骈言。这是一种很大胆的尝试，因为在大部分的曲文写作，都是力求在唱词上做得典雅、有文采，而不会在散语对话中加韵语，因为弄不好，很有可能会使人物的语言显得呆板、做作，甚至使观者、听者觉得别扭跳戏。但正如剧中所言，是大英雄就真好色——是大作家都真性情。所谓艺高人胆大，一般不做之事，时机若是合适何妨一试呢？

　　昔日韵白体之运用，成大器者见诸京剧《杜鹃山》。……心向往之。此番觅得机会，便实验起来。究竟《花蕊》是历史题材，用韵白体正相适宜。具体实践，又与《杜》剧颇不相同。其一，我不求全剧通体韵白，嫌它呆板、生硬、不活泼，我有"三不韵"——生活口语不韵，插科打诨不韵，解释性语言不韵……钱钟书皇皇大著《管锥篇》于旁征博引之际，每作骈语，探骊得珠，涉笔成趣，我辈握管作剧，自是写人叙事，状物达情，岂可平铺直叙，蝉噪蛙鸣？

（摘自《美哉，花蕊》）

因此，本剧中帝王将相，散韵合体，锦心绣口，确是难得。虽然，一者题材合适，二来韵白之用确属难得，激发了手段高超的作者在语言

上冒险的冲动，但更重要的还在于，郭启宏一直以来都保持着对语言、文字本身的兴趣，这种兴趣与他对思想、灵魂的兴趣相伴相行，并行不悖。在文艺理论史上，有许多的文学潮流的更替、文学思想的

京剧《花蕊》剧照　江苏京剧院　主演李洁

演进都是从语言实验上寻求突破的，甚至近代的一些哲学流派、哲学思想的发展也与语言学有着密切的关系。不知道，中西兼顾、古今通鉴的郭启宏在语言上的这种实验精神，是否有受到这方面文艺现象的启发或影响。

第二大创作试验是女性角色的新试验。花蕊本是历史上一个亡国之君的宠妃。这样的女人往往被"天然地"定义为"祸水"。而且，他还随着降臣入了新朝，作为一个阶下囚，一个身份和地位已经一落千丈的男人的女人，她本是最没有发言权的、最卑微、最无能为力、最让人可怜、最为骂名所累的人。可是，郭启宏却用自己新的处理将这种生存状态与审美状态彻底扭转了过来。他让她变得有了几分超脱，有了十分才华。那女人身上的三分度量与视野，便让三个处在权力最顶端的男人忙得团团直转。

> 在男权社会里，女人的命运是注定了的，那就是被动、服从乃至任人摆布。花蕊虽属奇女子，再想特立独行也摆脱不了既定的命运。她面对的是三个皇帝：一个过去的皇帝，一个当今的皇帝，一个未来的皇帝。她行在三个皇帝之间，尴尬肯定不期而至。

（摘自《美哉，花蕊》）

关键之处在于，剧作家始终让这个女人处在选择的位置上，而不是如现实中真实的关系那样，由三个男人先后来定夺她的归属与生死。

赵光义　望夫人听我衷曲，谅我隐忧！
　　　　（唱）曾记得蜀天一片夕阳中，
　　　　　　　半江瑟瑟半江红。
　　　　　　　青衫素裙，绰约仙子下凡境。
　　　　　　　却原来军骑囚车押娉婷。
花　蕊　（唱）剑阁依稀绿杨影，
　　　　　　　杜鹃声里到葭萌。
　　　　　　　曾记得驿馆斋壁题小令——
赵光义　（接唱）一阕未终斑马鸣。
花　蕊　（唱）晋王单骑传圣命，
赵光义　（唱）专程护送上帝京。

剧中除了可以正面表现赵氏兄弟围绕着花蕊而展开的争辩，而产生的争夺，甚至还用一场幻想性的戏来"补充"表现死后的孟昶对花蕊的"求欢"与思念

　　　　〔画像活起来，似若与之呼应，做出各种造型……
　　　　〔风嗖嗖，语咻咻，孟昶嘴上哼着巴蜀小曲，悠悠然
　　　　　走来。
孟昶　（唱）树上斑鸠啊，叫咕咕，
　　　　　　哥无老婆啊，妹无夫。
　　　　　　你我都是半瓶醋啊，
　　　　　　何不倒拢做一壶？
花蕊　（一见，不胜惊诧）真的是你？原来你没死？
孟昶　（狂喜）花蕊妹妹，想死我了！我天天，啊，夜夜！孤衾独枕，寂寞凄清，呼茶中夜无人应，冷雨敲窗被未

> 温！花蕊妹妹，想死我了！我天天，啊，夜夜！（上前搂抱花蕊）

因为孟昶和花蕊一开场共同上殿后，便被迫分开，根本没有两人能够单独在一起发展、表现情感的机会，所以剧作者通过主人公的幻想来创造两人相处的情境。那么，这样一场夫妻相会的戏有什么用呢？显然，只有有了这一场戏，我们才能切切实实地看到、体会到剧作家想要表现的三个男人围绕着这一个女人的效果。那么，又为什么要制造这样一种人物关系呢？因为只有形成这样一种关系，才能创造人物的一个关键行动，而整部戏就是建立在这个关键行动上的，即花蕊的选择，这也就是郭启宏所说的"变尴尬为选择"。

> 她在尴尬中曾经多次运用同样手段——抓破对方脸皮（虽然动作略嫌重复），赢得做人的尊严（当然尊严所隐匿的后续手段便是自尽），也赢得选择的权利，尽管这种可怜的权利只限于三个男人之间。事实上，她果真选择了，她对三个男人的感情取向，均萌发于自家的选择，只不过在时空、内容和方式上各不相同，或怜而爱之，或敬而爱之，或怨而爱之。花蕊之美不仅在貌，还在才，不仅在才，还在于洞察事理的眼光，而最集中展现出来的美是人格的自尊！

她对赵匡胤是"自尊的选择"；她对孟昶是"自尊的审视"；她对赵光义是"自尊的坚持"。只有拥有选择的权利，才有自尊可言。而赋予花蕊以选择的权利，显然和剧作者用新的历史观看待女性的地位与价值有关。剧作家将花蕊的那首诗铺排成一场大戏，是本剧前半场的小高潮，除了充分地表现出花蕊作为一个女性的才华以外，更重要的是，重塑了一种历史观，即女人只是亡国的替罪羊，而真正放弃责任、酿成亡国悲剧的是男人——"君王城上竖降旗，妾在深宫哪得知？十四万人齐解甲，更无一个是男儿！"这种对红颜祸水历史观的否定，应该是本剧"传历史之神"的真正立意与真切用心。

第三大创作试验是文人形象的新试验。本剧对文人的形象进行了不同以往的新塑造。亡国之君孟昶看上去与过去剧作中的文人身份最为接近。但实际上色彩与基调有了很大的不同。如果说《南唐遗事》中的李煜是可爱加可怜，那么《花蕊》中的孟昶简直是可笑加可怜。孟昶身上的滑稽色彩明显加浓加深了，这显然淡化了那通常在这样的人物身上总是存在的悲剧感。与李煜的文人式迂腐相比，孟昶的迂被剧作者明显放大了。

花蕊被命当场赋诗，抽了三个韵字，孟昶在一旁津津有味地琢磨："这个'儿'字，不好入诗！（自家嘴里唠唠叨叨）'打起黄莺儿'……不好，听莺儿……也不好！小女儿，宁馨儿，游侠儿，轻薄儿，弄潮儿……嗯，'早知潮有信，嫁与弄潮儿'……（自家入境，只顾唠叨）哎！这个'儿'，应该读'尼'，嫁与弄潮儿（音：ni）……（欲上前提醒花蕊）"。花蕊当然没有理他。

当花蕊吟出"更无一个是男儿"后，举座皆惊，只有孟昶居然还沉浸于诗词格律中，说道："呃，呃，慢来慢来！（自信地）这个'儿'字要念作'尼'！"众人大笑，他还认真地和大家解释："那是有出处的（音：di）"。这确实是其迂腐文人表现的最好体现。但又与以往有所不同。李煜也有身处危难仍然不忘诗词格律的事，但孟昶所做之事却有更大的反讽性——要知道，他似乎根本没有听出来，自己一心要去纠正格律的诗乃是一首对他的讽刺诗。面对"不是男儿"的真正窘境，他浑然不觉，迂腐得可笑、可怜、可悲、可恨！

当然，孟昶的不可爱还建立在他的生活品位上。他用尽心力，"亲自策划，亲自构思，亲自主持，亲自绘图"，堆砌珍宝，集万千巧工于一个七宝夜壶，这是本剧前半部分最集中最惊人的讽刺段落。开国之君赵匡胤喟然长叹："呜呼！国欲昌节俭清廉，国将亡骄奢淫逸！一个夜壶竟用七宝镶成，杯盘碗筷又该如何奢侈？青萍之末大风起，蚁穴之微溃长堤，（越发激愤）六十六天，太长了！太长了！（猛然击桌，厉声呼喊）胭脂须眉，胭脂须眉！（唱）家国尚存心已腐，六师未战志先输。妄言社稷红颜误，应罪须眉不丈夫！"但此时的孟昶在想什么呢？

众人　什么？

孟昶　亵器……也叫溲器、清器、饮器、溺器、便器、也叫伏虎、虎子、夜潴、夜静、夜盆儿、关防盆、尿鳖、尿瓶、尿壶，咳，也就是市井所说的夜壶呀！

他说得如此详细，说明他研究得很精细；他研究得如此精细，就更让人为之不耻；不耻什么呢？不耻他的境界、他的品位、他的生活方式与精神世界。所以，孟昶身上所包含的强烈的讽刺色彩与滑稽感，显然与剧作家想要重新评估文人形象有着重要的关系。什么是文人？传统的作品中，文人的定位就是文章写得好的人，受过良好的传统教育的人，才华出众有良好的名声的人。这些孟昶也几乎都具备，可是，他却让观众觉得离文人的格调疏远。这说明，我们传统的识别文人的标志需要调整，需要纠正，需要重新审视。一直以来，对于文人精神进行分析，对文人群体进行探索的郭启宏似乎正在将探讨的重心放在什么是理想的文人人格状态，什么是真正的文人文化气质上转移。孟昶这个形象似乎在警醒地告诉人们：文人可以迂腐但不可滑稽；可以真性情，但不可真无知。更重要的是，在这个世界上，有很多有才华的人，但他们的才华在被制度打败之前，早已被时代，被低级的趣味，被腐化的精神彻底浪费了！

话剧《花蕊夫人》　天津人艺

（二）

在《花蕊》的改编创作中，郭启宏欣慰地发现自己在话剧与戏曲之间获得了一种"自由转换"的快乐。这种快乐也更加激励他创作的多元化发展，从而使他在各大戏曲剧种以及话剧、影视剧创作中不断取得创作的新成果。他的创作也逐渐以种类丰富而著称。大概也就是在他不断地开拓剧种载体之时，他又启动了一门新的"实验"：跨文化改编——把外国戏剧改编成中国戏曲。也就是说，"传神之剧"中的"神"具体运用到跨文化的创作改编中，成为一个更大的"神"，即民族戏剧之神，或者说剧种之神。或许，这可以看成是郭启宏在完成了话剧向戏曲自由转换的提升之后，又一个新的课题：如何在西方话剧向中国戏曲的改编中实现"自由转换"，如何跨越文化的界限与差异，架设剧种与文化的桥梁。

《忒拜城》主演刘玉玲剧照

郭启宏在2002年和2005年两度将古希腊三大悲剧诗人之一索福克勒斯的名剧《安提戈涅》改编成地方戏曲，分别名为《忒拜城》（河北梆子）和《安蒂公主》（高甲戏）。相比较而言，《安蒂公主》可以看成是《忒拜城》的升级版。因为，前者已然能够从相同的故事中化解开原故事的"羁绊"，剧作的样式感与场面感更充分，文化表达方式和审美特色能够从剧种本身的需要出发了。

《安提戈涅》故事讲的是一个城邦的公主如何背负家族的悲剧从而完成了自己的使命的故事。底比斯国王俄狄浦斯，发现自己杀父娶母、自我放逐之后，兄克瑞翁取得了王位。俄狄浦斯的儿子波吕涅克斯勾结外邦进攻底比斯，另一个儿子厄忒俄克勒斯保护城邦，兄弟二人反目成仇双双战死。战后，克瑞翁给一个人举行了葬礼，而把另一个人暴尸田野。不准别人安葬。他们的妹妹同时也是克瑞翁的准儿媳安提戈涅，毅然以遵循"天条"为由埋葬了哥哥，于是她被克瑞翁下令处死。结果导致克瑞翁的儿子，也是安提戈涅的情人海蒙殉情自杀，克瑞翁的妻子也随之自杀。

通过对这个故事的再创作，郭启宏似乎在探索一条创作的新路径，这条新路径指示的是，西方戏剧跨文化改编的方法与效果。总体来看，郭启宏至少总结了两条重要的思路。

第一是尽量弱化西方戏剧中可能会带有的神秘色彩与宗教氛围，从而突出传统伦理色彩，因为后者往往是戏曲式悲剧的重要特征。关注人伦伦理、表达家族情感是中国传统戏曲的文化内涵。西方戏剧特别是古希腊悲剧的宗教色彩与神秘主义色彩非常浓厚，这与它起源于宗教祭祀有着直接的关系。而中国戏曲的成熟是在宋元时期，封建文化与经济已相当发达，它与世俗文化更为接近，它更能够直接地表达和体现世俗生活的方方面面。戏曲理论家陈多先生认为："戏曲长于'直取心肝'，表达人们的情感和内心状态；而拙于描绘行动细节和叙事；以'妙在入情'、'动人以情'为艺术特征。"郭启宏抓住了两个伦理关系进行深化。这两个伦理关系一为手足之情，二为情人之恋。在《安蒂公主》中充分展现了安蒂与两个哥哥（剧中又称执政王与流亡王）之间，即三兄妹之间的情谊交流、情感劝说与转变的过程。而索福克勒斯原剧基本上继承了传说中兄弟仇杀的情节，并没有做过多的诠释与改变。他的全部重点只是集中在了两个哥哥死后，两个妹妹的不同选择上。

  执政王　（挥戈高呼）杀！（率众人下）
     〔流亡王率兵上，一色的白盔、白甲、白枪、白盾，
      一派肃杀之气。
  流亡王　（念）还我城邦，夺伊权杖，
      赌一把贼寇君王！
     〔执政王率将士上，一色的金盔、金甲、金枪、金盾。
      沉闷的号角声响起，两军行阵，戈矛往复。安蒂缓缓
      行来，高贵而肃穆，一无惧色穿行于阵列之中。

二　　王　（惊呼）大妹！不要过来！

安　　蒂　（径行孤往）兄长！

（唱）劝兄长罢兵戎家宴重开！

二　　王　（讪讪地）笑话！

安　　蒂　（唱）扪心问，毁了邦国谁能开怀？

想一想啊，故园温馨犹然在，

儿时的记忆、成长的风采、高耸的廊柱、侵阶的青苔！

〔忽然间隐隐传来童声二重唱《好辰光》：

小溪潺潺响，

朝露迎初阳。

水车、染坊、打谷场，

小丘、田埂、山坡羊。

四时皆清爽，

童年好辰光！

〔在歌声中兄妹三人时而神往，时而怅惘……一曲歌终。

流亡王　（猛然狂喊）宁可战死，决不放弃！不是君王立城头，就是贼寇曝荒野！杀！

〔战鼓声大作，三军呼喊。安蒂被围在核心。正危急，海蒙策马奔来，救出安蒂。两军开打，杀声震天，鼓笳齐响，盔甲交辉。

……

〔二人各自挥手，两边将士退下。二人开打。二人同时中剑倒地，奄奄一息。

执政王　（拼力喊出）哥哥！

流亡王　（同样喊出）弟弟！

二　　王　（同时）我爱你！（气绝身亡）

实际上我们可以看出来，当最后兄弟两人即将死去的时候，他们都悔恨不已，原谅了对方，达成了亲情的恢复与统一，而这是在原剧中不曾有的，却被郭启宏在《安蒂公主》中强化了出来。剧中还有多个地方是表现这种亲族之情的和解与融合的。比如最后安蒂死去，合办了一个盛大的冥婚，而这个冥婚的效果其实就是以亲情的融合，即安蒂与两个哥哥三人之间在死亡之国重新融洽相处的印证。

鼓乐声作。众精灵取出婚纱和鲜花等物，为死者装扮起来。流亡王与执政王轿抬着安蒂，递给海蒙马鞭。一个仪式化的冥婚典礼进行着……幕后伴唱：天神主婚三界贺，婆婆高唱洞房歌！打破玉笼开金锁，度尽劫波浴爱河！

冥婚行列继续欢乐行进，安蒂和海蒙，流亡王和执政王，还有欧氏等亡灵过场，时而单行，时而双至，时而混编，时而逆向……仿佛为大将军的咏叹调伴舞。

当然，冥婚实际上也是情人之恋的升华场面，也可以认为这个场面是两条情感线索交汇的地方，实际上是两条线索融汇的高潮表现：

〔升光。
〔安蒂独坐闺房。
安　蒂　呀！
　　　（唱）一荣一辱别霄壤，
　　　　　　败者为寇胜者王……
　　　　　　不，不！
　　　　　　依我看血亲伟力胜权杖，
　　　　　　天地为之常低昂！
　　　（一阵倦意袭来，睡介）
〔海蒙头戴常春藤花冠，手举十八枝玫瑰，踏着太空步走来。

海　蒙　（柔声呼唤）安蒂！安蒂！我的爱人！

安　蒂　（发现海蒙，欣喜）海蒙！我的诗人！（指玫瑰）
　　　　这是……

海　蒙　你忘了么？今天是你的生日！（献上玫瑰，又给戴
　　　　上花冠）安蒂！
　　　　（唱）十八枝玫瑰十八年的爱，
　　　　　　　常春藤的花冠戴起来！
　　　　　　　美丽无须假粉黛，
　　　　　　　诗人的手啊胜似梳妆台！
　　　　（忘情地欣赏起来）

安　蒂　（羞涩）海蒙！你真好！（不由自主挽起海蒙的手）

海　蒙　（拉着安提戈涅）我的未婚妻，那边是婚床，跟我
　　　　来！
　　　　（唱）我和你，少男少女，青春风采……

安　蒂　（半推半就）海蒙！不要……

海　蒙　（唱）玫瑰，玫瑰，为谁开？
　　　　（抱起安提戈涅，向内走去）
　　　　〔手杖的"笃笃"声。俄狄浦斯内声："安提戈
　　　　涅！"上。

安　蒂　（闻声一惊）快走！

海　蒙　（一耸肩膀）老爷子来了，赶紧溜！（悄然逸去）

俄狄浦斯　女儿呀！
　　　　（唱）你怎能一心思男欢女爱？
　　　　　　　你忘了兄长们裸露的尸骸！

不过，必须指出的是，郭启宏在这两个情感取向上是有偏向的，他更多地表现了亲情，而爱情在这部戏中似乎被无意中弱化了。也就是说，手足之情要大于情人之恋。比如，安蒂公主被困于牢室石窟，准备

自尽。她在幻觉中先后见到了自己的哥哥流亡王的幽灵、海蒙、王后欧氏的幻影,她与他们分别进行交流对答,看不出情人之间依依惜别之感处于一个更重要的位置。一般情况下,通常爱情都是女性刻画

《忐拜城》演出后合影

的重要场面。可是在《安蒂公主》中,爱情场面显然并不充分,尤其是在死亡即将来临之时,安蒂公主也没有把更多的情感表达放在对情人的倾诉上。安蒂走马灯似地见到了一个个亲人,她和情人的对唱和交流并不比她和其他亲人的交流更多、更深、更突出:

　　　　〔幽怨的音乐声如泣如诉,时而夹杂奇特的混响,给
　　　　　人以神秘之感。石窟幽深的一角,有人影晃动,那是
　　　　　安蒂。
　　安　蒂　(唱《圣女吟》)
　　　　　……
　　　　〔"安蒂!"流亡王呼唤;"安蒂!"海蒙呼唤;"安
　　　　　蒂!"欧氏呼唤。俱若隐若现。
　　流亡王　妹妹!你有怨恨吗?
　　安　蒂　我的哥哥!
　　　　　(唱)你一死害苦了活着的我,
　　　　　　　你毕竟向故国动武挥戈!
　　　　　　　我天生向往光和热,
　　　　　　　葬遗体,慰孤魂,成就我扑火小飞蛾!

〔流亡王叹息一声走开。

海　蒙　我的爱人！你有遗憾吗？
安　蒂　我的诗人！
　　　　（唱）我无憾，我是天顶花一朵，
　　　　　　　万里长空，彩云为我舞婆娑！
　　　　　　　我有憾，我不曾享受婚床的快乐，
　　　　　　　更无缘摇篮边低唱育儿歌！
〔海蒙赧然后退。

欧　氏　我未婚的儿媳，你有欢乐吗？
安　蒂　感谢天神！
　　　　（唱）天地间四时皆春色，
　　　　　　　我懂得了爱，珍惜着生活。
欧　氏　欢乐加上遗憾，才是完整的人生！
安　蒂　谢谢！
　　　　（唱）只事耕耘，不问收获，
　　　　　　　无论丰腴，还是瘠薄。
　　　　　　　无语的神灵在祭坛端坐，
　　　　　　　完美的辍笔是作品的解脱。
　　　　　　　保持了女人最终的沉默，
　　　　　　　携一缕余音归天国！
〔绰绰人影从安蒂的意识流中消失。安蒂梳妆打扮着，
　　向舞台深处走去……
〔海蒙与大头兵兴冲冲而来
　　……
〔老弄臣抱着安蒂的尸体慢慢走来

应该说，亲情表现压倒了爱情表现也强化了安蒂公主身上"安提戈涅"的色彩，即一个女斗士的形象。

大将军　我的外甥女！告诉我，你知道禁葬令吗？
安　蒂　知道。
大将军　你敢违抗法令？
安　蒂　敢。
大将军　（愕然）为什么？
安　蒂　因为宣布法令的不是天神，是凡人！
　　　　（唱）此处凡间非天上！
大将军　（唱）这位凡人是国王！
安　蒂　（唱）天神的律条胜王杖，
　　　　　　　君主如流水，永恒是穹苍！
大将军　（唱）片时水能覆舟形同反掌，
　　　　　　　生杀权一人揽，匹夫志夺全邦！
安　蒂　（唱）话语权也一并君王豢养，
　　　　　　　天下无非独言堂！

由以上安蒂公主与大将军的冲突戏，我们更可以看出，安蒂身上的"斗士色彩"实际上是对"女性色彩"的一个弱化。"斗士色彩"来源于原剧中的宗教与世俗对抗的主题。所以，若是能够弱化这种

《安蒂公主》九鲤湖游踪

色彩，实际上有助于戏曲化地人物塑造。同时，戏曲化地塑造女性形象，尤其是恋爱中的女性形象实则是戏曲的重要优长。应该说，"安蒂公主"形象的改编是郭启宏跨文化改编尝试中的一个试验品，并没

171

有到"自由转换"的成熟度,这充分地说明,跨文化改编不仅仅是一个体裁形式的改编。文化的跨越,文化载体的过渡是一个长期研究的课题。

不过,郭启宏还是在改编中渗透进了大量的戏曲元素,这可以看作是其试验创作的突出成果。比如喜闹剧因素向悲剧渗透,有意制造出某种悲喜闹杂糅的效果。

    〔锣经"急急风"。"主上!主上……"大头兵"串小翻"上。

大将军　（转过身来,和颜悦色）这是宫廷,不可以大声喧嚷。

    〔大头兵翻一跟斗,跪下。

大头兵　禀告…主上!大,大……大事不好!

大将军　怎么啦?我的王室亲兵!是天塌了下来?还是你尿了裤子?

大头兵　没,没尿裤子!就是有点水汁汁……

大将军：勇敢的人永远言简意赅,懦弱的人常常语无伦次!……

大将军　（震怒）哪个汉子胆敢违抗王命?

大头兵　（偷着乐）我要知道哪个汉子干的,就 Very good!

大将军　难道连蛛丝马迹都没有吗?

大头兵　（一个"鹞子翻身",念快板）
    没有鹤嘴锄,不见双齿铲,知他怎么翻?没有车轮过,不见马蹄现,知他怎么瞒?

大将军　你当真不知道?

大头兵　主上,我开始勇敢了,言简意赅,就三个字——不知道!

大将军　混账!（盯着对方）我看得出来,是你、你们干的!你们曾经是从前王室的亲兵,一定是受到金钱的收买!金钱,金钱,肮脏的金钱!

大头兵　（一听，望海蒙，翻白眼）王子救我……（"摔僵尸"）
大将军　起来！
　　　　［大头兵一个"鲤鱼打挺"，站了起来。
大头兵　（颓丧地）主上，我尿裤子了！

快板、戏曲人物的身段动作，语言上的杂糅，滑稽人物的胡言乱语等，这些是我们常见的戏曲喜剧元素。这些元素穿插在该戏最激烈的人物冲突之中。

场面的"好看"也是中国戏曲的特长。与相对很"静"的古希腊悲剧相比，《安蒂公主》要热闹得多，因为其中创作了许多"新场面"。这些新场面往往都非常"好看"，非常"热烈"。比如开场两兄弟战场厮杀，比如结尾处举行的盛大的"冥婚"游行。比如集体性的出葬祭祀"巫之舞"：

　　　　［幕后男声伴唱：
　　　　烛光，泪光，星光点点，
　　　　谁挽银河落人间？
　　　　欢乐，悲伤，轮回转换，
　　　　我送英雄上九天！
　　　　［一长列白色的送葬队伍，擎着一支支白蜡烛，正忧伤地络绎而行。其间，有新国王克瑞翁，执王杖行在前头；有安提戈涅和伊斯墨涅姐妹，泪光莹莹；有欧狄刻和海蒙母子……
　　　　［送葬队伍渐渐远去……
　　　　……
　　　　［送葬队伍行来，队列前多了一个巫师。队伍立定，由动态转为静态，却由巫师在原地作法，众人随之舞蹈，复归动态。
　　　　［幕后男声伴唱《安魂曲》：

> 天苍苍兮野茫茫，
> 魂魄飘摇兮向何方？
> 向东方，东方黑如漆，
> 向西方，西方冷如霜，
> 向南方，南方腥如血，
> 向北方，北方狠如狼。
> 天苍苍，野茫茫，魂兮何往？
> 向着玄黄，向着洪荒，向着悲壮，向着昂扬！
> 〔暗转。又现月光下的头盔，又闻乌啼犬吠，却忽然飞沙走石，地暗天昏，似乎由静态转为动态。

安蒂埋葬曝尸的兄长时，是利用歌舞化的场面来进行表现的。

安　蒂　（唱《大招》）
　　　　　凝云滞雨一笼罩，
　　　　　以太充盈静悄悄。
　　　　　几曾见栎树枝头精灵鸟，
　　　　　用哀歌应和着我的悲号！
　　　　　脱去蒙面纱，抡起鹤嘴镐，
　　　　　（掘地，捧土）
　　　　　解下押发圈，敞开亚麻袍。
　　　　　（以袍盛土，撒向头盔）
　　　　　给死者当一个悲哀的先导，
　　　　　顾不得少女的羞涩、双颊的红潮！
　　　　　（泼洒橄榄油）
　　　　　橄榄油清洁了阿兄仪表，
　　　　　像当年披一袭白色长袍……
　　　　　〔为众精灵包围着的流亡王渐渐浮现。
安　蒂　（用水壶倾水祭奠，望东天）哥哥！

（唱）水和蜜相交融两倾三倒，
　　　愿阿兄莫忘却血亲同胞！
安　蒂　（又取出金币和面饼，一一作交代）哥哥呀！
（唱）渡冥河谢艄公金币酬报，
　　　遇冥犬送面饼切莫动刀。
　　　阿兄的坟茔阿妹造，
　　　原谅我寸土未能气势豪！
（不由泪下）
　　　哥哥呀！（跪地祷告）
〔流亡王欲言不得，掩面而泣，为众精灵簇拥着，隐下。

应该说，这两段且歌且舞的场面有很强的舞台魅力，它来源于剧作家对戏曲场面的吸收与创造。

总之，跨文化改编即在西方戏剧与中国戏曲之间达成一种共享与互通，还有许多的经验需要去总结，还有很多的可能性需要去尝试。从现在的创作态势看，郭启宏正以更广泛地涉猎、更新奇的尝试、更大胆的追求开拓着自己的创作领域、创作对象与创作形式。

或者《安蒂公主》仅仅是郭启宏新创作的一个起点。对于一位有着如此充沛创作能量的作家而言，未知的未来实可期待。

《忒拜城》说明书

第十章　文学传神文人剧论

郭启宏不仅是当代最重要的戏剧戏曲作家，同时，他也是新时期戏剧理论的重要开拓者与阐发者。他对于历史剧的理论思考，对历史剧创作和理论建设都起到了重要的作用。在经过了三十年左右的实践检验之后，现在可以说，郭启宏的"传神史剧观"是当代中国戏剧理论的重要成果，可以预见的是，它对于正在建设中的中国戏剧理论体系，以及中国现当代文艺理论的建设都将具有深远的影响。

郭启宏的戏剧理论与他本人的戏剧创作实践紧密相连，这恐怕也是其理论的特色之一。这说明他的理论不是来自于某一种想法，或者某一种先验性的定义，而是切切实实地得之于舞台，得之于创作的体验，是其精神的提炼。

在梳理郭启宏"传神史剧论"之前，或者有不少人有这样的好奇：郭启宏如何在其创作力最旺盛、作品成果最丰硕的时候，还能够分心于理论思考呢？激情四溢的人物风流与情感创造如何会与分门别类、条条缕析的沉静哲思相安共处于一人一时呢？这既与郭启宏个人的教育经历有很大的关系，与其擅将形象思维与理性思维熔于一炉的精神气质有关，也与其长期以来自觉地将学术训练与写作训练融为一体的独家"修炼"方式有关。

> 我早年养成一个习惯，观剧后一定要思考这出戏有无让我感动之处？或流泪，或开怀，或昏昏欲睡？为什么会这样？是诉诸高尚的动机还是传奇故事的魅力？是矛盾冲突的设置还是表现手段的神奇？我写了一册又一册……

我信奉"活到老学到老"的格言。比如在创作实践中，我思考过雅与俗的关系以及雅俗共赏的命题，若从绝对意义上讲，雅与俗各有其内涵与外延，既不能替代，也不能兼容，若从相对意义上讲，雅与俗的概念之间又有模糊带，模糊带的交叉部分可以认可为"共赏"，尽管这里的雅与俗已经不是原先绝对意义上的雅与俗了。我把这一番思考运用到戏剧创作之中，戏剧所蕴涵且展现的意旨应该新颖而深刻，是观者须升堂且入室的探颐索隐之所在，偏雅；然则戏剧的娱乐性、普及性及市场化又决定了大多数观者之品味，近俗。这种情形在新编历史剧里尤其明显。

（摘自《一生能有几回眸——我的编剧生涯》）

　　以上自述或者告诉了我们其理论阐发并不是写作时的某一灵感或者想象中的一种感觉，其理论有长期的思考过程、积累过程；而且这个思考的积累中，不仅沉淀了对自己创作的反思，也沉淀了对别人创作的批评与研究。应该说，郭启宏的剧评写作并不仅仅帮助了他总结编剧的经验，觉悟出了写作的技巧；更点点滴滴地熔铸了他苦心孤诣的戏剧美学观念与戏剧思想，帮助他把创作与理论进行打通、嫁接、融合的工作，其理论自然而然地带上了情理兼容的特色。

　　那么，郭启宏戏剧理论体系的主要思想是什么呢？他提出了一个什么样的概念，这个概念内涵是什么，外延是什么，体现了一种什么样的戏剧观，其深层次的主体追求又是什么呢？

　　郭启宏理论自觉性的突出表现之一就是，在其创作的早期就主动地进行戏剧思考，并形成了较为清晰的思考线索，更进一步从概念层面将其归纳、凝结为以"传神史剧论"为核心的戏剧思想体系。传神史剧论产生于二十世纪八十年代，当时也正是中国思想创新最活跃的时期。如果细究史剧理论的发展史便会知道，有关历史剧创作的理论早在三四十年代就很受理论家与创作者的重视。抗战时期就有郭沫若的"失事求似"的史剧观念；欧阳予倩对于历史剧创作中"戏剧性"的强调；后来有陈白尘的"历史教训"观等，所谓"古为今用"和

"历史主义"的史剧创作理论一直占据着思想界的主流。历史剧创作是中国戏剧戏曲创作的一个重要方向,有关它的理论建设与探讨也进行得很早,成果较多。但是客观来说,其发展也较多地受到了局势的影响与政治风波的干扰,其中确实存有不少创作与理论误区。作为一名活跃在二十世纪八九十年代戏剧戏曲舞台上的戏剧家,郭启宏是有相当的使命感的,他不仅以自己丰富且深具影响的创作改变了长期以来较为单一的历史剧创作模式,而且还能从同时期创作实践出发,概括提炼不同的经验,发展具有一定影响力与启示性的理论体系,对中国历史剧创作具有重要的意义。

郭启宏

"传神"是中国古代美学的一个重要命题,受到汉末魏初的学者和魏晋玄学的影响而扩充和确立。所谓神,泛指描绘对象的精神气质特色。它最早来自于古典绘画理论。东晋画家顾恺之说:"以形写神而空其实对,荃生之用乖传神之趋失矣。空其实对则大失,时而不正则小失。不可不察也,一像之明珠,不若悟对之通神也。"他认为"言不尽意",看人须观内在的神,而神却常不可言传,这和庄子的"得意忘言"之说一脉相承,可以说"意"和"神"往往在古代文论里是可以置换的概念。纵观中华民族的文化艺术发展史,很多艺术家所追求的最高境界是"言有尽而意无穷",这与西方文化中具体实在的表达方式有很大的差别。

应该说,作为一种戏剧创作理论的"传神史剧论"继承了传统美学的思想成果。

郭启宏出身于知识分子家庭。后来又师从于著名学者王季思先生,有着非常扎实的文学和历史学功底。他在概括当下以及以往的历史剧创作经验时,以"传神"来表达对于历史的态度。"传神史剧"理论的阐述，郭启宏是建立在"神似"的基础上的。郭启宏借用中国古典文论中"神"的概念，强调"神似"是一种精神上的真实存在，是一种精神审美层次上的真实，这种真实即是艺术意味中的"神韵"。因此，神似不仅是一种创作技巧，同时也是一种与追求形似相对立的审美观念。这一创作理念追求"剧"对"史"的突破。

同时，他提出了重新看待历史、解读历史的眼光和视角。这个视角的关键在于如何看待历史与现实的关系。历史是一个有生命的实体，它具有鲜活的生命活力并且对于现实生活有着血脉相承的关系。但历史和现实的联系不能只是看成某种影射，某种推理、附加的外在结合，而是靠作者对历史的感悟和对现实生活的内在情感产生联系。历史剧不能与原生态的历史相比附，它要唤起读者的历史感。但历史剧不是对"史"的遗弃，"史"仍然是创作的首要因素，问题的关键在于怎样对史料进行筛选和提炼以及艺术的加工，这是历史的戏剧化过程。郭沫若认为"失事求似"，而郭启宏则认为是"失料留神"。

"传神"含义主要集中在三个方面，即"传神三义"。第一义："传作者之神"——以当代意识观照历史，它包括历史感悟、现实体验、审美理想；第二义："传人物之神"——于历史的缝隙和断裂处驰骋想象和虚构的"特权"，获得历史剧虚构的自由。强调"人物之神"，就是在写人性、人情，写出具有"真感情"的真人活人来，在追寻历史人物内心真性情的运动发展轨迹中，塑造富有哲理内涵的、纯情的人物形象，改变过去重"事"不重"人"，重外在冲突不重内在冲突的公式化创作倾向；第三义："传历史之神"——在历史戏剧化过程中把握历史的神韵，传"神似"的历史真实。历史要与现实发生联系，需要发掘、感悟历史与现实之间相连接的内在的神韵的。"传神三义"又是一个整体。其中"传作者之神"是对戏剧创作中的主体性原则的发挥，而"传历史之神"和"传人物之神"则是对戏剧创作中客观性原则的运用。由此可看出，郭氏从"史"、"剧"关系出发，努力寻求解决历史剧中"史"与"剧"矛盾冲突的途径。郭启宏认为，"历史就是横亘于时空的无与伦比的大理石，就是古人和今人合力雕刻的有生命的大理石。如此的大理石，史剧家应该做到两件事——审视和激活。""审视"，即是用现实关照历史，以历史鉴辨现实。现实的作家运用现实的思维奉献于现实的观众，一切都是根植于现实。"激活"，即来源于作家的思想。作家的思想又必须是来源于现实生活的亲身经历和经验、困扰和感悟，思考或者是演绎。作家用现实的心灵去体会和总结过往的历史事件来呈现当代人的心灵困扰和问题。入戏的材料来源于书本文字，但是"激活"一定是作家生活的延伸和拓展。"传人物之神"主要是为了塑造人物形象。传"历史之神"的核心是"激活"历史，"激活"历史也就是使历史人物复活。传人物之神的关键在于体会历史人物的内心情感，写出具有真人情、真人性、"真感情"的历史人物。

作家对于遥远历史的"激活"，关键在于对较模糊的历史人物的"激活"。而"激活"历史人物，主要是挖掘他们的思想，确定他们的性格，发展他们的行动，从而找到他们在历史情境中的位置。这里面除了有大量考证的工作，在已知人物的身上发现情感的、历史的逻辑，更有很多工作是依据这些逻辑"创造"一些新的角色——这些次要角色可能只是一个历史的影子，可能从未在历史的舞台上露过面，讲过话，但却是主要人物身边重要的存在。他们使得主要人物的生存世界更丰满，更完整，精神世界的依托更坚实，更可信。

比如京剧《司马迁》中的司马夫人就是一例。关于司马夫人，在《报任安书》中曾经提及，但是无记述，历史上也没有任何记载。在《韩城县志》中，虽保存着后人有关司马迁家世、妻妾、子女的一些传闻，但牵强附会，甚至荒诞不经，俱不足取。但从主题表现、戏剧内容的角度考量，这一角色又是不可或缺的。她会是一个什么样的女人呢？考虑到当时的门阀观念和姻亲制度，司马夫人似应是一个士大夫家庭中知书达理的女子，在司马迁遭遇屈辱之时还能发愤著书，身边不可能缺少一个同情、理解和支持自己事业的妻子。因此，在作者笔下，司马夫人是一个患难夫妻中见地超群的妇人。如同作者其他剧中的女性形象，周玉英、宗琰、李腾空、阿甄、阿鸾和卓文君，她们都有着一片丹心，是文人难寻的知己。她们跟随不幸的丈夫历尽艰辛、受尽屈辱而毫无怨言；在丈夫得意忘形之时给他们醒脑；他们以丈夫的事业为己任，毫无保留地献出自己毕生的经历；她们甚至怀着比丈夫更加强烈的对于未来的信心，因而在丈夫动摇和灰心之际给予劝慰和激励。

沿着以上人物关系的逻辑发展，作者以其《筹金》里集资赎罪，《割席》里相濡以沫，《挥毫》里痛斥奸佞、保护副本等情节，力图使之成为血肉之躯的艺术形象。如在《割席》中，夫人在司马迁和任安发生矛盾想要放弃生命时，她动之以情，晓之以理，表现了一个见识卓群的才女的沉稳和大气。更重要的是，她的存在也使得司马迁的人物情感逻辑和行动逻辑更具有生活可信度。

司马迁　多年知己，割席绝交，他把我当作失节之人！
夫　　人　割席绝交，正是友情深厚！
司马迁　如此友情，稀见罕闻！
夫　　人　老爷，你怎么糊涂一时呀！
　　　　　（唱）莫要说无情剑恩义割断，
　　　　　　　　分明是有情人沥胆披肝！
　　　　　　　　你看他疾恶如仇赴友难，
　　　　　　　　慷慨悲歌发冲冠。
　　　　　　　　如此知交世罕见，
　　　　　　　　真情发自肺腑间。
　　　　　　　　老爷你能忍恶人飞来箭，
　　　　　　　　也应经得友人鞭。
　　　　　　　　从今后明烛焚香供宝剑，
　　　　　　　　常想起海内有此奇儿男，便发愤挥毫成篇。

另外，《挥毫》一场的查抄和副本的处理，基本上也是作者的虚构。李和嫣与杜周出于私心，为了让自己不要"遗臭万年"，相互利用施计把司马迁的心血付诸东流，让刘彻查抄了司马迁的《史记》。

杜　　周　万岁封禅回来，司马迁当即补写《封禅书》，嘲讽万
　　　　　岁寻仙求药，嬉笑怒骂，放肆得很！
李和嫣　我早就说过司马迁的《太史公书》是谤书，万岁

　　　　　　爷……
　　刘　彻（提笔欲写诏书，踌躇，见画沉吟，搁笔，看看杜
　　　　　　周，唱）
　　　　　　看杜周分明是求孤颁诏，
　　　　　　《太史书》怎好用诏命查抄。
　　　　　　将计就计削书稿，
　　　　　　却把这害贤罪抛向臣僚！

　　事实上，《史记》在当时未能发表，直至司马迁死后才由他的外孙传播。在《报任安书》中提到，"仆诚已著此书，藏之名山，传之其人，通邑大都。"既然藏之名山，就是担心失传，这里也包含着可能有削改、抄检、销毁等横祸。因此《太史公书》不可能只有一部。当时司马迁外孙所传是正本还是副本无从稽考，但郭沫若在历史散文《司马迁发愤》中认为是抄了副本的。作者采信了郭沫若的说法。虚构的情节和人物主要还是为了剧本主题的需要，《求诏》和《挥毫》即是作者表现文人的软弱性和封建统治的残暴而进行的合理虚构。

　　从某种程度上说，"传神史剧"也是对过去的"演义史剧"，"学者史剧"和"写真史剧"的超越。郭启宏认为"演义史剧"重点在"剧"而非"史"。"史"只是作为一个入戏的材料，"学者史剧"和"写真史剧"虽然承认历史剧"史"的价值，但是"学者史剧"追求的是完全的忠实于历史，而"写真史剧"追求的是对"史"的"艺术化"的真实化。"学者史剧"重"史"轻"剧"，写真史剧强调"史""剧"的协调性。传神史剧则是要求在内容上体现剧作家的当代意识和主体观念，在形式上首先解放"剧"的体制范围，用"剧"的神似传"史"的神韵。两者既包含有历史的本源真实和历史人物的情感真实，又包含有作者对历史文化积淀相融合的作者的主体意识，甚至于包含有与传统文化相勾连的当代意识。就此我们可以读一读郭启宏早年所写的"历史剧宣言"：

　　　　一、历史剧不以再现历史为目的，历史剧只是表现作者自
　　身设定的主题并使之作为艺术化的手段；

二、历史剧是现代剧，历史剧的思维只能是现代思维，历史题材只是起着被借助的作用，用以表达作者的主观意念；

三、历史剧可以使历史人物性格化，也可以使历史事件寓意化，但历史剧必需排斥功利，同狭隘的"以古为鉴"的"教化"划清界限。

（摘自《"从前"情结》，选自《传神——郭启宏戏剧文论选》）

可见，传神史剧的"神似"是相对于"外在形象"而言，史剧中的时代背景、人物个性、风情风貌、基本事件、重要情节等，重在"神韵"而不在于"形"的完全体现。郭启宏解释："'神'是完全出自于'我'——史剧作家自身的观念和感受。"

就此，有些人会觉得这样强调剧作家本身的观念和感受，会不会将历史本来的面目遮蔽了呢？会不会造成历史剧真实性不足，从而变成了剧作家过于"随意"的自我表现的产物？对于这个问题，关键还是在于对"传神"的"传"字如何去理解如何去把握。也就是说，一部作品"神"有没有，要看你有没有"传"的能力，有没有"传"的水平，剧作家有没有在"传"字上下足工夫。郭启宏并没有说，史剧作家要去创一种精神，要去造一种意蕴。"传"不是随意的创，它有它的规定性，这个规定性在于必须依据对象的实质去思考、去想象、去总结，在把建立在当时情境下的美学精神与历史意韵"传达"出来。当然，并不是任何人都能"传"出神来的，也并不是任何方法都能"传"出神来。郭启宏作为一名编剧的经历生涯，使得他并没有只是提出一个"传神"的设想，而是要将这种设想与实践的可能性结合起来，并在理论上提出实现的路径。

路径一，是读上乘之书，有野趣之乐，于中研读古今中外戏剧理论，如沐春风。除了一般性的如李渔《闲情偶寄》、王国维《宋元戏曲考》、阿契尔《剧作法》等经典的戏剧理论专著，更有如歌德、莱辛、迪伦马特、加缪的文学散论，尤其是马基雅维利《君王论》、汤恩比《历史研究》、巴乌斯托夫斯基《金蔷薇》等理论书籍都给他的历史剧创作以极大的滋养。路径二，是在文体与语言之间游刃，从更高的角度体验和确认剧本的崇高地位。郭启宏曾著文，专门提及过他在八十年代所写的一部可能很多人都不太注意的小剧场话剧《原情》。后来，他又将之改成了大型话剧《花蕊夫人》，由天津人艺搬上了舞台。不久以后，江苏省京剧院建议将之改为京剧，再次推出了完全不同于话剧的京剧《花蕊》。

> 面对两个版本，我意外地发现，我在话剧与戏曲之间，完全做到了自由的转换，尽管内容大体相同，样式却迥异，话剧的精神渗进了戏曲的表演，戏曲的手段也能丰富话剧的叙述，我看到两种艺术样式的差异和矛盾，更看到它们之间的互动和互补。
>
> （摘自《一生能有几回眸——我的编剧生涯》）

郭启宏认为《花蕊》的改编是一件"值得一书"的大事。因为，在这个剧本的改编过程中，他感受到了一种奇特的"转换"又"无碍"的体验。可能文体之间的隔阂与限制性，在作家高度的驾驭能力与贯注的精神品味下，瞬间消失不见。或者说，不仅限制与羁绊在退隐，而且还似乎成了表达内容的帮手与条件。所以，郭启宏反复说道："我从花蕊这一题材两种样式的流转中，看到中国戏剧的未来，而引领这未来的是戏剧的文学载体——剧本"。

路径三是重建一种作剧的美学观、体验观、人生观，把人与剧的关系梳理成一种有层次的境界。其参仿王国维人生"三境界"说，借用老杜诗章遗句，提出了自己的作剧修炼"四种境界"：

一曰"清词丽句必为邻"，
二曰"语不惊人死不休"
三曰"新诗改罢自长吟"
四曰"老去诗篇浑漫与"

这四个境界可以看成是人生的提升演进过程，也可以看成是修炼"传神"本领的阶段进化。在其对自我"编剧生涯"进行梳理时，放在了文章收束之处，颇有凝结经验、思想大成之意，或可作为其戏剧理论中对"传神"之道修炼的独家法门。

值得注意的是，"传神史剧观"的内涵富有极强的"文人史剧观"色彩。而真正支撑其"文人史剧观"的理念支柱是"文学的主体性"，或者可以换言之为"文学史剧观"。无论是传历史之神，传人物之神还是传作者之神，核心都是以文人的眼光看待文化的问题，强烈的精英意识里透露出浓烈的责任感与历史感，从而强调出文学的批判精神、自省精神及其精神上的主导力。当然这种"文人化"的眼光和作剧精神，有时也会表现得特别执拗，特别"离经叛道"。比如，郭启宏对历来为人们所鄙责的"案头剧"就非常不以为然。他倒是将"案头剧"看成是文人创作冲动表达的不错的园地：至少那里可以减少很多舞台对思想表达的限制，表演对精神探索的曲解。其云：

> 我向来主张，戏剧文本的创作应该遵循一定的表演艺术规范。然而最要紧的，不是如何接近表演（那是导演的事），而是不受规范约束的自由想象与创造力。古人推崇"场上之曲"，令人排斥"案头剧"，毋乃片面乎？倘非偏执，何妨一想，既曰"剧"，便应符合"剧"的规律（如不"合律"，何不去写小说？），也便可以"被之管弦"，咋就不是"场上之曲"？至若某些伪劣的劳什子，本就不能当作"剧"，遑论"案头"、"场上"！熠熠煌煌的《牡丹亭》，本来就张扬"自由想象与创造力"的"剧"，吴江派竟吹求所谓"声韵"，终竟未能暗淡汤显祖的光辉！我为"案头剧"喝彩。
>
> （摘自《剧本·美哉，花蕊》）

由此看来，郭启宏的戏曲美学观念里，文学与舞台的关系虽然既是相辅相成的，但辅和成的关系还是有主有次的：文学显然居于主体地位，舞台的娱乐性、功利性、限制性应该受制于文学精神的表达，而不是像许多专家、演员认为的那样正好相反。虽然郭启宏的说法可能很难服"众"——尤其是坚持戏剧的演出品格高于文学品格的人，可能关键还是在于对"文学"的定位。郭启宏的"文学"、"案头"主要还是指文化态度与学养积累，并不是指字句叮咛的锱铢必较，腐儒冬烘先生们怕也难得写出可称"场上之曲"的剧，所以"遑论案头"了。

　　由此，我们可以看出，"文人史剧观"的背后是"文学史剧观"，即以文学的自觉批判精神直达以文人为主体和主要审美对象的戏剧作品内部。在其理论表述中，戏剧与文学的关系是一种苗与根的关系。文学并不是一种体裁、一种艺术形式而已，而是有着文化境界与思辨能力的品质和精神。正是因为这种品质，戏剧才能够直达人心，才能够起到一如鲁迅先生评陀思妥耶夫斯基的"罪恶的深处拷问出洁白来"的作用。所以郭启宏力主"所以创作方法上的取舍，最终让位于文学上的思考"，力主"一种叫作文学的精神"，力主将文学的精神拓深、磨尖，达到一种"批判的"层次："文学精神是一种批判精神！文学精神是一种探索精神！文学精神是一种牺牲精神！文学精神是一种真善美精神！"

　　文学精神的投射总有自己确定的目标，每一个剧作家总有自己最擅长最渴望最能感悟的人群。在童年时代父亲对郭启宏所说的那句话，引发了他对"文人无用"的心灵触动。没有想到，对于文人灵魂的探讨与研究会成为自己毕生的事业。郭启宏大部分的戏剧戏曲作品正是建立在对文人品格品性追问的基础上。自己身为读书人，关注读书人，看自己也看见了一个群体，研究一个群体的沉浮也反观自身的起落，这种身在其中又需要立于其外的创作关系本身就很值得关注、研究。王国维在《人间词话》中云："诗人对宇宙人生，须入乎其内，又须出乎其外。入乎其内，故能写之；出乎其外，故能观之。入乎其内，故有生气；出乎其外，故有高致。"

　　严格地说，在传统中华文化体系内，文人并不是一个独立的阶级，"读书做官"是每一个文人主要的人生选择，他们的行为和言行往往会在不同程度上体现出依附性。平步青云或是命运多舛并不是完全取决于文人本身的才干或是品质的高尚，很多时候我们看到，才华横溢，品质高洁经常会导致他们仕途多舛。即使是对李白的诗才甚为看重的唐玄宗，评价李白时，也说是"此人固穷相"，"非廊庙之器"。即使是在现代，一次次的政治运动，读书人也都不可避免地被卷入其中，越是想要经世致用，越是受到迫害。想帮忙却帮不得，空有满腹经纶和满腔热血却无以施展，反而是那些阿谀奉承，惯于阴谋算计的无耻小人站在历史的舞台上呼风唤雨地出丑。郭启宏及家人在"文革"中的磨难，也使他更深地体会到知识分子命运的不确定性和知识分子这个阶级的不安定性。

如同作家笔下的司马迁，作为一个史书官正确地记录历史本是天经地义，但这恰恰违背了封建君主要求歌功颂德的旨意与心理。奸佞假借君主之手对其动用宫刑，书稿再三被毁。司马相如的官场起伏都是取决于封建君主的意志和封建政治的严酷管制。对于历史中的文人的人文关怀也是作者对于现代文人的关怀，壮志难酬、怀才不遇并没有因为历史的变迁而发生改变，其根结或许就是剧作家笔下的人物命运的根结，读书人的价值不是独立于政治外而是其附属品，如:《司马迁》第二场《廷祸》中，司马迁劝诫汉武帝远离奸佞引来大祸：

司马迁　万岁呀！
　　　　（唱）开疆土平山寇连年用兵，
　　　　　　　徭役频赋税重民生艰辛。
　　　　　　　徇私舞弊无穷尽，
　　　　　　　贪官污吏应运生。
　　　　　　　愿陛下亲君子远小人，把朝纲肃整，
　　　　　　　方保得祖宗基业永世长存！
刘　彻　大胆！
　　　　（唱）作史官你应当讴歌炎汉，
　　　　　　　却为何越职守指点江山！
　　　　　　　我汉家历百年尧天舜甸……
　　　　（怒冲冲，脱口而出）斩！

司马迁对于刘彻，是一个帮助自己歌功颂德的工具，而不是一个有自由灵魂的历史书写者。从二人的对话中，作者生动地表现出了文人对封建君主和封建政治的依附性。"兼济天下"和"独善其身"本是传统文人一直秉承的生存策略，但实际上却暗含着双重矛盾，它往往使得那些以之为人生理念的读书人陷入无法解脱的困顿。即使是诗仙李白亦难幸免：他有一种"绝对化"的人生理念为依据的历史使命感，他认为"致尧舜"、"济苍生"的人生道路必定是文人的生存轨迹，"虽九死其犹未悔"的他入长安，赐金还山仍心念魏阙；他入永王幕，踏夜郎途，衰年之际还要请缨从军。李白的人生悲剧也正是大多数古代文人的人生悲剧，他们有着对人生的崇高理想，在理想的支配下进入官场，却并不适应政治体制与权力游戏的规则，在君主官僚文化体系内，灵魂显得孤独无依。在虚幻的理想和残酷的现实之间，文人的命运被政治和制度所左右，注定了他们的人生走向。

如《李白》第二场：

李　　白　你可要明白君臣之道，要守大节尽忠尽孝啊！有些传言……
　　　　　……
李　　璘　（对门外）取五百金。
惠仲明　　给李白的赏赐？
李　　璘　（冷然一笑）润笔。（与侍卫匆匆出门）
惠仲明　　（规劝）刚才先生有些话说得不大得体……
李　　白　哈哈！一个李白，五百金！五百金就打发了！徒有虚名的诗仙醉圣，不过是个不堪一击的卖文的刀笔！哈哈哈！我走！我走！（将惠仲明递过的钱袋摔在地下，跌跌撞撞走出）

如同司马迁对刘彻的作用，李白对于李璘来说不过是个为叛乱鼓舞士气的工具。李璘要的不是李白的忠言，而是他的文字和他的名号，为自己的叛乱找一个有说服力的旗帜！所以，李白的一番忠心劝慰换来的不是李璘的欣赏和重用，而是"五百金"的打发。封建君主需要的文人并不是可以帮助自己指点江山，敢于直言的忠臣，而是为自己的政治行动呐喊助威的"啦啦队"。

　　文人史剧观也好，文学史剧观也好，都最终要落实到剧作家的主体意识上，而历史剧主体意识的建立，最重要的还是剧作家的历史观问题。写历史剧，评判历史人物，当然得有自己明确的历史观，对待历史发展、历史本质、历史与个人的关系要有深刻的见解和辩证的思考。"传神史论"所反映出来的历史观是什么呢，它对待历史规律与个人选择的关系持一种什么样的态度呢？简单地总结，其对历史的总体把握有两个出发点：第一他承认历史的相对性和局限性。我们每一个人都是历史长河中的一个微小的存在，没法参与整个历史，也很难在宏观上掌握整个历史，我们对历史的认知都是具有历史的局限性的。历史的发展必然有其相对稳定的规律，但是往往又容易在强大外在因素的影响下发生轨道的偏移。所以妄自评断历史的发展规律或是必然走向往往是不切实际的。第二，他强调历史认识的主体创造性，任何历史认识活动主体都是参与其中的。主体是历史的产物，但历史又是被主体所创造。主体认识历史虽然有相对性和局限性，但是主体认识历史又有创造性，史剧家认识历史也具有主体创造性。这是"传作者之神"理论构想的内在依据。郭启宏认为在历史剧中，史剧家不可避免地要表达主体的意识形态。"史剧家的主体意识与创作而俱来，与史剧而同在。"郭启宏认为史剧家与史剧，史剧家与史剧中的历史，与史剧中的历史人物的高度融合的境界即是"物我合一"，这也是最完美的艺术境界。郭启宏所提出的传神史剧的"传神主义"，其中"传作者之神"是对戏剧创作中的主体意识表达的肯定。在历史剧创作中，人物、情节、行动、戏剧冲突等戏剧因素的安排必须要满足主体表达对客观存在和大众意趣的态度的需要，但同时这些戏剧因素也必须要与独立于历史剧之外的客观存在的历史达成一致，以满足客观原则的需要。所谓剧作家的意识形态，就是剧作家能动的对历史的创造，即理想、情操、学识和趣味等，去体会和理解历史人物的内心世界和情感，与历史人物融为一体，从而在书写历史方面有别于史学家获得相对的自由，从而突破"史"的限制，达到

"剧"的解放。虽然戏剧家和史学家都是在书写历史，但史学家是在书写过去的历史，当下却是每一个人都在参与书写历史，史剧家当然也不例外。史剧家通过对历史的精深研究，对历史作细致且独特的分析，进而再创作。这种创作主要表现在对历史人物无限广阔的内心世界的理解，这种理解的基础是作家的真感情。只有当史剧家和历史人物的性情，人性产生强烈共鸣时才会产生古今沟通的融入感。有此感情，史剧家才能运用一系列戏剧创作手法将历史人物和历史事件搬上舞台，艺术作品才能得以活色生香。因此，史剧家的主体意识是历史剧创作中戏剧主体性原则和客观性原则统一的基础。

有一种历史剧创作理论认为，史剧首先是为现实服务，史剧的本质是"剧"，"史"只是入戏的材料。"剧"并不是独立存在的，而是要为政治服务的工具，只是这个工具经过了艺术化的修饰，充满了艺术的审美和感染力但是它呈现的是"人工美"而非天然去雕琢的自然。但是郭启宏先生认为"剧"首先要立足于审美的需要，他所追求的"神似"是作家个人的感受以及对历史神韵的体会，是具有作家生命的个体，精神的生命个体的意识形态的具体存在，而非抽象的历史精神，应是个性的审美意识。"剧"不再是工具，而它本身就是创作的目的。历史剧的定位目标是"传达史剧作家在当今时代所感悟到的审美理想"。剧作家应该避免把自己定位为政治家或是历史学家，尽量从一个艺术家的角度去揣测历史人物的内心世界，熔铸自身的意识和感受去塑造丰满的历史人物。简单地说，是在感受人物的基础上表现而人物，而不是单纯地批判评点人物，这才是历史剧应有的"剧"的精神。

比如《南唐遗事》里两个主要人物，赵匡胤和李煜，一个是天生的帝王之才，一个是天才诗人，是命运的捉弄让两条本是平行线的二人站在了争夺帝王之权的擂台上。作者将两种不同的性格、不同的气质组合在一起，传达出来的是对命运悲剧感的体验，从而达到某种美学意义上的"净化"。在李煜的身上，作者倾注了自己对他诗才的敬仰和对他政治命运的哀叹，作者借用赵匡胤之口发出心中感慨，"好一个翰林学士呵"、"李煜呀李煜，身为国君而这般用情，焉能成就大业？"李煜的悲剧正是在于他不可调和的两种身份，浪漫的诗人和务实的君王又怎是一介青衫书生的柔弱肩膀能够同时肩负得起的？李煜深情地对小周后道："玉英，李煜原本为诗文而来，就该为诗文而去。"一个简单而有真性情的灵魂往往会引发很多联想与共鸣。赵匡胤是天生的君主之才，他知人善用和雄才伟略，但是他也是一个有血有肉的平凡人。在他倾尽一生夺得权利之后，再回首看到两情相悦的李煜和小周后，他会羡慕和嫉妒。他追悔错过的青春年华和爱情，但是这些于他却早已是滚滚长江东逝水不复回。作者在哀叹李煜的同时，也表达了对赵匡胤的同情，在《邀宴》一折中，赵匡胤因为周玉英的拒绝而恼羞成怒，看到瑟瑟发抖的李煜和周玉英，又不禁心生怜悯，

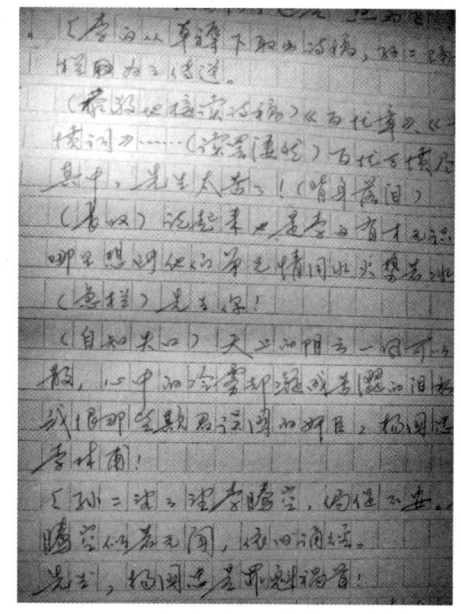

剧本手稿

  赵匡胤 想匡胤丰功就，心彷徨，
      欲复萌，鬓已霜，
      此生付出尽多难补偿！
      称孤道寡，
      犹输与涸鲋情长，
      金山银穴，
      换不来生死鸳鸯！
      不由俺积愤满腔，
      妒煞李重光！

  坐拥天下的赵匡胤内心无比嫉妒着南唐后主李煜，李煜失去了江山但是却拥有更为珍贵的爱情和人性。他有着用生命热爱着的诗学和红颜

知己，即使是在最潦倒的时候仍有人可以诉说情怀，用诗文抒发心中之情。剧作者如此描绘李煜与小周后之间的爱情，表现他对诗才的热爱，正是努力描绘一个"真性情"的历史人物。同时借用赵匡胤这一人物的侧面烘托，更是表达了作者对人的"真性情"的歌颂。用剧中人物表达了自己对人生价值的定位——人生的价值不在于权力和金钱，而是在权力和利益面前仍然葆有"真性情"。或许在政治的擂台上，赵匡胤战胜了李煜，但是在人生的舞台上，他永远地输了。《乞巧》一折的尾声，赵匡胤道出了自己作为一个"人"的悲哀，

　　赵匡胤　伤心唯一语，
　　　　　　顿觉肝肠裂。
　　　　　　休道帝王无情义，
　　　　　　人血一般热。
　　　　　　有谁知平天冠改了人性骸。
　　　　　　良辰美景成虚设，
　　　　　　虽奠得巍巍社稷万年基，
　　　　　　终不免晋代衣冠、汉家陵阙。

——或许，"传人物之神"的最高层次就是"人剧合一"般地传达"作者之神"，作者把自己的主体意识灌注在剧中人物身上，在人物的身上体现剧作者的人生观，价值观和爱情观。

总之，郭启宏的"传神史剧"论，既是对中国古典文化的一种传承又给中国的现当代历史剧的创作提供了一条新的道路。走过了重"史"轻"剧"，重"剧"轻"史"的阶段，经过了"史""剧"并行的尝试之后，郭启宏为我们提供了一条尊重历史的前提下解放"剧"的创作模式。历史剧的创作如同中国的山水画，再现的不仅仅是眼中的"景"，还有创作者心中的"神"和"意"。历史剧不是历史再现的工具，而是要唤起现代人的历史感悟，通过对历史的审视去关怀当下的人文之神。

概言之，"传神史剧论"以文学传神，为文化立心，代文人立命。

结　语

《郭启宏评传》或可告一段落了。刚和郭老通过电话，听他的声音，气韵饱满，底气十足，似乎还有无穷的精力去创造。这种对于创造的新的可能性的好奇心，音犹在耳，掷地有声，不由人觉得，声音的那头是一种"白发青春"的幻觉。是因为写作，改变了人生命时序的体验吗？

如此一想，这本小小的评传如何能写出"结语"来呢？写了结语，肯定只能"结"评传的"语"，而郭启宏其人其事其行其意，远没有真正"结束"。只要他的创作还在继续着，他所期待的实验还在尝试中，对其成就的评价，大有可以增加的内容。我以为，光荣当与梦想同行同在。

2014年，郭启宏连续两部新作隆重推出，即评剧《城邦恩仇》与《北国佳人》，无疑它已成为今年剧坛的新亮点。一方面让人感慨，其年届七旬仍然具备充沛而源源不断的创造力；另一方面，他的感性想象越来越自觉地和理性思考，尤其是与理论思考相结合、相生成。他的创作在更新，他的美学思想与创作理论居然也在更新！要知道，这两件事情（理论与创作）单独实现其中任何一件都是很难很难的，更何况他不仅要实现还要有更新，不仅要更新还要几乎同步在进行，这真是一件不可思议的事情。不可思议的事情正在发生，等待也会变成一种幸福。

这个正在诞生中的新的创作理论，现在只能用一个我"妄造"的名词来概括："流转创作观"。

"流转创作观"虽然还是刚刚露出微光的理论雏形，还无法像三十年前他轰动戏剧界的"传神史剧论"那样丰盈普世，但却是对戏剧创作学、戏剧体裁学、戏剧戏曲学的发展格局与认识体系有着根本性的反思与触动。它会不会成为二十一世纪中国贡献给世界戏剧的全新的思想发明呢？

这里不妨简单地引述一下他的关于"流转创作观"的最新鲜的思考与散论，以为将来之图景作铺垫和纪念。

首先，此"流转创作观"带有对其一生完整创作的整理、回顾、反思的色彩："我入得门来，惊其博大，讶其精深，既升堂，且入室，更流连忘返，此门彼户，由戏曲而话剧，由雅词而俗曲，且行且止，东食西宿，唯流与转。"（郭启宏《迦南随笔之流转》）这样看来，流转之路是其近五十年创作之路的流与转，既是语言，也是体裁；既有实践，也有精神；既有一开始的可能"无知无觉"的状态，也有灯火楼台、意兴阑珊之中的领悟。

其次，"流转"里面有历史也有哲学，赋予了这个人生老成阶段的学术思考与人生思考的色彩。"关汉卿们满腹才华倾泻在俗曲上，却意外地成就了一代文学——元曲；沈从文1949年后不再从事文学创作，'边城'远影碧空尽，故宫的故纸堆却簇拥出古代服饰研究的大师"（郭启宏《迦南随笔之流转》）——这是历史的"流转历史观"。"流，仿佛盲动，其实是学力的实践过程；转，看似凑巧，其实是不间断的积累与深造。所谓隔行如隔山，说的是分门别类自有严格的界限；又道是隔行不隔理，那是说客观规律往往大同而小异。若从大处着眼，人生永远处于流转之中，流转教你入得其中，同时教你出得其外。入得其中，你能从门户间的相互碰撞，体悟到相犯相尅；出得其外，你又能从门户间的相互依存，感受到互动互补。你应无门户之见，即使有也让流转给淡化了，流转给人以开放式的心态，不故步自封，不抱残守缺，敢于借鉴，敢于'拿来'。"（郭启宏《迦南随笔之流转》）——这是哲学思辨中的"流转辩证学"。

再次，"流转"有人生之论，有历史之论，有文化之论，更有创作之论。"在戏剧领域，戏曲与话剧可以流转，推而及之，戏剧与影视、与小说、与诗歌、与散文也可以流转"，"以我有限的写作经验推论，流转使剧作家有可能获得艺术实践上的相对自由，这就是：以自家的美学意趣去选择载体。换句话说，剧作家划定的题材决定着艺术的样式，因为任何内容的题材都应该有它与之最为适应的样式供它驱驰，而这一样式必定是剧作家根据自家的观念、趣味，还有学养、识见以及技能进行选择的结果。"（郭启宏《迦南随笔之流转》）

郭启宏是少有的善于在创作与理论之间寻找津渡的学人。他往往是第一个实践戏剧新思想的创作者，也是第一个凝练舞台新实验的思想者。2014年他推出的评剧大戏《城邦恩仇》，重编了古希腊悲剧之父埃斯库罗斯的三联剧《俄瑞斯忒亚》。跨文化戏剧改编是当代全球化文化背景下的热点，但郭启宏的切入却是另一个角度：不是从文化交流或者戏曲题材拓展的传统角度来思考和指导创作，而是从文化流转，从艺术形式体裁流转的最大可能性的角度来思考他的创作："我已经预知东西方文化——具体说来是古希腊悲剧与中国地方戏评剧之间，既相犯相尅，又互动互补，我甚至清晰地感觉到一种新质在萌动，它将带来评剧艺术的一场革新，我是如此坚定地看好评剧，只因这个剧种历史短，积习少，资历浅，负担轻，因而吸纳量大，可塑性强，时而百炼钢，忽焉绕指柔。"（郭启宏《迦南随笔之流转》）

本来在无意识中，"流转"只是一种创作的体验，现在似乎正在转化成创作的觉悟。年已七十的郭老说，假如天假以寿，他可能还会做出一个全新的东西……此处省略的不是字数，而是面对已经取得如此多成就的前辈，却仍然不满足、不守成、不停留，仍然有仰望星空，思索人生的热情和动力，晚生后辈敢不椎骨发奋的诚惶诚恐之心。

从2009年到2014年，本评传写了五年。自己一度觉得为大师作论写心，力有不逮；何况，郭老文字了得，自己笔耕不辍，诗词歌赋、评剧论文，一向取法乎上，这又是目前为止第一本关于他的个人评传，压力之大，即使现在可以付梓面世，自问仍然惶恐不安。知人论世，知人其难乎？论世其宜乎？考虑其周乎？材料其备乎？言谈其合乎真实乎？取舍其遵循事理乎……凡此种种，若有忽疏之处，能不自责于心，如何坦然面对？！

毕竟积跬步以穷远，压力之下宜当有所行动，未来大成总是由当下的小善所成就的。截取一代大师艺术生涯片段以做专论，待将来方家宏论大著问世之时，此本小书或有一二可取之处？若然，幸甚至哉！

钟鸣

2014年9月24于西山景明

附录一

郭启宏年谱			
年代	年龄	创作/事迹	备注
1940	0	生于广东省潮州市饶平县黄冈镇	
1957	17	毕业于广东省立金山中学（汕头），入广州中山大学师从王季思	
1961	21	广州中山大学毕业分配到北京市文化局，后到中国评剧院任编剧	
1973—1974	33	创作评剧《向阳商店》，中国评剧院演出，人民文学出版社出版。	
1978	38	从1961年到1978年先后创作了评剧、独幕话剧、儿童剧、小演唱等各种形式的作品。包括已发表及未发表的约共23部作品。	评剧《卖水》、《李双双》等。
1979	39	京剧《司马迁》，北京京剧院三团演出。发表于《剧本》1980年第二期。	我国戏剧舞台上第一次成功地塑造了司马迁的艺术形象，获文化部庆祝建国30周年献礼演出创作二等奖，1980年文化部创作奖
1980	40	改编评剧《珍珠衫》中国评剧院一团、二团演出，移植《屠夫状元》中国评剧院二团演出；广播剧《盲厨师》，北京人民广播电台制作播出，广播剧《夜行的驿车》。	

续表

年代	年龄	创作/事迹	备注
1981	41	评剧《成兆才》，中国评剧院二团演出，发表于《剧本》1981年第九期。与刘成林合作改编创作《李娃传》中国评剧院一团演出，发表于《评剧大观》第三集。	《成兆才》获1982年北京市新创剧目剧本二等奖。
1982	42	京剧《王安石》，发表于《北京剧作》1982年第一期。	
1983	43	评剧《评剧皇后》，中国评剧院二团演出，发表于《新剧本》1986年第二期；改编创作京剧《花魁》，北京风雷京剧团演出，评剧改编《阎婆惜》。	《评剧皇后》获北京1983年度市新创剧目剧本二等奖。北京市新创剧目百场演出奖。
1984	44	评剧《红白喜事》（根据魏敏同名话剧改编），中国评剧院二团演出；又戏曲剧本《女副厂长》，发表于《北京戏剧新作》1984年，戏曲剧本《特区姑娘》发表于《巴彦淖尔戏剧》1984年第一期。	《女副厂长》获北京市庆祝建国三十五周年征文三等奖
1985	45	创作京剧《卓文君别传》，北京风雷京剧团演出。根据魏敏同名话剧改编评剧电视剧《红白喜事》，中国评剧院二团演出，北京电视台摄制播出。	1987年，戏曲电视剧《红白喜事》获首届全国戏曲电视剧鹰象奖优秀奖
1986	46	京剧《情痴》（据蒋防《霍小玉传》改编），北京京剧院一团演出；又据同名电影改编评剧《芙蓉镇》；创作京剧《乌江残照》，发表于《戏剧电影报》。	

续表

年代	年龄	创作/事迹	备注
1987	47	创作昆剧《南唐遗事》，北方昆曲剧院演出，后调入北方昆曲剧院；改编评剧《花街》，中国评剧院二团演出，发表于《北京戏剧新作》1987年第四期，改编评剧《香壶案》，中国评剧院一团演出。	我国戏剧舞台上第一次成功地塑造了李后主的艺术形象，以满票荣登第四届全国优秀剧本奖榜首，又获1988年北京市新创剧目优秀剧本奖，后又被评选为中国当代十大悲剧之一，据此拍摄的同名电视艺术片获全国戏曲电视剧金三角奖一等奖、第八届全国电视连续剧飞天奖二等奖
1988	48	创作广播连续剧《评剧皇后传奇》，中央人民广播电台录制播出；创作京剧《宋宫异史》，发表于《新剧本》1988年第三期；昆曲电视剧《南唐遗事》，中央电视台摄制播出；昆曲《战乌江》；评剧《潘金莲》；京剧电视剧《情痴》；话剧《原情》，发表于《大舞台》2005年第三期。	戏曲电视剧《南唐遗事》获第三届全国戏曲电视剧金三角奖一等奖；第八届中国电视连续剧飞天奖二等奖。连续广播剧《评剧皇后传奇》获西凤杯全国广播剧大奖赛一等奖第一名
1989	49	创作话剧《紫》发表于《新剧本》1989年第一期；据普希金原作改编昆曲《村姑小姐》，北方昆曲剧院演出，发表于《新剧本》1990年第二期；改编昆曲《桃花扇》；创作电视连续剧《情缘》。	调入北京人民艺术剧院《桃花扇》获北京市1986—1989年度新创剧目编剧奖
1990	55	改编京剧《一代贤后》，北京京剧院四团演出；话剧《鼾声·86》；据关汉卿原作改编电视连续剧《拜月亭》	
1991	51	创作话剧《李白》，北京人民艺术剧院演出，发表于《剧本》1991年第十一期、日本《悲剧喜剧》1992年第十二期和1993年第一期。	1992年第六届全国优秀剧本奖、文化部第三届文华剧作奖和新剧目奖，北京市庆祝建国45周年征文荣誉奖，并被译成日文（菱沼彬晃译）发表

续表

年代	年龄	创作/事迹	备注
1992	52	据郭沫若原作改编京剧电视剧《孔雀胆》，河北电视台摄制播出，发表于《大舞台》1991年第六期。	第四届全国少数民族电视艺术骏马奖；第八届全国戏曲电视剧蓬波杯奖；第十三届全国电视剧飞天奖戏曲电视剧一等奖
1993	53	创作电视连续剧《朱元璋》，北京电视台摄制播出；创作昆曲《鬼乡曲》，发表于《大舞台》1993年第一期。	
1994	54	改编创作评剧电视剧《花街》，北京电视台摄制播出；创作潮剧《九龙瓶》，发表于《新剧本》1994年第四期；创作广播连续剧《李白》，中央人民广播电台录制播出；电视连续剧《白玉霜》，北京电视台摄制播出。	
1995	55	创作昆曲《司马相如》，上海昆剧团演出，发表于1994年第十期、《上海戏剧》1997年第五期；创作话剧《天之骄子》，北京人艺演出，发表于《中国作家》1995年第二期；电视连续剧《东周列国》，中央电视台摄制播出。	《司马相如》获黑松林杯全国戏曲文学奖、上海宝钢杯高雅艺术奖、第五届中国艺术节荣誉奖、第十二届田汉戏剧奖剧本一等奖、文化部第八届文华新剧目奖、北京首届老舍文学创作奖，据此改编的昆曲电视剧获第十八届中国电视飞天奖一等奖。《天之骄子》获北京市首届舞台艺术金菊花奖、全国第三届曹禺戏剧文学奖、文化部第七届文华剧作奖、首届中国戏剧文学创作奖金奖。中国话剧编剧金狮奖、北京舞台艺术金菊花奖

续表

年代	年龄	创作/事迹	备注
1996	56	改编昆曲《绿牡丹》，发表于《大舞台》1996年第六期；创作京剧《绣虎》，发表于《新剧本》2005年第二期。	中国话剧研究会颁发的第三届中国话剧编剧金狮奖
1997	57	创作电视连续剧《潮人》，未发表。	北京人艺、北京市三露厂人艺·大宝优秀编剧奖
1998	58	昆曲电视剧《司马相如》，上海电视台摄制播出；电视连续剧《共和国主席刘少奇》，未摄制；话剧《代齐》、《李清照》，未发表。	昆曲电视艺术片《司马相如》获1998年第18届"飞天奖"一等奖
1999	59	创作话剧《知己》。	荣登《新剧本》杂志评选新时期中国戏剧激情人物排行榜
2000	60	创作京剧《雍正登基》，发表于《新剧本》2001年第四期。	
2001	61	创作京剧电视剧《沈园梦》，中央电视台摄制播出。	
2002	62	改编河北梆子《忒拜城》，北京河北梆子剧团演出，发表于《新剧本》2002年第五期。创作昆曲《金缕鞋》，未发表。	
2003	63	创作话剧《男人自白》（即《边缘人》），北京人艺演出，发表于《剧本》，2003年第二期，新版话剧《李白》，北京人艺演出，发表于《新剧本》2004年第一期；京昆合演《桃花扇》，上海京剧院、上海昆剧团联合演出；创作昆曲《西施》，发表于《剧本》2005年第一期。	《男人的自白》获2004年第八届中国戏剧节"都宝"杯小剧场演出秀优秀剧目奖，优秀编剧奖

续表

年代	年龄	创作/事迹	备注
2004 2005	64 65	创作话剧《人·艺·人》，未发表。 改编河北梆子《窦娥冤》，北京市河北梆子剧团演出，发表于《新剧本》2005年第四期；创作越剧《越女天下秀》，未发表；改编高甲戏《安蒂公主》，未发表；改编京昆梆合演《桃花扇》，未发表。	《原情》2006年田汉戏剧奖剧本奖
2006	66	创作话剧《原情》。	
2007	67	改编昆曲《绿牡丹》，江苏省昆剧院演出。	
2010	70	创作话剧《知己》，北京人民艺术剧院演出，发表于《剧本》2010年第十一期。 改编话剧《小镇畸人》，北京人民艺术剧院演出。	
2011	71	创作话剧《花蕊夫人》，天津人民艺术剧院演出，发表于《戏剧文学》2011年第五期。 创作京剧《花蕊》，江苏省京剧院演出，发表于《剧本》2012年第四期。	
2014	74	创作梆子剧《北国佳人》，北京市河北梆子剧团演出，发表于《剧本》2014年第四期；重编评剧《城邦恩仇》，中国评剧院演出，发表于《新剧本》2014年第期。	

附录二

郭启宏戏剧作品研讨会资料
（部分文字进行了书面化整理）

时　间：2009 年 6 月 25 日　下午
地　点：北京市文联 6 层第二会议室

索谦：今天北京市文联、北京市剧协召开郭启宏戏剧作品研讨会。郭启宏老师是北京市剧协的主席，国内知名的剧作家，大家非常熟悉；郭老师也是属于全能型的剧作家，他除了创作话剧，同时也有许多非常优秀的戏曲作品。几十年来，他不断创造耕耘。特别是最近，推出了酝酿二十多年的新戏《知己》，我们组织文学界和戏剧界的同仁观看了这部大戏。

当前随着文化体制改革、市场发展，整个文艺创作处在繁荣期，但同时也暴露出了一些问题。一方面，我们新时期的创作更加多样化，另一方面，我们还是对于主流的创作，特别是那些几十年勤勤恳恳认真创作的凝聚主流精神的文艺作品，给予更多的肯定、更多的关注。要对他们的创作进行研究，因为，这样的作品具有极大的启发性，对于新一代的中青年剧作者们很有启迪与教育意义。

今天，我们除了邀请戏剧界的专家学者，同时还请了包括陈建功同志在内的文学界的朋友。郭启宏老师也很想听听文学家们的观剧意见。首先，请剧协秘书长杨乾武同志介绍一下今天到会的各位专家学者。

（介绍略）

郭启宏：非常感谢北京市文联、北京市剧协开这个会。我这辈子和戏结缘，其实很偶然。（我）家里并没有任何戏剧基因，而我读大学的专业也不是戏文，是中文。1961年，我21岁毕业就被分配到了北京市文化局，从此走上了戏剧之路。我是很偶然地"路过"了戏剧的门口，却被人推了进去。所以，我的戏剧道路跟别人可能不太一样，不是从戏剧行里出来的。

我从文学进入戏剧，这既带来一些长处，也有一些短处。几十年来，我大概就是扬长我的长处，修补我的短处的过程，今天总结我的创作，似乎"告别"的意思，其实并不是宣告"封笔"，还是寻求一种"自由"，就是说不强求创作。我愿意写，但是写不出来就不强求。我愿意用南宋诗人楼钥的对联来结束我的发言，上联是：学古之心未衰，每日必拥书早起；下联是：干世之心已绝，无夕不饮酒高歌。我大概就是步入这个境界了。

陈建功：郭启宏的戏我几乎每戏必看。首先，向郭启宏表示祝贺，向他的成就表示崇高的敬意。郭启宏是我非常敬重的剧作家，他的作品我觉得充满了他的主观的战斗精神和主观的激情。他的作品多是以知识分子中的代表人物为主要人物，如曹植、李白等，但是里面渗透着他个人的情感。（我觉得）郭启宏的剧作是对我们知识分子拷问的剧作，它既拷问了中国知识分子，也拷问了我们自己，这个拷问和一般评论家、理论家的分析不一样。比如说李白的个性。夏志清对中国知识分子的分析，就既肯定他们感时忧国的情怀，又指出了他们趋炎附势的弱点。郭启宏对李白形象的处理并不简单，对他的入世之心和趋炎附势心理的表现很深入。他并不简单化地处理知识分子的心理，而是有更深入的认识。话剧《知己》不简单写友情，而是写友情之下的人生价值观的碰撞和取舍。我觉得，郭启宏的作品里对中国知识分子的拷问，具有超迈时间和空间的恒久价值，（这样的）戏是能够流传下去的，是经典。

第二，郭启宏的剧中往往有非常深厚的文学底蕴。不光是遣词造句、音韵、词语的美，主要是剧中有一种重新缔造世界的能力和勇气。

正是因为这一点，它超越了当代，尤其是在熙熙攘攘的商业文化大潮下，有着非常深刻的意义。这样的创作取舍非常有价值。

第三，郭启宏有专业的古典文学的训练，作品中台词之美、剧情之美使我感到一种享受、一种纯粹艺术的享受。另外，这也对我们当今文学发展有非常大的启发性。最近再来看这两部剧（《李白》、《知己》），我对郭启宏有新的认识和崇敬之情。

当然，（观剧中）也有一点点遗憾。比如说《李白》中那一场表现友谊的老太太祭奠的戏，（让人感觉有些）别扭。类似的情节在以前的戏剧中也有。我觉得这点留有一丝遗憾，可以改改。

还有一点，需要向您请教的，就是第一幕。他说，"诗文，经国之大业，不朽之盛事"。我不知道是濮存昕故意念的还是改的，改成了这句"诗文经国之大业，不朽之盛事"。但是，我在北大（读书）的时候，老师专门叮嘱说，要注意，这个"文章经国之大业，不久之盛世"，不是你们写的诗歌或者小说，"文章"是"经表书奏"，是文件！当然，李白有感时忧国的情怀，他可能会这么想（诗文），但使用这句话会不会让人觉得不合适，这一点有疑问。

任鸣： 首先祝贺启宏老师。我非常幸运，排演过启宏老师两部作品。作为一个导演来说，很幸运的就是能够遇到一个好的剧作家和好的作品。那两部作品，一个是《知己》，还有一个叫《男人的自白》，是写现代生活的。

和郭启宏老师合作、看他的作品，我觉得，他的作品最大的特点就是非常有文化，有知识，有学问。我到人艺以后，启宏老师写的这几个戏我都赶上了。当时，我很年轻，进入人艺的艺委会，参与讨论这些剧本。于是之老师说，郭启宏的作品里有学问。我觉得，这是他作品非常突出的特点。这次排《知己》的时候，启宏老师天天来排练厅，因为《知己》的故事背景，需要演员有丰富的学识素养。所以，我恳请启宏老师只要时间允许，多来排练厅。这戏对演员也是很好的学习过程。我们现在有很多戏剧作品并没有多少文化含量或者知识含量。

另外，启宏老师的作品是非常深刻的。《知己》和《男人的自白》

都很深刻。虽然都是知识分子——《男人的自白》是现实题材——但是它们都是对知识分子灵魂的历练或者拷问。《李白》和《天之骄子》也是一样。但是,《知己》和《男人的自白》(在这一点上)比较突出。现在的戏剧作品(多是停留在)浅层次的抒情、搞笑,而启宏老师在拷问这些作品和人。在这一点上,它非常严肃地唤起人在思想上、灵魂上的思考。现在很多戏,思考的东西太少了。所以我作为导演来说,我觉得,中国最缺的就是好剧本。如果剧本不好,导演、演员很难上升到一个更高的层次。如果中国戏剧想发展,或者想有力量,或者戏剧本身能够发展得更好,首先要解决剧本问题。作品本身是不是深刻,是不是有好的人物,有好的深刻的主题,这些都是导演"代替"不了的。我觉得,郭启宏老师有很大的空间和创造潜力。他跟我谈过很多构思,他还有很多作品没有拿出来。所以,我也希望能够有更多的机会跟启宏老师合作,排启宏老师的作品。作为导演,排启宏老师的作品是一个提高和学习的过程。

刘侗:我今天来向郭启宏老师表示祝贺。一来是作为学生表示祝贺。我当年到中国评剧院的时候,他是我们的副院长,主抓创作。我去的时候,郭老师指着我说,当年我来评剧院的时候和你的样子差不多。所以郭老师是我进入戏剧行的第一位老师,对我的影响非常大,也感谢您给评剧院和中国的评剧留下了两部非常好的作品。我记得,咱们在2002年搞纪念活动的时候,还复排了《评剧皇后》。一个作品经历二十年左右的时间仍能在舞台上鲜活地呈现出来,这说明了作品本身的力量。2005年,我们撰写中国评剧院史,把这两部作品收录了进去。郭启宏老师在中国评剧史上有着不可磨灭的丰功伟绩。

作为一个戏曲工作者,我现在主要是负责北京京剧院的创作、管理工作。京剧《司马迁》是北京京剧院获得重要奖项的一部作品。这部作品由赵世璞老师主演,在京剧舞台上产生了非常重要的影响。郭老师的创作,在戏曲和话剧两个领域内都对北京做出了重要的贡献。他的贡献在这个时代有着独树一帜的力量,对我们今后年轻作者的成长有很好的激励作用。的确,目前剧本的创作非常非常困难,作品非常少,这和我们的编剧队伍建设有直接的关系。当年，我到评剧院时，有近十位编剧。而今天在北京市，戏曲的编剧编制一个巴掌数能数干净。中国评剧院还有两位，北昆有半个编剧，曲剧团没有，梆子没有。希望郭老师今后经常给我们戏剧创作指导和鼓励，用你的作品体现出深厚的文化和人文精神，用这种知识分子的人格力量来鼓舞我们。谢谢郭老师。

张和平：（我）从来没参加过这种（性质的）会，这是真的。今天破例参加了这个研讨会。因为郭启宏同志是我们北京人艺主管剧本的原副院长，同时，他又是一个在戏剧文学上、在人格上我非常尊敬的作家。我和刘侗的想法是一样的。戏剧事业要发展，必须首先抓戏剧文学。现在写戏的人越来越少，高质量的戏剧作品就更少了。所以，从事业发展的角度看，现在到了该正视这个事情的时候了。

我很早就知道郭启宏同志，但认识他却并不早。后来，我当了北京市文化局局长之后才跟他有更近距离的接触。我也是更多通过他的作品了解他，包括刚才说的《司马迁》、《评剧皇后》、《南唐遗事》、《天之骄子》、《李白》。现在，《李白》正在热演，剧场效果非常好，票卖的非常猛。前两天在西安举办中国诗歌节，也是盛况空前。这说明文学的力量（很强大）。

再一个，我的感受就是启宏同志是非常有个性的，也非常有责任感。所以，他的作品其实是他的所思所想、所爱所恨最终凝聚而成，其中有他认识的感悟和对世态褒贬和批判在里面。另外，它也是一个很"轴"的人。这个"轴"，就是指不趋炎附势，也不苟同什么，而是非常执着地去张扬自己的认识，这是作为一个（优秀的）文学家、艺术家必不可少的品质。因此，他的作品里就显露出了那种力量。最近人艺正在上演《知己》，它是我当院长后上演的一部戏。我在看这部戏的剧本时，就被震撼了。演出之后反响很强烈。

我觉得，一个作品的成功要有一个过程，而这个过程对于编剧来说是一种历练。《知己》的演出过程分成两个段落，这个断的时间也是一个加工、思考的过程，就是利用半个月左右的时间对剧本进行调整。作为一个编剧来说，每一句话和每一个细节都浸透了自己的心血。郭启宏同志对自己的心血是非常珍惜的。在第一轮演出时，他非常虚心地听取大家的意见，然后进一步打磨。他砍了（原剧本）十多分钟戏，心疼得不行，写作修改的过程是一个非常痛苦的过程。即使经过深思熟虑，修改作品仍然很难。这个戏继续演，要扶植，还要用更大的热情推出新的作品，没有新的作品戏剧的生命力就会枯竭。

郭启宏同志经过三十多年的酝酿，二十多年的写作，最终拿出来这个作品，很不容易。但咱们恐怕还得继续改，争取明年演出时再有一个大的变化。变化（其实）是一个非常正常的、必需的、必然的、痛苦的过程。没有任何一部作品一拿出来就是最终的经典，那绝对不可能。所以，要有这么一个痛苦的阶段。写作的秘诀就是七个字："改改改改改改改"。所有的作品都是"改"（出来的），"改"本身就是（作品完善的）一个机会。这个研讨会，不是创作的结束或者结论，应该是中间的加油，后面的作品会更好。

另外，我也想说，希望郭启宏同志继续关注社会、关注生活。我感受到，文字的东西是特别奇妙的东西。你能够通过它感受作者的心理状态，甚至身体状态他的脉搏和内在的功力，都能够感受出来。他应该有更好的作品，因为有的时候它是一个积累的过程，是一个生活感悟的过程。我衷心地希望能够有更好的经典作品和更多的经典作品出现。

谢柏梁： 我觉得，今天这个研讨会是剧协和北京市文联做的一件好事。同时，可以吸收更多的文化单位来参与，比如我们中国戏曲学院。大家来一起做（这样的研讨会），更好些。

（首先）我觉得，郭启宏不仅仅是北京的骄傲，还是中国剧坛不容忽视的一种骄傲、一种荣誉；他不仅仅属于北京，更属于中国。

其次，郭启宏是我们文化大家族中的一员。回顾这个（吴梅）学术大家族，不是仅指研究戏剧的学者。一个国家，一个民族拥有自己的学术文化大家族是值得骄傲、值得重视的。（大体来看）吴梅先生有三个方面的主要成就：一是教育。他是中国第一个从事词曲现代教育的大家。第二是创作。他创作的一些作品到现在还有生命力。第三，吴梅先生有理论。在吴门大家族里，写作品写得最好的还是郭启宏师兄。在这个大家族里，写剧本的不止他一个，至少五位，但是"吴门"当中，真正做编剧做得好的，在北京戏曲界乃至中国戏曲界最值得骄傲的，我数了数，可能就是郭启宏，其他先生还没有取得最上乘的成绩。所以，郭启宏可能是吴门弟子当中从事编剧工作最好的。吴梅先生教学生的时候，经常带着学生出去，出去之后先游山玩水，结束以后写散曲。他们没有写大戏，但是这些散曲作品很多今天都保留了下来。

郭启宏师兄在编剧方面做得很成功，所以，我们老先生（王季思）在这些学生当中特别喜欢郭启宏。我算了一下，几乎郭启宏每一部剧作，但凡是像样的，但凡在北京上演的，老先生都亲自在《光明日报》上发表剧评评论。当年，他还把我们这一些到中山大学读博士的"小朋友"也拉进来写剧评。所以我们最初认识大师兄，起源于王先生要求我们研究包括郭启宏创作在内的"活"的学问。我最初写郭启宏的剧评，就是来自王季思先生布置的一个作业。所以，从（写剧评）那一天开始，我就研究郭启宏的创作，一直关注他到今天。但是，（到目前为止，）我自己研究得也非常不够，我写的《中国当代戏曲文学史》，郭启宏只是其中一章的内容。我想，未来郭启宏研究肯定是我们一本大书的篇幅。今天在场的有好几位中国戏曲学院的老师和同学，他们正在酝酿一部郭启宏的传记评论。

1996年，《司马相如》在上海排练。我和郭启宏约在一起吃中饭，席间还想暑假一起去看王季思老先生。不想，当天晚上老先生却仙逝了。当时听到消息，我们都心中一疼：我们（永远）完不成那个"探望的"夙愿了。我是老先生比较受宠的小辈的学生之一，他是老先生宠爱的长辈的学生之一，所以学生之间跟老师的感情、渊源，包括他所有的成果，在我看来，应归功于这么一个"大家族"的背景。我和他都是这个家族之下的一个成果、一串硕果。

第二个层面，在郭启宏所有的剧作中，他（表现的）是真性情，是真人格、真追求。你说他怎么样也好，在他的为人处事中，在他的剧作中，时时刻刻体现出这一点。比如说要改戏，他一个字也不改，这就是他的性情。他是真的，不修饰。他担任过好多行政职务，包括北京人艺，包括中国评剧院。但是，我们作为小师弟在和他交流时，感觉他

（一点也）不像官员，他是一个真正有书卷气的文人，有真性情的人，所以他的戏曲才那么感人，它有很多真诚的东西，有很多对社会人生感性的东西。尽管他可能不是一个很好的管理者，但他确是一个彻头彻尾的文人。因为这样，他有文人的真性情。从这个层面说，郭启宏触摸到中国知识分子、中国文人的真性情，以他的性情揣摩中国文人，传递中国文化的色彩，写反映中国文人的作品，这是其创作的总体特色。他也会写到其他的社会阶层，但不如他写文人写得这么深，这么透，这么动人。包括昨天我们看到《李白》，是那样一种可爱，那样一种坚守，确实令我们感动。

附带说一句，刚才有作家就剧中的话，提到北京大学教授不同的解释。我认为，"文章"未必都是典章制度——关于这点，我们可以（下面）探讨——它绝对不仅仅是公文书牍。有一个字，剧中李白读错了：维系，读系（ji）。

不管是戏曲还是话剧，郭启宏所有的作品中都体现出浓厚的人文气息和书卷气息。他的文辞，他的追求，都和人家不一样。在当代的戏曲作家群中，我们普遍认为郭启宏称得上是文章锦绣（第一人）。也许，其他作家都有自己的长处，但是在文章、文采、学问这几个方面综合来看，迄今为止没有作家能和他相比，这也包括话剧。他所体现出来的一种文化味，是学问，是中国人本来人人具备的诗性和文化的感觉，其中有他对文化的崇拜。他在思考中国的文化，中国的文人，而且郭启宏还把作家本身的诗性气质，跟他的剧作融会在一块。他把剧中语和诗人本身结合得特别好，这一点尤其体现在《南唐遗事》这部作品中。（看过此戏）大家都怀疑是李煜还是郭启宏在说话。虽然说，可能戏剧有些理论我知道得多一些，但是对整个中国文化的读解，对中国诗词天然地化用，就跟他差很大的距离。他就是比我们长一辈。成长于那样一种礼仪之邦的南国，从小就是读书的种子，跟我们这些人的文化背景还是不一样，有文化还是有文化，有修炼还是有修炼，所以他身上透露出一种强烈的文化印记和信息。郭启宏曾当着我的面说，昆曲基本上是山歌民谣的东西，这只有他能够说得出来。我更多同意张和平先生的说法，他的作品后面有文化的气韵。

最后，我想，郭启宏会为北京剧坛做更多的贡献，也为北京、为中国培养更好的一辈年轻的剧作家，这（或许应）是他的归属。所以希望启宏兄在今后的时间里，不仅仅自己写剧，也更多地培养新的编剧。同时，打通戏曲和话剧，这两个艺术种类有巨大的形式差异，内容不同，体制不同，要有一种超越精神。

季国平：我今天确实非常高兴参加这个研讨会。这个研讨会我于公于私都应该来。于公，不说其他的，《南唐遗事》、《李白》、《天之骄子》都获得过中国戏剧奖或曹禺剧本奖。据我所知，不一定百分之百准确，从1992年开始获奖，刚才说的3部，再加上这2部，一共5部作品获奖。我知道著名剧作家里魏明伦老师获奖多，一共3部。所以，咱们要感谢这么优秀的作者（提供了这么多优秀的作品）。我私下跟启宏兄开玩笑：他这个脑袋多少年出来一个。这是一个非常不简单的现象，也是中国剧协的骄傲。刚才（有人）说，（郭启宏）研讨会应该由我们主持开，郭启宏是北京市文联的会员，我们不敢抢这个风头。郭启宏这样非常有影响力的剧作家很值得关注。现在，创作的问题中反映比较大的首先是剧本的问题，首先是人才的问题。为此，我今天要来祝贺这个（有关剧作家的研讨会）。

第二，于私，我今天也应该来。刚才（谢柏梁）提到，我们都是吴门弟子和再传弟子。我的导师任中敏先生是王季思先生的师兄。所以启宏师兄有这么一个研讨会，也是我们这些做师弟的值得骄傲的事情。我这里想说一点直接的感性认识。我体会，我们启宏兄，是一个勤奋之人、多面之人，传神之人。这三个层次一层一层递进。（首先）勤奋之人。大家都能够看到，他的作品（加起来）快有1000万字了！这么勤奋，这么努力，在当下真的不多。可能，对小说家来说，这个字数不那么稀奇，但是，一个剧作家写出这么多却很难。一般戏剧剧本就是一两万字，话剧剧本就是几万字。（郭启宏写了这么多作品），花了多少时间和精力啊！（其次）多面之人。当然，启宏兄成名是在戏剧舞台上。这个戏剧舞台包括了话剧和戏曲，这一点刚才柏梁兄已经说到了。戏曲和话剧是两种形式差距很大的艺术类别，要同时在这两个领域里做出突出的成就非常难。更何况,除了戏曲话剧,还创作小说、诗词等,这种创作的多面性对他非常有帮助。《知己》的创作中体现了传统的样式和现代的融合。它意念是当代的,形式是传统的。他的话剧作品中有好多戏曲的元素在里面。所以,他善于打通不同艺术样式,他又能把每一个样式发挥到极致。这是非常不简单的事情。无论通俗的评剧还是典雅的昆曲,他都能取得成就,这和他多面的才华分不开。

我记得,去年在山西太原开历史剧研讨会,提出了一个传神之人的概念。我想,历史剧作追求历史的传神,但首先是作者的神。启宏兄鲜明独特的个性是有目共睹的要传达的神。这可以有两方面的解读。一方面是他的情绪(他对历史的情感)。我记得,那年我们俩在俄罗斯一个红塔边上聊天。他打开话匣子以后,让人感到他是一个充满了情绪的人。他的内心不轻易打开,可打开之后,有很多想法要说。所以我觉得正因为他(有这么饱满的情绪情感)是这样一个人,才会有他的传神史剧创作。他自己对传神史剧有完整的解释,比如说"传神三义",即历史之神、人物之神和作者之神。关键是如何把"传神三义"融合为舞台形象。这很难。除了要有意念、手段、才华,还要有功力。比如说我们现在对当下某些昆曲剧本不满意,觉得其中文辞写不出典雅味、昆曲味(这就需要功力)。

我知道我们这个师兄不会闲着,所以我们期待他更多的好作品。

林荫宇:1998年,我到上海参加国际小剧场节。当时,我跟厦门市文化局副局长叶之桦住在一起。我们两人躺在床上闲聊,说外国文学家你喜欢谁的作品,外国的剧作家喜欢谁的作品,两个人意见总不一样;最后说到中国剧作家你喜欢谁,我们两个人异口同声:郭启宏!我们两个人都佩服郭启宏的文字之美、诗剧之美,我们两个人就可以说是郭启宏作品的粉丝。郭启宏是潮汕人,他能够写昆曲,能够把中国汉字四声搞得那么清楚,非常不容易,这需要有强大的毅力,需要有非常勤奋的精神。

回过头来看《知己》——刚才郭启宏的《知己》大家谈了很多——其中讲到读书人要有读书人的骨气。我想到很多东西。我想到张贤亮的

《绿化树》。那天看了《知己》以后，心里感到不满足。不满足什么？我觉得《知己》的剧名是从顾贞观这个角度来讲的。吴兆骞从宁古塔回来以后变了，变成跪在明珠前面弯下来捡袍子上的苍耳的人。他从一个桀骜不驯的人，变成一个"膝盖直不起来"的人。顾贞观感到特别失望。但是《绿化树》给我的震撼更大。张贤亮写的青海跟宁古塔差不多，但张贤亮《绿化树》里因为迫害连男人的生理性能都没有了，多么可怕啊！……有一种时候，有的人说过，比如说我周围有一些人说，我要是不同意这件事情我最多不说话。那么他最多不说话指什么，说话的人又是什么？其实，这些读书人，他的这种卑躬屈膝，不是指外部形体上的卑躬屈膝。他们捡别人的话说，虽然不是捡别人袍子上的苍耳，但写出来更加可悲，更加震动人心。所以我看到吴兆骞最后跪在纳兰明珠面前捡袍子上的苍耳，这是剧作者的虚构，可是这个虚构我觉得（还是）表面化、浅层化，可以写得更深刻。人的思想深处受整个专制制度的迫害，但有时候不是迫害，就是专制制度客观存在，总有一些人是要跟着走的。我说要把那个东西写出来，更震撼人心。所以，我希望郭启宏不要停笔，不要喝酒开车，把读书人的骨气写出来。有的读书人是不敢说真话了，不敢把真实的想法讲出来，但是这个要写。首先你自己得要突破一些东西。整个大环境允许不允许写，能不能写出来，这里也有很多可以考虑的地方。

另外，这次我还看了《李白》。我觉得，跟《知己》对照，我更喜欢《李白》。你看《李白》第六场后面的景，两块山石，一轮弯月，底下是斜坡，有一丛芦苇，整个背景像中国国画一样。比如说李白的造型，躺在那个石头上特别像国画。另外最后的结尾，李白穿的袍子，这个胡子翘起来，这整个的想象，感觉像是诗人的风骨。所以，从《李白》的布景，到戏剧文学剧本，到剧中主人公，到整个舞台美术，到台词，到演出，整个是达到了苏联导演演出的最高境界，就是演出的完整性，特别好看。《知己》刚刚排演，你们会反复地一轮一轮地上演，希望在这方面有一点变化。郭启宏作品里有诗意、诗情。《李白》整个都是融为一体的，可是《知己》这个戏还没有把作者的诗情诗意、人物的诗情诗意、剧本文学上诗情诗意贯穿到舞台整体上的诗情诗意中。

总之，我特别希望你（郭启宏）继续写剧本，更加"知己"。

孙郁：我们编《北京日报》副刊的时候就编郭老师的散文，一般都放在头条。我看你的话剧特别感动。汪曾祺先生也是半路出家做的编剧，但是他走的路和你的不一样，所以，我想比较一下。

汪曾祺曾经在一篇文章里，表示过对李白的不满，意思是其文有点洒狗血，那只是审美层面的差异，背后还有对世界看法的不同。其观点认为，李白过于入世，但又无入世的本领。只能徒做高论。超俗只是一点幻想，在漫长的人生之路上谁都没法免除。陶渊明的隐逸也是出于无奈，苏轼不也是在进退之间徘徊吗？郭启宏先生的话剧《李白》与《知己》，缠绕其间的是士的情结问题。从屈原以来，读书人一直关注这个现象，到了明清，气节问题，殊难评判。在专制社会，读书人面临没有自我的戕害，几千年来此问题延续至今，让人一言难尽。郭先生看到了士的进退维谷，要有飘隐高洁的姿态更是不易。他神往于此，于是在故事里添加了许多素材。郭先生对李白的理解，说出了士人难说的话。《知己》已没有了李白的酣畅淋漓和超然之气。黑白之间，从崇敬到幻灭只能是无奈的悲哀，一个精神果敢的人在死亡面前也不得不退缩，最后变成奴性十足，这恰恰是我们文化的宿命所在：要么反抗，要么合作，要么归隐，还有别的路吗？

汪曾祺谈到随遇而安，张中行讲过明知其无可奈何而安之若素的顺生论，都是一种选择。第一种选择，历来稀少。理智的路到后来就是毁灭的路，那是没有办法的；第二条选择，如钱牧斋之降清，遭人唾弃。可是后来江山趋稳，沿着他的路走的人越来越多，人们司空见惯了。第三条路，偶有发生，多以诗的形式存在，真的生活形态不太被人发现。归隐在鲁迅看来也是很少人走的路，心在宫阙间的人也是不少。

士大夫要独立，在封建时代颇为艰难，像李贽、傅山那样的人毕竟少，只是到了五四新文化运动期间，才有了真正意义上独立的空间。鲁迅那个时候感慨，中国没有独立的知识阶层，大家都依附在某个位置上。所以后来他对胡适的参政议政不以为然，大概就是警惕成为官的帮忙与帮闲。这是铁骨铮铮的知识人的理念，后来的读书人不太愿意坚守于此，像汪曾祺先生这样的人和五四那样的知识分子比，有的时候境界是高的，有的地方又是弱化的。

郭启宏在什么地方让我想起了五四读书人。他要坚守的大概是独立。所以他在自己的作品里高扬中国士大夫的凛然的传统。不过，他知道即使在伟岸的精神里也有暗处，哪有什么纯粹的独立。这给作者一种大苦，在剧本的字里行间，我们都能够体会到这样的苦。汪曾祺这样的人找到了逃避孤独的方法，那就是在审美中洗涤泪痕，在人性的美里发掘升华自我的办法。其间，宁静的精神隔离了俗气的喧扰。但是，郭启宏喜欢在剧烈的冲突里拷问思想，家、国、天下一直萦绕于此。在家、国、天下的框架下，讨论节操问题易进入同语反复的苦境，所想也会在轮回里打转，在这样的语境里不会有结论的。汪曾祺看清了类似的难题，所以他绕过了李白的传统，也绕过了矛盾的传统，回到了沈从文那里去，以冲淡之气重塑己身。把他跟郭启宏先生作对比，他少了郭先生的悲剧之味，但却多了郭先生没有的纯粹之美；郭先生神往的人间之美，我们在汪先生那里偶尔能看到一二，但那不过是诗意里的幻影，终究不及郭启宏先生给我们心灵的震撼大。所以，李白那样的传统显示了精神的大和思想的高，汪曾祺尽管不喜欢他，我们从两者之间都可以读到异样的美丽的东西各有所长，他们遗产的魅力。知识阶层从前人的选择里可以看到诸多境界的所在。谢谢！

张柠：（首先）感谢郭老师为广大的观众奉献出这么好的剧本。今天，北师大来了很多研究生。他们感受到中国知识分子的气节和传统。我自己也受到了极大的教育。

很遗憾，我没有看到《知己》的演出，只看到《李白》的演出。但我从头到尾读完《知己》的剧本。因为对于舞台演出这样一个专门的领域，实际上我们是外行，也谈不出什么东西。但读文学剧本算是我们的专业之一，戏剧文学也是我们文学比较关注的东西。我个人感觉，读剧本比观看（演出）要好。我看（演出）时没有什么感觉，但是我读剧本却感受到很多。或者换一种说法，演出的东西不一定能够充分传达文学剧本里更复杂的审美的东西，我们阅读文学剧本的时候感受它的东西比现场看剧本甚至更多一些，更复杂一些。从文学上看，可能更迷恋这种复杂性的东西，所以，这是我读《知己》剧本的感受。

刚才大家谈了那么多对郭老师戏剧创作成就的肯定，我谈一下对这个剧本的理解。《知己》这个剧本三幕，是一个失去、讨回和归还的结构，这是一个古代神话的结构。古代神话是失踪、寻求和复得的结构。在这个叙事结构里充分展示故事进程，场景和细节都设置得非常好。其中顾贞观为了救朋友失去了很多东西。第二是吴兆骞的离开。我觉得这个第三幕有一些设置好像可以有一些调整，比如说吴兆骞死了。在第二幕，吴兆骞回来了。这个回来，恰恰是读者和观众最期待的东西，这个回来是什么？第一幕那个"失去的东西"是什么，并没有更充分的交代。只是茶馆里几句对话来表现吴兆骞的性格，观众等待回来的东西究竟是什么？此时，顾贞观出场太早了，我觉得应该让他晚一点出场，让他跟别人对话的时候，把已经变化的吴兆骞的性格表现推到高潮，展现出一个完全变化的吴兆骞。再让顾贞观出场，这个时候他已经完全彻底绝望了，他等了二十年，回来是这么"一个东西"，我觉得这个剧情会更有震撼力。到了结尾部分，有一点长。里面表达了顾贞观到吴兆骞的理解，这样残酷的生存环境把吴兆骞折磨成这个样子。他对变化的性格给予了一定的理解。从今天的角度看，这是人之常情，我们可以理解。古代是那样场景，当代也有。但是这样的理解，恰恰冲淡了这个戏剧的悲剧性。我觉得，应该让他们决绝地分手。如果我们用现代人的观点来理解顾贞观，理解吴兆骞，我觉得反而跟古代的知识分子那样一个决绝的精神不相吻合。也许，今天的思想是这个人为了生存可以改变性格，但是，如果按照古代知识分子的观点看，脊梁宁可打断也不能弯曲的。

如果说前面第一幕把吴兆骞的性格更突显一下也可以。如果这里没有更多的交代吴兆骞的性格，也没关系，第三幕呈现出来，让顾贞观的悲剧性来呈现出这个人格失去了。我觉得这样一个丢失所求和回归在叙事结构上具有完整性。

蒋原伦：我说实话，我来参加这样一个研讨会有点不合时宜。因为我觉得我们搞文学评论的对戏曲讲的比较少，对话剧讲得比较多。郭老师比较多的作品是戏曲，当然他也写了很多话剧。我觉得我们评价一个人都要有根据，根据就是郭老师自己的传统和渊源，刚才那两位（专家）讲很很好，而且知道郭老师的长处在什么地方，所以讲得很有依据。郭老师这个年龄能写出新作——虽然您看起来很年轻，但是我现在看到你履历才知道快到七十了——很不容易。

当年亚里士多德戏剧批评的内容（分成几类），比如说人物、性格、情节、思想和语言，现在来看思想、语言、人物性格都做到了。我昨天看《李白》，是写他人生失意那一段，这个很难想象，因为普通观众对李白熟悉就是神采飞扬那一段（人生），我觉得很有意思。《李白》和《知己》相比，《李白》是经过磨炼的，交换意见，经过了观众的反馈，而《知己》缺少这样一个过程。但是，从中可以看到郭老师的思想变化。他对李白还充满崇敬。……中国的历史这两千年没有什么太大的变动，皇帝掌握了太大的资源，中央集权很厉害，所以知识分子没有自己的地位，如同人与衣服的关系，所以这个时候写李白，多少有一些崇敬之意。《知己》好像更加认识到人生残酷的一面。我在黑龙江兵团插过队。后来到了黑龙江省研究所，我才知道吴兆骞这个人。他们说，编黑龙江文学史，有一大堆知青，后来很多知青都跑到黑龙江以外。吴兆骞在黑龙江待了二十多年，所以，看完戏，我回家首先查有没有吴兆骞这回事。

我对这个剧本有这样一些看法，我在想，郭老师应该是什么年龄的，我在想他对吴兆骞这种写法实际上表明他对中国知识分子困境的描述和自己的体会。我不太满意是这样一些方面，我觉得一个人下放到一个地方和思想改造是有区别的。中国古代到现在一直有人被流放，流放与受思想改造和批判是有区别的。刚才说苍耳的情节稍微肤浅一些，觉得是不是应该有别的更加深刻的东西。我也是知青，仅仅是吃一些苦很难改变一个人的本性。所以，是不是（可以）有一些铺垫，比如说（吴兆骞）出场的时候，有一些铺垫。整部剧等于是两幕，前面是等待，后面是转折，是对等来的结果的失望，所有的人都感到失望，即便营救他的人也不愿意看到这样。所以我想，他是不是经过了思想改造运动，如果经过了思想改造运动和物质生活的贫寒略微有一点区别：物质生活贫寒可以改变一个人，但是精神生活改造是摧毁一个人。所以，《李白》里包含着一种崇敬，我没有想到你会写一段落魄的李白，似乎没有人注意他这一段，尽管所有人知道李白落魄了，但是没有人想到可以写这么一个剧本。第二，《知己》演出之前，几乎没有人知道吴兆骞，普通大众对他（一无所知）。你挖出来，然后后半段，又把它搬回来，做了这样一个截然相反的处理，我觉得很有创意，所以我想我们以后是不是该改变对话剧的评价，人物、性格、语言、情节……这些（创作元素的评价）没有问题，但关键还是能不能出新意图。所以，我祝贺郭老师在这个年龄阶段还能有新的作品问世。

吴秉杰： 这个会叫郭启宏戏剧作品研讨会，我只看了《李白》一个戏，《知己》我看了剧本。我以前在上海看话剧多，来北京看得少了，所以这次算是重新体会话剧的魅力。现在话剧和过去有很大区别。话剧似乎比较现代，但是《李白》很写意、空灵，传神。过去的话剧主要是对话，对话的场面往往比较印象深刻；而现在话剧场面，更有画面感，我很赞成，很有诗性，要传神就要有诗性，要不然不可能传神。而且可以打破很多界限，有很多的追求，要结合当代历史。所以，我看《李白》的时候，觉得他写李白喝醉酒看月亮，这个是真的还是假的，就是这一个说法。他写李白最后的人生，我认为，最后要给他一个判断，写他最后的人生，可以终结人生，这个能和我们所有人联系起来。其中有矛盾，就是你进又不能，退又不甘。我认为，超越了表象，把中国文化传统写出来了，这个文化传统远远超过我们（一直强调的）近一百年的文化传统。我在上海的时候，上海有一个关于历史剧的讨论，就是可以不可以虚构，三分虚构七分真实。我发现，郭先生的观点远远超越这点了。我们所追求的是艺术精神，写历史不光是历史，也不光是艺术，是一个艺术精神的问题，这个和当代完全可以沟通。刚才（专家）说的那个意思，我也很赞成，就是你打通了中国的戏曲，打通了中国戏曲和中国的话剧，打通才能写意、空灵。

在我看来，经典的东西很难改编成戏，包括鲁迅的作品改成戏。李白这个人就是一个经典，改变成戏一定要抓住非常重要的东西。在我看来，郭先生是从最"淡薄"的地方下刀子。这个历史是非常难（写）的，都是历史名人，有名的事件，戏曲从什么地方开始，有一些东西，包括一个人怎么处在这么一个环境中，这个本身就有一个矛盾。

北京人艺是现实主义传统深厚的剧院。从《茶馆》以后，我觉得已经不能说人艺是现实主义的了。它的话剧，包括从戏曲中（吸取）过来的东西，也有很大的象征成分。《李白》这个戏有诗情画意，有很多象征成分。他的戏都在长江边上，有水，而且从长江出来到中原，现在又流放，到白帝城回来，都有象征性。而且，（郭启宏的）创作里受到了一些现代观念的影响。当然有很多细节要真实，通过大家已知的信息才能给人家未知的信息，有一些历史材料要用的，这个不能违背。

我记得后现代主义被一些西方学者认为是关于空间的艺术，现代主义是关于实践的艺术，现代主义对象是金钱、货币。在我看来，郭先生的戏把这个精神空间拓展得非常大，这个空间界限整个是打通的，所以我觉得这个创作思想非常具有价值追求。虽然这个戏可能还有不太满意的地方，但是读剧本的时候，我认为这个剧本写得非常好，非常凝练，把想要表达的东西都表达出来了。我觉得现代话剧的创作，一是把中国古代的东西吸收进去；二是把现代精神的东西吸收进去。不仅仅知道过去历史主义是怎么回事，现代主义是怎么回事。我写的李白都是不一样的李白，李白和每一个时代都有联系。我们知识分子精神上不自由，这个有一些地方是与生俱来的，或者人格造成的，所以这些东西特别有触动人的力量。

我对郭先生了解不够，但是看了介绍，觉得郭先生成就斐然，很佩服，看了剧本以后也很佩服。剧本是很难（写）的，不是写小说，基本是综合的艺术。舞台是一个象征空间，要么就是把它切割开来，要么是把这个空间搞得很模糊，他用了很多方法。从精神上、从艺术规律上、从当代人的情感要求上，他的创作都得到了很好的检验。我认为《李白》是基本成功的作品，我看了剧本我是非常佩服的，所以也应该向郭先生学习，中国现在所有的问题都是历史观的问题，历史观不突破什么都改变不了。对现在的看法，对未来的看法（其实）都是历史观的问题，所以这个东西非常有当代性，它对我们精神上的触动非常大。现在有这么好的剧作家，而且不断地写历史的追求，就此，我应该表达诚挚的感谢和祝贺。

傅谨：很多年来，我在说一个事情：我们当代戏曲很少进入文学家的视野，当代戏曲成就不能充分反映在当代文学里，这是一个很遗憾的事情。另一个方面，也是我们戏曲研究者的问题，我们没有给他们提供感兴趣和兴奋的东西。郭启宏老师是戏剧界非常优秀的人物。以我个人的判断和我个人的感觉，当代戏曲家如果从文学修养这个角度来说，真正达到非常高水平或者最高水平的，是郭启宏和王仁杰。我觉得这两个剧作家在文学修养方面是达到非常高的水平的。可是我个人觉得郭启宏思想的深度更突出一些，对人性的思考和对自己哲学的修养这方面更加深入一些。我觉得我自己也是这样来定位郭启宏在当代戏曲界的价值和地位的。如果说戏剧性，可能郭启宏戏剧性不是特别强，所以他特别不喜欢余秋雨，余秋雨追求琐碎的戏剧性，可是郭启宏作品戏剧性往往（排）在后面，郭启宏不是特别喜欢小地方的一些东西，偶尔玩一玩，就是偶尔有一点戏剧化的。

郭启宏从事戏剧创作三十多年，从评剧院开始，给我们提供了非常多的杰出的作品。他也是我自己非常关注的剧作家之一，前几年我谈到当年的《向阳商店》，我觉得那是一个非常有意思的经历。郭启宏把他当年参与《向阳商店》创作修改的过程非常客观、非常坦诚地写了出来。我觉得，那个是经历了一系列的文人写作以后才能做到的一件事。

郭启宏中年以后开始关注文学体裁。早期写一些话剧剧本，中年以后特别关注戏曲。他一系列的作品都是以中国传统为中心来写，特别是中国传统文人。我感觉到郭启宏是很个人化的剧作家，他是通过这些文人写自己，也是完全按照自己对文人的理解和自己作为一个文人应该怎么生活这样一个理解写作品。当然，很多人认为他的作品和历史本来面貌有差距，所以他提出"传神史剧"这样一个创作概念，跟历史史实区别开来，解释这种创作的合理性。与其说"传神"，不如说写自己。我自己觉得郭启宏写文人的时候是在写这样一个东西，他努力写中国传统文人的狂狷的性格特征。所谓狂狷，狂者进取，狷者有所不为。他写了两个方面，一方面是有所进取的方面，一个是有所不为的方面。他写《李白》，我完全理解他，虽然剧场里有时候观众会笑，但是李白入仕的愿望不好笑，那是文人投身现实，对社会责任感的表现，很多有传统气质的文人都不把自己看成世外的高人，都认为自己对这个民族、文化是有责任感，所以我们希望为这个民族、为这个国家做一点什么，我们希望我们能够为这个国家做一点什么。你说入世，但是如果把这个简单地理解为想当官是不合适的，我们看到他写的《李白》，就是这样，《李白》不是想当官，是想做事，这一点分寸感在郭启宏的剧作里把握得非常准确。

另外一个方面，有所不为。进去的时候先是会有很多污浊的地方。李白有一句台词：生逢乱世做人难，但是这个时候就是考验一个文人，自己作为一个传统文化的脊梁骨是不是能够坚守自己价值的一个地方。《知己》很好地回答了这个问题，一个文人这个时候什么东西不应该做，那些东西为，那些东西不为，知道自己不可为才是传统意义上有骨气能够成为民族脊梁的文人。

《知己》让大家联想到刚刚发表的两篇文章讲《告密者》。在剧中，吴兆骞就形成这样一个告密者。这个戏的最后一场，很多人在茶馆里说（吴兆骞）这个人多么不堪，顾贞观却很幽怨地说我们谁也没有资格评论。我们经历了这样一个时代，我们很多文人遭受过各种各样的磨难，遭受各种各样的磨难的时候很多人在精神上、人格上都留下一些污点，这个时代没有留下污点的人是很少很少的，后来人怎么评价我们这一代人，就跟我们怎么评论吴兆骞一样。所以，以同情之心去看待，这种同情并不意味着没有是非，是非依然在，这个戏是有是非的戏。但是除了这个是非之外还有同情，这是我们对人文的深刻理解，正是有这个同情和理解，这个戏才有很悲哀的东西在里头。我刚给《知己》写了文章，我说人生最伤感的不是找不到自己，而是你突然发现你称为知己的人原来是一个混蛋，这种伤感真的很让人沮丧，但是这里面（包含）有很多对文化的思考。

郭启宏写文人是一个高手，一二十年来关注文人的心态，关注文人的心理，关注文人的价值，可以毫不夸张地说，郭启宏写文人戏达到的深度就是这个时代的文人戏的深度，郭启宏像一个标杆，他的文人戏剧创作多深就是我们这个时代文人创作有多深。当然这个戏有很丰富的内涵，我看了那么多戏我深有感触，很多时候很感动，我不知道自己怎么感动，很多时候我认为这不是能清晰地表述出来的东西，正是因为存在这个社会，存在群体中无法言语表达的东西，才是深层的东西。

还是回到原来那句话，狂者进取，狷者有所不为，这是传统文化的精髓，两千多年来，传统文化人文的品格之所以（传承）到今天，靠的就是这么一个东西，这两个（方面）缺一不可，这就是我对郭启宏作品的粗浅的看法。谢谢！

宋宝珍：我是中国艺术研究院话剧研究所的宋宝珍。郭启宏先生把戏剧当成人性的实验室，所以他埋头勤奋地创作。郭启宏先生的创作绝大部分都是历史剧。其实历史剧真的很难写，比如说吴晗先生是史学家，创作《海瑞罢官》非常遵循历史真实，结果它被打倒了，这是历史剧与现实发生冲突以后出现的很有意味的故事。郭沫若先生的创作观念可以不考虑历史真实，要求历史事件被我现在的思潮、政令价值考量，结果你看看，《武则天》也被现实打败了。（这就让我）想到历史剧和现实的关系，文人和政治的关系太微妙了。曹禺讲，没有人说我把人琢磨透了，处在当下状态下的人谁敢说我把我的处境琢磨透了呢？郭启宏先生经过历史剧的创作，为历史剧的理论提供了很多可以启迪、可以借鉴的范式和价值。我觉得它超越了历史人物的历史年代，超越了当下的足迹。他的观念是有现代意识色彩的观念，他不是写历史性事件的传奇性，而是写历史中的人，这个人具有普遍的伦理道德和永恒的现实意义，他写人永恒的精神困惑。

文人和政治的关系，帮忙的有，当然这个忙的结果有好有坏。欲帮忙而不得，或者能力不行然后成了闲；然后还有政治环境不正常的情况下，有人成了帮凶。各种各样的人都有。在郭启宏先生的历史剧当中，他对历史人物的把握和挖掘是值得我们好好反思的。

郭（启宏）先生不是一个高蹈于现实之上的剧作家。他灵性的第三只眼一直有一种冷静客观的凝视。他在凝视什么，凝视当中他发现了知识分子的现实无奈。这个在李白身上有，在顾贞观身上也有。知识分子自身的软骨、傲骨，还有谄媚，知识分子多愁多虑是与生俱来的天性。活得非常专横跋扈大概是文人性比较弱的人。你让我难受一天，我让你难受一年，这是一些官员公开的叫嚣，首先我得把他从文人群里排除出来，有文化的人不可以这么讲。知识分子是"何处合成愁，离人心上秋"，永远的愁绪，永远的焦虑，他有一种超越感，想要摆脱俗世的忧烦，想要摆脱俗世的忧烦，但是"我欲乘风归去，又恐琼楼玉宇"，所以处在矛盾之中，这个状态什么时候结束？结束了还有别的问题吗？所以，郭启宏先生写了文人的矛盾和普遍的精神困惑，这超越了一般价值和历史的意义。

另外，话剧从1907年到中国，在民族的土壤中植根、发展已经经历了一百多年，其实我们难以解决的问题就是话剧的民族化的问题。戏曲要现代化，话剧要民族化，怎么创造有自己民族特色的话剧，郭启宏先生以他一系列的剧作为中国话剧民族化设计了一个新的标杆，那就是中国民族文化审美情绪、价值和诗性智慧在郭启宏先生剧本当中都有非常丰富的展现。

还有一个问题我要跟研究文学的朋友们谈。文学可以用大篇文字写人物的心理转换，比如说奥勃洛莫夫，从第一页写他在床上躺着，（到）第80页（他）还没起床呢！戏剧不能这么办，戏剧有很强的动作性，结构要求非常的严密，非常的完整，就像契诃夫讲的，如果不是必需的，就一定是多余的，就得删。因为只有两个半小时可供你展示你情节故事的发展空间和人物形象塑造的流程。

我昨天晚上看《李白》，非常感动。1990年我在排练场看过这个戏彩排，我看了好几次，昨天又再看的时候，我觉得这个戏越来越好，用一个词赞美这个戏：珠圆玉润。我觉得，一个好的戏就是珠圆玉润，没有非常激烈的外在矛盾冲突，像一首悠长的诗缓缓道来。李白拜别长江的时候诗意大发，那种内心极大的困惑面对朗朗明月在自我抒发。到了当涂江边，他纵情豪放的一面展现出来，所以他去捞（人生）最后一轮明月，捞来捞去朗朗明月当中自沉在一江清水中，仿佛回归到了精神的家园。这样一个场面不是用语言能够表达的，好的戏给人的心灵感受和情绪感受是语言难以表达的。我想这样一个李白，这样的一个形象，让我们感受到我们内在的文化精神，永远感受着这种民族的文化之魂的魅力。

关于《知己》，我真的特别感谢郭老师。在人艺开研讨会时，我说了很多东西，郭老师给了我很多很多的宽容。《知己》要表达的其实也是一个人类的普遍性的境遇问题，就是顾贞观真正的精神知己。现在当面请教郭老师，他应该是佳公子、纳兰性德吗？但是人往往就是这样，一个国家可能远交近攻，一个人也是这样子。我对我一厢情愿地设想的精神知己，我把它想象的无限好，对我身边真正引我为知己的人我往往忽略了，这是《知己》给我的感受。

吴兆骞结尾回来了，现实把他（顾贞观）想象的美好全部击碎，顾贞观才发现一厢情愿引为知己的人原来是这样一个人。在座的一些专家对那个小细节有看法，但是我却非常喜欢。一个人能够跪下来替明珠捡苍耳的时候，精神上的傲骨转化的不成样子，这个小动作非常传神，从戏剧方面来讲，是非常有表现力的。（而且）这个动作并不突兀，（它）有一个暗线的交代，就是磨黑白的围棋子。当吴兆骞磨来磨去把自己的性情磨的那么绵软，好多年可能磨烂了自己的手指，磨软了自己的心性。（它却）不是（献）给真正的知己顾贞观的，而是要献媚于权贵的，这个时候这个人已经发生改变了。

但是我也有自己的小看法。当顾贞观离开明珠府，他讲了一句，你们没有去过宁古塔。我们不好苛责吴兆骞，但我觉得这个情景中，突然站出来了一个郭老师。（因为）这句话是郭老师赋予顾贞观的，郭老师现代人的宽容的道德理念让他讲了这样一句话。我后来想，顾贞观在彻底失望以后是不是也有一个彻底领悟，领悟之后讲这句话是一种升华，顾贞观精神的升华。

我特别敬佩郭老师的文章词彩，那么雅致、韵律，非常的美，而且有时候是大雅若俗，大俗若雅，包括栾泰说李白你是有前科的或者怎么样，包括李白讲官场的人狗改不了吃屎，是大俗若雅，大雅若俗，给观众不仅是一种台词的传递，让人们享受到这样的诗意的美感。而且这样好的话剧值得反复地看，反复琢磨，非常难能可贵。现在各种各样的戏演完以后，无法回味的太多了，值得好好反复读剧本，好好对戏剧场面进行反复观看的很少了，所以特别感谢郭老师这么成功的剧作。

黄纪苏：我第一次看郭先生的戏。看完之后，我有两点感受，一个是很感伤的感受，另外有点好奇。感受是什么呢？我觉得很长时间没有看到这样的戏了，我觉得这个戏离我们特别远。好奇是这么一个戏到底要说什么。

从表层上看，这个戏（的内容）非常清楚，谈的就是传统的文人、传统读书人的内心的紧张。紧张什么呢？刚才很多的朋友，很多的专家都已经讲了，就是出世与入世之间，个人和群体之间，个人和责任之间的矛盾。这种主题是特别传统的话题，是中国两三千年的历史里一种特别常见、常规的紧张话题。我"好奇"，他为什么写这么一个东西，这个东西离我们当代生活好像特别远。另外，我问了一下这出戏是哪年写的，他们说大概80年代末，1991年演的。我带着这个疑问，今天坐在这个会场里。我听了郭先生的发言，觉得找到了一点答案。因为郭先生的发言在我经常参加的一些会议里非常少见，因为他很少讲套话。现在看到无论官员还是学者，套话都跟统一发的似的。但是，郭启宏的话不是，我一听就觉得这个人真是一个文人。好像这位先生刚才讲了，躲进厕所什么的，我听他讲一下就明白了，也不能说明白特别多，但是，对他写的这个东西跟他个人的生活，跟他个人的社会存在之间的关系有所理解。所以今天对我来说有收获。

我想说，郭先生是知识分子戏剧。我个人所理解的知识分子戏剧跟诸位专家略微有一点不同。郭先生写的这种人格类型大概在传统文人和当代知识分子之间，刚才有朋友也提到了，他基本上有很多自己的影子在里头。传统都有这种紧张矛盾，一方面是儒家的，一方面是道家的。但是另外一个方面，就是道家的，这种东西构成了知识分子内心人格的对立统一。有的讲了，就是要解决这个矛盾。解决这个矛盾有几种方式，其中提到汪曾祺汪先生。我想说，这个矛盾就是一个难题，就是一个我们根本解决不了的。我看过一篇报道，汪曾祺自己写的，他说当时他和江青在一起，江青说了一句话，他一身冷汗。家国和个人之间有很难堪的位置，在这里我们看出来了。刚才傅谨先生说，郭先生不但描绘了这种东西，而且也加上了自己的理解。我觉得这种东西的确可以看出来，对于一个有生活经历的人，经历了这种大的沧桑的人能够理解今天的知识分子在家国个人之间的位置。

我们知道，传统戏曲在近代大危机之前的社会功能跟话剧不太一样。话剧进入中国一百多年了，话剧有它鲜明的社会功能，而且话剧进入中国以来基本上就是一种知识分子戏剧，也就是说，知识分子自己写，知识分子自己演，然后知识分子在校园里演给知识分子看。因为知识分子他们承担了一种社会的导向、一种领导的角色，所以我们看近代以来这一百年的戏剧史，基本上是知识分子戏剧史，基本上解决中国在现代化道路中最基本的问题。早期的不必说，新中国成立以后，情况略有改变，但是改革开放以来这三十年的戏剧，80年代，基本上也是知识分子戏剧。到90年代，基本上走不下去了，原来大剧场戏剧变成小剧场。到90年代后期，知识分子穷途末路的戏剧向商业戏剧那边靠。近10年以来，我们看到基本上是商业戏剧为主了。这样的戏剧我们基本不看，偶尔被叫去看看，跟戏剧瘪三似的。所以真正知识分子戏剧现在基本上没有了。这就是我刚开始说的看了这个戏剧我有一种感受，我就感觉到有一种感伤，觉得这个离我们这么远了，很多年没有看过这样的戏了。

今天，知识分子戏剧也不是完全没有，比如说国家话剧院排的一些戏，基本上是国外的，他们还是知识分子探讨家国关系、文化、人生问题的。但是他们基本上话不直截了当地说。用一些国外的剧本，跟我们国家的人民生活的关系不太贴切。郭先生这个戏，是传统文人在现代之间的状态，郭先生用这个东西表达了所谓历史都是当代史，也用历史的东西表达了现代知识分子的很多感受。

因为中国不是一个宗教民族，但是中国是一个历史民族。在我们的国家生活中，现代、过去、未来很辩证、很有机地融合在一块，所以，郭先生的戏的确是有现实意义的。但是我又坦率地说，这个现实的东西不是特别有冲击力，不是特别强。当然，这跟郭先生的人生态度、整个的人生姿态都有关。我要说他的确代表有分量的、有厚度的这么一种知识分子戏剧。在我们国家跟市场平分戏剧的格局里，知识分子戏剧是非常正面的东西，因为市场上基本上没有知识分子戏剧，市场追求低投入、高产出，追求能够搞笑，把大家都乐了，把观众勾引进来了，把他们的钱拿过来就完了，真正进行这种思想、文化对于社会、人生探讨的戏剧，我们在市场戏剧这一块基本上看不到，这一点我可以跟傅谨先生稍稍做一些交流。因为大概七八年前好像你也是这种主张，把国家的体制解散了，都交给市场了就会好起来。通过电影市场、通过电视市场，我想见证这个是否成立，我坦率说，经过这十年发展，市场没有承担起这个责任。国家这个板块也是独立的，他们拿了那么大资源，拿了那么多钱。90年代后期以来，随着中国经济的一路向上，中央财政每年以四分之一、三分之一的速度在增长，然后各个国有院团拿到那么多钱，但是他们的作品基本上死气沉沉。我觉得这是对资源的浪费。一方面他们（从政府）拿钱，另一只手又从市场那块拼命地拿好处，他们搞的很多戏剧骨子里都是媚俗，我根本没有看到知识分子戏剧的活路。

现在我看完郭先生这个戏，我改变了一些观点。我觉得有一些人在好好做，国家拿出钱来好好支持他们，还是能够搞出好的作品来的。刚才这位女士提到在艺术创作上古为今用。古代的东西现代化、民族化，实际上是毛泽东四十年代已经提出来的概念。我们建立当代的中国文艺形态，这个文艺形态建立靠什么东西，的确我们今天很少有人探讨这个东西。过去五十年代、六十年代国有院团他们做这件事，人艺可能走出民族气派来了，可能有中国民族化、现代化的东西了。这种事就是传统戏曲跟话剧的结合，话剧如何在语言上、在形态上、在舞美如何中国化，这个在今天的戏剧市场上看不出来有人做，因为他们主要的任务就是捞钱。国有院团也不好好做。可能第三个板块，国民社会他们会好好做。今天中国最大的国民社会就是互联网，他们可能在这方面会做起来。所以我想说，如果谁能把这些东西做好了，那就是未来的希望，历史上的位置就归谁。市场做不好，那就是国家做，国家做不好，就是公民社会把这个东西争过去。

但是今天政府这一块还是有所作为的，这个有所作为我从哪看出来？就是从郭先生的戏上看到的，我觉得他在这方面的确有成就、有追求、有实践。谢谢大家!

赓续华：很高兴来参加郭启宏戏剧作品研讨会。我觉得我跟郭启宏老师还是交往挺早的，交往挺深的。郭启宏老师的作品我基本上全看过，无论是戏曲作品还是话剧作品，我觉得他确实在中国戏剧（版图）中占有很重要的位置。我的看法跟傅谨一致（王仁杰也是我的好朋友），写古代人物写得好的很少，就一两个人，我觉得有点绝后。这样的人已经特别少了。王仁杰，在座的文学界的老师不是特别了解，他写梨园戏很多，他一字不改，坚决的守旧派，而且诗词文赋的底蕴非常深，跟郭启宏属于异曲同工。

郭启宏后来进了北京人艺，他有变化，跟现实拉得更近了，这是话剧的功能造成的。昨天我看了《李白》，非常兴奋，这个戏濮存昕对人物的理解有深度。以前话剧演古代人物，总感觉深度不够。昨天的演出中，濮存昕整个在台上动起来了，演出飘逸来了。这个戏是郭启宏老师的一个高度，我认为，已经达到了创作的一个高度。

刚才有的老师有憧憬，我觉得还是充满了希望，我在《李白》这个戏当中看到了追求。有一个郁闷的戏是《男人的自白》，在座的很多老师没看过，冯远征演的，冯远征靠那个戏得到了中国戏剧梅花奖，但是那个戏看的人并不舒服。为什么？我觉得对生活看的阴暗的东西过多了。

我看完《知己》以后，我看出了一份豁达。刚才有的老师说这个戏的深度或者矛盾冲突都不够。但是我看到作者在历练在变化，我最看重这一点。我们现在太需要理解了。我认为中国就目前来说基本上没有知识分子，我这话很绝对。几乎没有独立人格，包括我自己，我也不是独立，虽然我有时候想到一些东西，但是绝对要服从一些东西，我觉得我们现在需要有这么一份理解。通过《知己》这出戏，我看到了郭启宏老师的成熟，因为郭启宏是一个特别有个性的人，他的爱和恨全部表达。他根本没做过官，刚才有人说他当官，我根本不认为那都是官，他不适合做官，幸亏他没做官，他做官也做不大，我们还少了一个优秀的戏剧家。我觉得你应该想好你人生适合做什么，郭老师最适合做剧作家，这个是你最好最有人生价值的职业。而且你的人生价值不是当代能够显示出来的，你应该高兴。你应该高兴可能你的后世比现在还要辉煌，所以你认真做好现在的东西。刚才说开车可以，开车算什么，喝酒你还得学，他要能喝醉了，他的作品还要上一个台阶，喝醉了以后，人才真得放得开，他其实是放不开的人。我希望郭启宏再放开一下自己，再往上走，他还有空间，他的底蕴很多，他需要打开新的空间，因为他平时也就是躲一躲人，他很少跟人直面，他还是保持文人的风度。能够走到今天的高度是他不懈努力的结果，也加上他的才华感动了很多人。我们应该爱护像郭老师这样的人，因为这样的人像熊猫了。因为这样有个性的剧作家，有想法，有才华，有个性，这些东西都具备的人越来越少。有才华的人有的是，有思想的少了一些，有情趣又少了一些，少到最后能同时具备他这几点的，就剩下凤毛棱角了。

写戏比写小说要难得多，所以写的人越来越少。可以这么说，当年的编剧名单到现在，依然还在照耀着剧坛，没有更新的人出现。但是剧作家跟演员不一样，老而弥坚。为了后世您还要再写，这一点挺重要的。

我通过看《知己》，我看到了郭启宏老师的变化，这种变化我觉得是一种好的变化，是人豁达了以后写东西的包容性。

我觉得郭老师像茶，不是酒，不是浓烈的东西，他的东西需要时间品，包括《知己》，我们都要品。我觉得苍耳的情节没问题，我身子是弯的心可以是站着的。我们不要追求表面的东西。有时候对人可以说一句那样的话，但是心不苟同。我很钦佩郭老师的不苟同，但是我也希望您再像《知己》一样多理解，成为豁达的人，我这样的话是我真诚的祝愿，我还希望看到您的新作品，不仅是话剧，我希望您多写一些戏曲，戏曲有时候表现力更强。

高音：我是当代戏剧研究方面的（代表）。2006年，出了一本书叫《北京新时期戏剧史》，其中有一章写郭老师的历史剧。前天看了《李白》，跟1991年看的时候不一样。1991年时我是中戏的学生，思想上没有跟上。这次我觉得是看一个知识分子的情怀，所以感觉不一样。郭启宏老师当时说，写李白的时候比较赞同郭沫若先生《李白与杜甫》的一些观点，所以我把郭沫若那本书找出来看。戏剧和文章不一样，戏剧里除了有政治尺度，有道德尺度，还多一个审美的尺度。我觉得郭老师审美的尺度这一块把握得特别准确。在之前，我看到郭老师写的回忆苏民老师的文章，其中有一段特别有意思，您叫他革命的知识分子。当时我看了觉得特别振奋，我看《李白》的时候，觉得郭老师也是革命的知识分子。我正在搞一个专题就是舞台与现实的互动。我想今天参加这个座谈和前几天看戏的感受使我有很大的收获。

胡薇：我自己以影视创作为主。中央戏剧学院训练影视创作专业的学生也写舞台剧。因为舞台剧最难写，比影视创作难，它要求立在舞台上给观众看，难度很大。所以，舞台剧的训练很重要。而且，剧本是一出戏的灵魂，舞台是属于剧作家的，它不像影视作品可以更多地借助其他手段。

编剧是特别难的工作。有时候费力不讨好，因为要给导演、演员等等提供进一步（二度）创作的空间。而他自己进行创作的时候是从无到有，没有任何借鉴的东西。有时候自己想很久的东西，经别人一碰撞马上碎开了，也可能没有了，所以我特别理解郭老师痛并快乐的状态。

我们做影视剧经常遇到这样的问题：一个戏火了，人们会说，这个戏导演不错，舞台不错；如果这个戏不好了，所有人都说你看这个编剧多烂，所以编剧是所有的替罪羊。戏剧不像小说，它会受到各种因素的影响。所以评论家应该给予更多的理解和帮助。

创作有一个规律性的东西。我们经常说，编剧必须写你自己相信的东西。所以，郭老师的《知己》有很明显的一点，就是郭老师把友谊当作一个信仰来写。郭老师把古人的情义表现出来（很有现实意义）。现在大家物理距离越来越小，空间越来越小，心灵却越来越远了，所以这是一个特别有现代感的戏。

郭老师的创作心态很开放。我觉得您的技法和思维融合得比以前更好。那个时候，激情很多，然后散射得特别厉害。到了《知己》，就融合得更圆熟。所以郭老师还是有一个特别年轻的心。

我觉得，《知己》还是有很多可以挖掘的东西，很多素材都用在里面了。比如说纳兰性德和顾贞观的情义就可以加强。比如增加一些开场吴兆骞自己的交代，其实这个可以越改越好。而且，《知己》引发了我很多思考：当你把友谊作为信仰的时候，在记忆当中对（想象的）知己过于尽心竭力，反而会忽略现实中的（真正）知己，这比发现知己实际上是一个混蛋还要悲哀，因为有时候在生命的追寻过程中，越追寻越失落。

黎继德： 郭启宏先生是我非常喜欢、非常尊重、非常敬佩的剧作家。郭启宏先生的作品也是我非常喜欢的作品。他的作品基本上都看过。他这个人和他的作品在我们今天（这个时代）都是一个独特的存在。对他的评价，尤其对他作品的评价，实际上早就有定论。如"80年代三驾马车"的说法，就不是今天才有的。所以，他作品的研讨会并不是第一次开。他的作品具有特别的文学力量、戏曲的力量，很不一样，特别具有思想的力量，也有人格的力量，具备这些力量的戏剧作品不多。我在剧协25年了，看戏看得太多太多，我每天看剧本也太多太多。这就是为什么那么多人喜欢他的戏。

这次主要看《李白》和《知己》。知识分子有三个类型：一种是权力话语的代言人。原来很多知识分子现在是当官的，我们在座的也有。当官的是不是知识分子，也算，有很多博士或者博士后也是当官的，还有搞自然科学的，工程技术人员，也是知识分子，也是一类。还有一类，真正能够弘扬人文主义精神的，保持一种文人品格、人格，甚至有时候是人类灵魂的工程师。

不管表现哪一类知识分子，对知识分子的思考要有对中国整个文化的思考。如果没有这样的思考，文人戏写不好，写不深，也写不高。这个非常难。《李白》就是不断修改。你写《李白》和《知己》的思想有很大的不同，有很大的发展。李白是这么一个大文人。大文人写大文人，你写知识分子当然是要写骨气，但是更多地写出了知识分子的丰富性。我们有时候写知识分子是单一地写，写一个侧面。李白这个人物非常丰满，大家看了以后觉得绝不是一般人想象中的只读优美诗句的文人。这个非常好。《知己》就是讲知识分子某种欲望的问题。顾贞观和吴兆骞刻画得都非常好，两个人都是发展的，两个人承载了两种不同的认识和思想。比如说吴兆骞，顾贞观到最后很明显体现了今天的现代意识，宽恕和原谅的思想胸怀。……傅谨讲，可能是更多的一种人文关怀。一种是奴隶，一种是听差，可能是听差，可能好一些。但是那个时候生活确实非人，所以到那个环境当中，他最后虽然跪下去了，但是心还站着，这个确实有一些变化，这个都是写了知识分子另外一面，我觉得这很好。

提一点意见，纳兰性德可以再加强一些。对于顾贞观，他怎么认识、理解。目前这方面（的表现）弱一点，不像写顾贞观和吴兆骞。可以给他增加一点点戏，尤其在后边，现在纳兰性德自己的发展，他自己内心的东西相对少，如果从他的角度我觉得还有更多的东西（可以挖掘）。

我原来听他们讲过《知己》这个戏，我觉得很好，我觉得这是一个新的创造，我觉得有一种很大的飞跃在里面。

最后说一句，无论你改还是不改，无论酒前改还是后来改，你这个本子给我们看一下。

朱明德：感谢各位专家都来这儿，而且我们这次非常好，有一些年轻的朋友来开这个会。

郭老师家乡的人对他非常敬重，被列为潮州名人。郭老师是有社会责任感的剧作家，这些年来他填补了很多空白。据他说他不想写了，他自己可以自由，但是我觉得他不会就怎么着的，我相信他还会再出一点东西，因为现在这个时代是出好作品的时代！刚才有的同志说得很好，我们改革开放说这个说那个，（关键）现在是自由度最高的时代，你自己别把自己给捆了。咱们现在真是缺思想，你心里别不自由，你不自由就出不来思想。作为知识分子就是要贡献思想。有了思想就照亮一大片，就为我们这个社会的发展提供了一种精神的支柱，所以我觉得郭老师还要继续地发挥自己的拼搏，还要有拼搏的精神，因为作为一个思想家，作为一个剧作家，首先是思想。随着时代发展应该看问题更客观、更成熟，也写出更有冲击力的作品。

我觉得你集中所有的精力选准了题目，拿出来，我们好好给你庆祝一番。因为那样你心里就宁静了。你现在肯定觉得没有拿出最好的东西，很多作家直到最后都没有觉得到最好了。都说我想写什么，但是没有写出来，这是正常的心态。这不是给你压力，说你还得写；其实，你不写你难受，今后你写这些东西，我们会千方百计支持你，从经济上，从各方面支持你，咱们文联的发展，国家政府都很支持，像你这样的宝贝作家，我们这样支持你不会犯错误的，你需要找一个地方写或者怎么样，我们在经济上是会支持的。

再一个，希望以老带新，对百人工程的剧作者以及有苗头的剧作家，你能够带一带。这两年大学毕业生很多找不到工作。但是，我们文联为剧作家服务，组织一些人带出一些作家和作品，这是市文联很大的事情。

我看完《知己》以后，不像大家能够认真地深思、深想，直观地觉得这部剧是很厚重的，不是小玩闹的话剧，我觉得挺好，不去更多的评价。刚才专家讲的对你有帮助，好与不好，郭老师这么多年自己能把握。

郭启宏：我感谢大家！我说一点想法，刚才开头说得不痛快，再说两句。干我们这行，是很费力不讨好的。不能说戏剧最难，应该说也比较难；另外，不能不甘寂寞恐怕也干不了（戏剧）。所以，我不是夸自己，从一个题材有想法到最后演出了，将近三十年，一般人不愿意干这种事，我也不愿意，何必呢？现在诱惑很多，搞电视剧，一集几万块钱。我现在两次演出，我估计人家给我的稿费满满也就七八万，几十场，《李白》和《知己》钱并不多。所以要不甘寂寞，耐不住寂寞就别干。要我带学生，我也要考虑，耐不了寂寞的话别来，要想赚钱搞电视剧算了。

我这个人比较苛刻。这个人不是天才我不要，费那个劲干什么，教不出来。山东省文化厅找过我，一年给10万块钱带一个学生，要求是将来能拿个省级以上的奖。我说我没这个本事，现在拿奖不是靠剧本，靠钱、靠人、靠事,我干那个干吗?!10万块钱我写一个电视剧得了,所以这个再商量。

另外说《李白》,我也没想过这次演出比当年还火,我也闹不清什么原因,可能是小濮(存昕)的问题。前两年记者采访我,我说濮存昕已经到了炉火纯青的地步了。当年一个领导说我这个马屁拍得过分了。我是一个编剧,我也不图他什么,梅兰芳二十多岁就用炉火纯青这个词呢!

第二是《知己》。我不是解释。顾贞观说,"大家都没去过宁古塔"。我就想,不能放过宁古塔,不能放过这个制度,专制制度不能放过,如果矛头对准吴兆骞那就是笨蛋、傻瓜,看不清,所以他再狼狈、再下贱,都是要承受责任的人,但不能放过宁古塔。

另外,有人提出,后来他们两个不是知己了。我觉得,知己有正反两个方面。有一些东西不是我们现在的环境里能体会的。上演那一天,我请辜振甫的女儿辜怀群来看戏,她大为感动。她说,台湾中学课本都有《金缕曲》,都能背。辜怀群说想邀请这个戏到台湾演出,成不成我不知道。她说得很好,她说,我看出来了,这个顾贞观把眼光放在宁古塔,没放在身边,身边那个人(指纳兰性德)还是他的知己。所以,有时候戏剧本身的含量或者意义、韵味,可能不是我们直观能够感觉得到的。有一些东西需要我们不断琢磨,首先我要琢磨这些东西。所以《知己》的意义是比较广泛的,包括云姬,也有人说她是知己。第三幕开始的时候,他们俩有一段情爱戏。顾贞观说明珠来了,其实没有,是想象中的,明珠坐轿子不坐马车。

其实,也不是说这些东西有多重要,就是说,写一个本子,能演出来我很感谢,北京人艺如果不是张和平来当院长,可能这个戏还排不了;如果不是任鸣看了我这个剧本大加赞赏,也排不了。因为本子1999年写的,没排出来。我知道不会排,人艺不会排,拿到别的剧团去,人家会说你是嫁不出去的闺女,人家不要,自我贬值,所以我不拿出来。你们想一个编剧到这个地步多么可怜。谢谢大家!非常感谢!

(会议结束)